성령 세례 받으면 방언하나요?

김신호 지음

서로사랑

성령 세례 받으면 방언하나요?

1판 1쇄 발행 _ 2011년 1월 27일

지은이 _ 김신호

펴낸이 _ 이상준
펴낸곳 _ 서로사랑(알파코리아 출판 사역기관)

편집 _ 이소연, 박미선
영업 _ 장완철
이메일 _ publication@alphakorea.org

사역/행정 _ 이정자, 윤종화, 주민순, 엄지일
이메일 _ sarang@alphakorea.org

등록번호 _ 제21-657-1
등록일자 _ 1994년 10월 31일

주소 _ 서울시 서초구 방배1동 918-3 완원빌딩 1층
전화 _ (02)586-9211~4 **팩스** _ (02)586-9215
홈페이지 _ www.alphakorea.org

ⓒ서로사랑 2011
ISBN _ 978-89-8471-269-0 03230

* 이 책은 서로사랑이 저작권자와의 계약에 따라 발행한 것이므로 본사의 허락 없이는 어떠한 형태나 수단으로도 이 책의 내용을 이용하지 못합니다.
* 잘못된 책은 바꿔 드립니다.
* 가격은 뒤표지에 있습니다.

"어머니 손봉희 권사님께 이 책을 바칩니다."

차례

서론 / 6

제1부: 방언이란 무엇인가?
　방언을 부정하는 입장들 / 15
　은사 중지론 / 17
　방언에 대한 심리학적 해석 / 27
　현대에도 지속되고 있는 방언, 어떻게 해석할 것인가? / 33
　방언이란 무엇인가? / 37
　방언을 허락하신 분은 하나님 / 41
　성경에 나오는 방언 / 53
　사람은 영적 존재이다 / 79
　방언 체험의 유익 / 85
　방언 기도의 특징 / 107
　방언 기도의 영적 능력 / 121
　방언 통역 / 127
　누가 방언의 은사를 받을 수 있나? / 133
　방언은 주로 개인적인 은사이다 / 149
　방언 내용은 영적 상태의 지표이다 / 155
　방언에 대한 오해 및 주의점 / 157
　방언에 대한 기타 질문들 / 177
　방언의 은사는 지속되어야 한다 / 193

제2부: 성령 세례란 무엇인가?
    성령님은 누구신가? / 199

    성령 세례란 무엇인가? / 203

    성령 세례를 왜 받아야 하나? / 219

    성령 체험은 예수님 체험이다 / 229

    성령의 은사와 열매 / 237

    성령 세례와 방언의 관계 / 245

    성령 세례 받은 사람이 왜 그러나? / 251

    성령 세례에 대한 구약과 신약의 차이 / 257

제3부: 방언의 은사의 역사적 고증
    초대 교회 / 269

    중세 교회 / 273

    근대 교회 / 275

    오순절 운동 / 279

    신오순절 운동 / 285

    제3의 물결 / 293

    한국 교회의 성령 세례사 / 295

결론
    교회의 쇠락 그리고 성령 운동 / 303

참고 도서 / 308

서론

　나는 종교가 없는 집안에서 태어났다. 초등학교 시절, 미션 스쿨로 전학을 가게 된 것이 계기가 되어 처음으로 교회를 다니게 되었다. 당시 내가 다녔던 교회는 한국의 대표적인 극 보수교단에 속한 교회였다. 친구들을 따라 교회를 다녔지만 안타깝게도 하나님을 만나거나 예수님을 인격적으로 영접하지는 못했다. 그리고 '성령 세례' 내지는 '방언'에 대한 설교나 성경공부도 받아 본 기억이 없다. 그 후 다른 초등학교로 전학을 가게 되면서 자연스럽게 교회를 떠나게 되었다.

　서울에 있는 대학에 입학하면서 인생에 대하여 진지하게 고민하기 시작했다. 하나님이 살아 계신다면 그 하나님을 한번 만나 봐야겠다는 생각을 하게 되었고, 마침 대학생을 위한 겨울 수련회가 있어서 참석하게 되었다. 살아 계신 하나님을 만나게 해 달라고 오직 기도에만 매달렸다. 2박 3일 동안 자는 시간, 식사 시간을 제외하고는 쉬지 않고 기도했다. 그러던 중, 갑자기 혀가 말리면서 한국말이 아닌 이상한 소리가 흘러나왔다. 이 갑작스러운 현상이 무엇인지 몰라서 당황했다. 가만히 생각해 보니, 평소에 운동을 하지 않던 사람이 갑자기 장거리 달리기를 하거나 축구를 격렬하게 하다 보면 다리에 쥐가 나는 것처럼, 말을 많이 하지 않다가 갑자기 격렬하게(?) 기도하다 보니 혀에 쥐가 났다고 생각하게 되었다. 그런데 이상한 것은 그 다음부터 기도만 하면 혀가 말리면서 이상한 소리가 계속해서 나오는 것이었다. 이상하다는 생각을 하긴 했지만, 별로 마음에 담아 두지는 않았다.

수련회에 참석했던 다른 대학생들과 함께 기도하던 중, 주변 사람들이 내가 기도하는 것을 듣더니, "축하해요. 방언의 은사를 받으셨네요"라고 알려 주었다. 그제야 혀가 말리면서 나오는 이상한 소리가 방언이라는 것을 알게 되었고, 내가 방언을 한다는 사실을 알게 되었다. 이처럼 나는 방언이 존재한다는 사실도 몰랐고 방언이 무엇인지도 모른 채, 심지어는 내가 방언을 하고 있다는 사실도 모른 채 방언을 하게 되었다. 방언을 하게 되었지만 방언에 대해서는 여전히 전혀 아는 바가 없었다. 방언에 대해 알고 싶어도 기독교 서점에서 방언에 대한 책을 찾기란 쉽지 않았다. 그때가 대학 3학년이 되던 1989년 2월이었다. 나는 수련회를 통해서 살아 계신 하나님을 만나게 되었고, 그리스도인이 되었다. 수련회 이후로 교회에 출석하게 되었고, 성경을 읽기 시작했다. 그리고 성경에 방언에 대한 기록이 있음을 알게 되었다.

그런데 그 이후로 신앙생활을 하면서 방언으로 인해 재미있는 현상을 발견하게 되었다. 한국 교회 내에 성령 세례와 방언에 관한 많은 논란들이 있었으며, 다양한 해석들이 존재하고 있었던 것이다. 내가 방언의 은사를 받았다고 교회에 다니는 친구들에게 이야기했을 때 그들의 반응은 크게 두 가지로 갈라졌다. 어떤 친구는 자기도 받고 싶어서 기도했는데 받지 못했다고 부러워했다. 다른 친구는 현대에 일어나는 방언은 다 가짜라면서 내가 받은 방언은 마귀 방언이니 하지 말라고 충고해 주었다.

나중에 알게 된 사실도 나의 경험과 크게 다르지 않았다. 한국 교회는 방언에 대하여 이분법적 평가를 내리고 있었다. 당시 한국의 보수적 성향의 교회에서는 방언은 초대 교회에서만 나타나던 현상으로, 그 이후로는 방언이 중지되었다고 주장하였다. 또한 현대 방언은 마귀로부터 오는 비성경적인 것으로 해석하면서 방언 말하는 것을 금하고 있었다. 방언에 대한 불신이 팽배한 보수적 교회에서는 방언을 하는 교회나 그리스도인들을 서슴없이 이단이라고 정죄하기도 했다. 그러나 교회의 현실을 들여다보면, 보수 교단의 가르침과는 달리 의외로 많은 그리스도인들이 방언을 체험하고 있었다. 특히 여의도순복음교회를 포함한 오순절교회에서는 방언을 성령 세례의 증거로 가르치면서, 성도들에게 성령 세례와 방언의 은사를 체험할 것을 적극적으로 강조했다. 이처럼 한국 교회는 방언에 대한 견해가 신학적·교리적·교회적 입장에 따라서 첨예하게 대립되고 있었다. 그러나 방언이란 주제가 기독교 신앙생활 전체에서 차지하는 비중이 그다지 높지 않은 관계로 큰 관심이 없었다.

미국에서 신학을 공부하는 동안, 도서관에서 우연히 방언에 관한 책들을 발견하게 되었다. 내가 다니고 있던 신학교는 오순절이나 신오순절 계통의 신학교가 아님에도 불구하고 몇 십 권이나 되는 방언에 대한 책들을 소장하고 있었다. 인터넷 서점인 아마존(amazon.com)의 경우에도 방언(speaking in tongues)이란 단어를 치면 수많은 책들이 검색됐다. 미국 교회에서 방언에 대한 논의가 이렇게 활발한 사실을 보고 깜짝 놀랐다. 박사 과정에서 나는 교회사를 전공했고, 특히 오순절의 역사와 신학을 주제로 공부했다. 틈이 나는 대로 방언에 대한 책들을 읽고 연구하면서 언젠가 기회가 된다면 방언에 대한 신학적·성경적·역사적 정보를 주는 책을 써 보리라 생각하게 되었다.

다행히 최근 한국에서도 방언에 대한 책들이 나오고 있으며, 이로 인해 방언을 주제로 한 격렬한 토론이 지속되고 있다. 2007년에는 김우현 감독이 방언 은사의 유용성을 적극적으로 옹호하는 「하늘의 언어」라는 책을 써서 기독교 베스트셀러가 되었다. 현재 김 감독은 전국을 돌면서 방언 집회를 열고 있다고 한다. 온누리교회 출신인 손기철 장로의 경우에도 월요치유집회를 통해 많은 그리스도인들이 치유 집회에 참석해서 성령님의 강한 임재와 함께 치유와 방언을 체험하고 있다. 또한 같은 교회 출신인 문봉주 장로의 경우, 「새벽형 크리스천」과 「성경의 맥을 잡아라」를 통해 방언 기도의 중요성을 수시로 강조하고 있다. 어떤 의미로 보아, 목회자들이나 신학자들이 방언이란 주제에 대해서 침묵을 지키고 있는 반면, 평신도 지도자들을 중심으로 방언 사역이 퍼져 나가고 있는 느낌이다.

이러한 흐름에 반대해 개혁주의 입장에 선 옥성호 씨가 「방언, 정말 하늘의 언어인가?」라는 책을 출판하여 방언 중지설을 주장한다. 그리고 이에 반박해서 신학자인 김동수 교수가 「방언은 고귀한 하늘의 언어」를 저술하게 된다. 내가 방언을 체험했던 20년 전부터 현재까지, 한국 교회 내에서 방언은 여전히 중요한 논쟁의 주제가 되고 있다. 그러나 음지에 숨어 있던 방언이 양지로 나와서 그리스도인들 사이에 큰 반향을 일으키고 있는 현실은 나름대로 바람직하다고 생각한다.

교회 내에서 성령의 은사들 중 방언처럼 많은 논란이 있는 동시에 무시되는 은사도 드물다. "오늘날에도 방언이 지속될 수 있는가?"라는 신학적 질문이 여전히 큰 관심을 불러일으키고 있다. 방언을 직접적으로 다룬 사도행전이나 고린도전서를 주해한 주석가들 사이에서도 다양한 의견들이 있으며, 서로 100퍼센트 일치하는 해석이 나오지 않고 있다. 어떤 입장과 경험을 가지고 해석하느냐에 따라서 수많은 의견들이 나온다. 오늘날 성령의 은사인 방언에 대해서 관심을 가진 교인들은 많으나, 대부분의 목회자들이나 교회 지도자들은 좋지 않은 편견으로 가득 차 있고, 부정적이며, 교회 내에서 이를 가르치는 것을 함구해 왔다. 그래서 많은 그리스도인들이 성령 세례와 성령의 은사에 대해서 무지하다.

위의 책들을 읽은 후, 목회자이자 신학자로서 방언에 대한 신학적·성경적·현상학적·역사적 조언을 해야겠다는 책임감을 느겨 이 책을 저술하게 되었다. 제1부에서는 방언에 대한 신학적 이론들을 설명·해석하고, 성경은 방언에 대해서 어떻게 말하고 있는지를 살펴볼 것이다. 그리고 방언의 유익과 방언 기도의 특징을 말하고자 한다. 제2부에서는 성령 세례와 방언과의 관계를 조명할 것이다. 보수 교단에서는 예수님을 믿어 구원받는 중생의 체험과 성령 세례를 동일시한다. 그러나 오순절 교단에서는 중생과 성령 세례를 다른 체험으로 해석하며, 성령 세례 시 방언의 은사를 받는다고 주장한다. 제3부에서는 성령 세례와 방언이 교회 내에서 역사적으로 어떻게 받아들여져 왔는지를 설명할 것이다. 특히 오순절 운동과 그 이후 현대 교회 내에서 방언이 어떻게 해석되고 있는지를 알아볼 것이다.

나름대로 중립적인 입장에서 방언을 바라보려 했지만, 개인적인 방언 체험이 있고, 이 경험을 긍정적으로 보고 있기 때문에, 어쩔 수 없이 방언을 지지하는 입장에서 출발함을 이해해 주기 바란다. 그동안 방언에 대해서 궁금하게 생각해 왔던 모든 그리스도인들에게 이 책이 방언에 대해 이해할 수 있는 계기와 도움이 되었으면 좋겠다.

제1부

방언이란 무엇인가?

성령 세례 받으면 방언하나요?

방언을 부정하는 입장들

　우리 집안에서는 내가 최초로 예수님을 구주로 영접했다. 그 후 부모님의 구원을 위해서 2년간 전도하면서 기도했다. 마침내 어머니께서는 하나님의 신유를 체험하시고 늦은 나이에 예수님을 영접하신 후, 현재는 시골에 있는 보수적인 장로교회에 다니고 계신다. 어머니는 기도원에 가서서 성령의 은사를 사모하면서 기도하시던 중 방언의 은사를 받게 되셨다. 하나님의 은혜가 너무나 크고 감사해서 이 경험을 계기로 새벽 기도를 나가기 시작하셨다. 새벽 기도 중 방언으로 기도하고 싶었으나 왠지 눈치가 보였다. 그래서 기다리고 있다가 다들 가고 난 후 혼자서 방언으로 기도하고 계셨다. 그때 예배당을 지나가시던 담임목사님이 갑자기 어머니에게 오시더니, 어머니를 붙들고, "집사님, 지금 하고 있는 것은 마귀 방언입니다. 교회에서 하시면 안 됩니다"라고 주의를 주셨다. 어머니는 간절히 사모해서 받은 방언이 성령이 아닌 마귀가 들려서 하는 마귀 방언이라는 말에 큰 충격을 받으셨다.

　목사님의 설명인 즉, 방언은 사도들에게만 주어진 것으로 초대 교회가 탄생한 이후로는 중지되었기에 현대에는 더 이상의 방언이 존재하지 않는다는 것이었다. 그래서 현재 교회에서 터지는 모든 방언은 성령의 방언이 아닌 마귀 방언이라는 것이었다. 이렇듯 보수적인 교회의 경우, 은사 중지설에 근거해 현대 방언을 성령의 은사로 인정하지 않는다. 나중에 어머니는 당신께서 하고 있는 방언이 마귀 방언이 아니라 성령 세례의 결과로 인한 방언이라는 사실을 아시고 다시 은혜를 회복하셨다.

은사 중지론

한번은 같은 신학대학원을 다니고 있던 대학 동창 목사님들과 함께 저녁 식사를 했다. 한 차를 타고 집으로 돌아오던 중, 장로교 목사인 선배가 바로 옆에 앉아 있던 순복음교회 목사인 선배에게 순복음교회에서 일어나는 신유나 방언은 다 가짜라고 주장했다. 직접 순복음교회에 가서 치유나 이적 등을 지켜보고 조사해 보았으나, 일종의 심리적 눈속임에 불과한 가짜였다고 비난했다. 이에 순복음교회 선배는 반박에 나섰고, 신학적 논쟁을 지나 감정싸움으로까지 가는 것을 뒷좌석에서 숨죽이면서 바라보았다. 바로 내 눈앞에서 은사 중지론과 은사 지속론의 충돌을 보게 된 것이다.

기독교 역사를 통해서 방언에 대해 반대하는 성경적·신학적·현상학적 연구가 계속 진행되어 왔다. 특히 대부분의 복음주의 계통의 교리 및 신학에서는 오늘날 교회 내에서는 기적이 일어나지 않는다는 은사 중지론(Cessationism)을 믿기 때문에, 신유나 방언 등의 현재성을 부정한다. 소위 전통적인 개혁주의 입장에 서 있는 장로교회에서는 예수님의 십자가 사건이 단 한 번 발생했듯이, 오순절의 성령 세례도 한 번이라고 주장한다. 그래서 사도 시대 이후로 성령의 은사는 중지되었기에, 비단 방언뿐 아니라 방언 통역, 예언, 신유, 기적 등도 사도 시대 이후에 중지되었다고 믿는다.

1. 방언은 계시의 은사이다

개혁 신학에서는 방언을 계시의 은사로 해석한다. 사도 시대 때에는 하나님의 완전한 계시인 성경이 완성되지 않았다. 초대 교회가 하나님의 말씀을 소유하지 못한 상태였기에 하나님께서는 초대 교인들에게 계시를 주셨는데, 계시를 주시는 수단의 하나로 일시적으로 방언을 허락하셨다는 것이다. 그러나 주님의 계시가 신약성경의 완성으로 완전히 드러나게 되었고, 우리는 성경을 통해서 하나님의 뜻을 알 수 있게 되었기 때문에, 완전한 계시인 성경이 완성된 이후로는 주님의 재림 때까지 더 이상 새로운 계시를 주시지 않는다는 것이다. 그래서 방언이 계시의 은사로 필요했던 초대 교회에는 존재했지만, 성경이 완성된 이후에는 새로운 계시가 주어지지 않으며, 따라서 계시의 은사인 방언도 사라졌다는 것이다.

그러나 과연 방언이 '계시의 은사'인가? 나는 이것이 의심스럽다. 방언은 성령께서 신자의 영혼에 들어오셨다는 증거인 성령의 기도이자 영혼의 기도이다. 주로 주변 사람들이 알아들을 수 없는 하늘의 언어로 나오기 때문에 계시의 역할을 감당할 수 없다. 성경 어느 구절에도 방언을 계시의 은사와 연결한 곳은 없다.

2. 방언은 사도 신임장이다

개혁주의 학자들은 오순절에 방언의 은사를 받은 사람들은 마가의 다락방에서 기도하던 120명 전체가 아니라 오직 예수님의 열두 제자들만 선택적으로 받았다고 주장한다.[1] 즉 방언을 사도들에게만 주어진 사도 신임장으로 해석하는 것이다. 성령께서는 사도들에게 사도성을 증거하는 수단으로 방언의 은사를 주셨는데, 오직 사도들을 통해서만 이 은사가 다른 사람들에게 주어졌다는 것이다. 사도 신임장을 받은 사도들이 기도하고 안수할 때에만 방언의 역사가 나타났다는 것이다.

사도 시대는 역사를 통해서 단 한 번 있었던 특별한 기간이다. 때문에 이들은 이 세상에서 예수님의 사도들이 사라지고 신약성경이 형성되어 신앙생활의 규범이 생긴 이후로 방언은 자동적으로 없어졌다고 주장한다. 사도의 신임장이었던 방언은 사도들이 역사 속에서 사라짐과 동시에 영원히 사라졌다는 것이다.[2]

과연 방언이라는 초자연적 은사는 사도들에게만 국한된 사도들의 신임장이었을까? 대부분의 성경학자들은 오순절에 예수님의 열두 제자들뿐 아니라 그곳에서 함께 기도했던 모든 사람들이 성령 세례 및 방언을 받았다고 해석한다. 예수님은 사도들에게만 방언을 받으라고 명하신 것이 아니라, 예수님의 승천을 바라보고

---

1) 옥성호, 방언, 정말 하늘의 언어인가? (서울: 부흥과개혁사, 2008), 47~48.
2) Benjamin B. Warfield, Miracles Yesterday and Today (Unicoi, Tennessee: The Trinity Foundation, 2007), 6.

있던 모든 사람들에게 성령 세례 및 방언을 받을 때까지 예루살렘을 떠나지 말 것을 명하셨기 때문이다. 고린도전서 12~14장에서 바울은 사도성과 은사의 연관성에 대해 전혀 언급하지 않는다. 방언이 사도 신임장이라는 이야기는 성경 어느 구절에도 나오지 않는다. 은사를 나눠 주는 주체는 사도들이 아니라 성령이시기에 은사가 사도들의 신임장이라는 주장은 전혀 그 근거가 없다고 생각한다.

3. 은사 중지론이 신학의 대세이다

대표적인 신학자들은 은사 중지론을 주장했다. 은사 중지론을 주장했던 초대 교회 교부로는 어거스틴(Augustine, 354~430)이 대표적이다. 존 칼빈(John Calvin)도 성령의 능력이나 기적 등은 사도 시대 때에 나타난 일시적인 현상으로, 그 이후로는 역사 속에서 완전히 사라졌다고 말한다.[3] 칼빈의 신학 선상에 서 있는 대부분의 장로교 계통의 개혁 신학자들은 방언이나 신유의 역사는 사도 시대에 한정된다는 입장을 강하게 견지해 왔다. 존 오웬(John Owen), 토머스 왓슨(Thomas Watson), 매튜 헨리(Matthew Henry) 등의 청교도들과 18세기 부흥 운동을 이끈 조지 휘트필드(George Whitefield)나 조나단 에드워드(Jonathan Edwards)가 이 견해를 고수했다.

웨스트민스터 신앙 고백서에서는 "소리를 내어 기도할 때에는

---

[3] John Calvin, Institutes of the Christian Religion, Library of Christian Classics edition, ed. John T. McNeill (Philadelphia: Westminster Press, 1960), 1467.

알려진 언어로 기도해야 한다"고 명시하며 방언을 경계하고 있다. 3대 칼빈주의 학자 중 하나로 언급되는 프린스턴 신학교의 벤자민 워필드(Benjamin B. Warfield)의 의견도 신유, 기적이나 방언 등의 초자연적 현상은 단지 사도 시대에만 가능하고, 그 이후로는 완전히 사라졌다고 주장한다.[4] 이 입장을 잘 계승하고 있는 대표적인 개혁 신학자들로는 웨스트민스터 신학교의 리처드 개핀(Richard Gaffin, Jr.)과 낙스 신학교의 로버트 레이몬드(Robert Reymond) 등이 있다.

이들 은사 중지론자들의 주장을 한마디로 요약하면, 오순절 성령 강림은 특별한 시기, 특별한 사람들에게 일어났던 단회적인 사건으로, 성령의 은사들은 사도에게만 주어졌으며, 그들 이후로는 중단되었다는 것이다. 방언은 계시의 은사였으나, 하나님의 의도에 따라서 성경이 완성된 후로는 또 다른 새 계시를 주시지 않는다는 것이다. 그렇기 때문에 계시의 전달 수단이었던 방언을 비롯한 모든 성령의 은사들은 사라졌고, 현대에는 존재할 수 없다고 주장한다. 이들의 주장은 교회 역사를 통해서 신학계와 정통 교회 내에서 큰 호응을 얻으면서 19세기 말까지 교회의 주류 교리로 인정을 받았다.

---

4) Benjamin B. Warfield, Counterfeit Miracles (New York: Charles Scribner's Sons, 1918; reprint, London: Banner of Truth, 1972), 5~6. 옥성호, 방언, 정말 하늘의 언어인가?

4. 현대 방언은 마귀 방언이다

개혁주의 신학의 노선에 서 있는 「방언, 정말 하늘의 언어인가?」의 저자인 옥성호 씨의 경우, 방언은 사도 시대 이후 중지되었기에, '현대 교회에서 행해지고 있는 방언은 성경적 방언이 아니다' 라고 주장한다. 그런데 오늘날 교회에서 수많은 그리스도인들이 방언을 하고 있다. 그러면 현대 교회 내에서 경험되어지고 있는 방언을 어떻게 해석할 수 있을까? 개혁주의 신학에서는 현대에는 방언이 있을 수 없기에, 오늘날 방언은 가짜이거나 불법자인 마귀의 역사에 의해서 일어나는 현상이라고 해석한다. 방언이란 교회를 혼란에 빠뜨리고 분리시키기 위한 마귀의 역사라는 것이다. 즉 현대 방언은 성령 세례의 결과가 아닌, 귀신 들린 결과로 방언을 한다는 것이다.

옥성호 씨의 경우, '방언 열풍: 말씀을 향한 또 하나의 사탄의 공격' 이란 섬뜩한 표현까지 사용한다.[5] 성경에는 하나님의 모든 계시가 다 기록되어 있는데, 방언은 성경 이외에 꿈, 환상 그리고 음성을 통하여 온 또 다른 계시에 권위를 두기에 참 복음이 아니며, 거짓 복음이라는 것이다. 사도 시대 이후로 사탄은 교회에 금지된 열매인 방언의 은사를 즐기도록 권장하여 교회를 파괴시킨다고 주장한다.

만약 현대 방언이 마귀 방언이라고 한다면, 현대 교회에서 성

---

5) 옥성호, 방언, 정말 하늘의 언어인가?, 21.

령의 역사보다는 마귀의 역사가 더 강하게 나타난다고 말할 수 있다. 방언을 귀신 들린 현상으로 보기에는 너무도 많은 그리스도인들이 방언의 은사를 받고 기도하고 있다. 한국에만 백만 명이 넘는 순복음 교인들이 있고, 장로교회를 비롯한 대부분의 교회에 방언의 은사를 받은 수많은 그리스도인들이 있다. 이들 모두가 귀신 들려서 방언을 행한다고 주장하는 것은 이 교회에 대한 명예 훼손을 떠나서 성령을 모독하는 처사가 된다고 생각한다.

5. 한국 교회에서의 방언의 현실

방언의 은사를 체험한 한 친구의 경우, 보수적인 장로교회를 다니고 있는 장인, 장모님과 함께 살고 있는데, 간혹 주일 예배나 가정 예배를 드리는 도중 그 친구가 방언 기도를 하면 장인, 장모님이 질색을 하면서 방언 기도를 하지 못하게 막는다고 한다. 그래서 교회에서나 집에서나 방언으로 기도할 엄두를 내지 못한다고 했다. 방언에 대해서 들어 본 적이 없거나 방언에 대해서 부정적인 그리스도인들이 방언을 인정하는 교회나 방언으로 기도하는 사람들을 처음 접했을 때 보이는 반응은 "미쳤구나", "제정신이 아니구나", 아니면 "이단이구나"이다. 이처럼 방언의 은사를 받은 사람들은 한 번쯤은 한국 교회 내에 방언에 대한 거부와 두려움이 깊숙이 박혀 있다는 사실을 경험하게 된다.

한국 교회는 초창기부터 칼빈주의적 장로교 보수주의가 주류를 형성하고 대세를 이루어 왔다. 보수적인 장로교회에서는 현대에는 기적이 일어날 수 없다는 가르침에 근거하여 기사와 이적에 대해서 부정적이며, 은사 중지설에 근거해 방언은 중지되었다고 주장했다. 장로교회의 담임목회자들은 방언으로 기도하는 것은 잘못된 것이라고 가르치고 있다. 문봉주 장로의 솔직한 고백처럼, 오늘날 보수적인 교단에서는 여전히 은사를 터부시하며, 께름칙하고 우려하는 시선으로 방언 열풍을 바라보고 있다.[6] 이들 교회에서 신앙생활을 오래 한 사람들 중에는 성령 세례 및 방언에 대해서 전혀 들어 본 적도 없는 그리스도인들도 많이 있다. "방언요? 처음 들어 보는데요. 그거 혹시 이단 아니에요?"

이처럼 보수적인 교회에서 신앙생활을 하는 경우 방언을 제대로 이해하지 못하며, 별로 관심이 없는 경우도 많다. 심한 경우에는 '방언=이단' 이라는 공식으로 방언을 인정하는 교회를 이단 교회로 정죄하는 교회나 목회자들도 있다. 여의도순복음교회가 장로교회로부터 1980년대부터 십여 년간 이단으로 정죄를 받은 이유 중 하나도 방언에 있었다. 이처럼 보수적 교단의 방언에 대한 반응은 철저한 무관심 내지는 이단 시비로 이어진다. 사도 시대 이후 중지된 방언을 받아들인 교회를 사탄의 술책에 넘어간 교회로 규정하고 이단으로 정죄한다.

내가 알고 있는 목사님 중에 총신대를 나오신 분이 있다. 하루는 그 목사님과 대화를 나누게 되었는데, 총신대를 다니던 중 성

---

6) 문봉주, 새벽형 크리스천 (서울: 두란노, 2004), 193.

령 세례를 체험하고 방언의 은사를 받게 되었다는 간증을 해 주셨다. 본인뿐만 아니라 주변에도 방언을 하는 목사님들이 많이 있다고 했다. 그러나 교단의 공식적인 입장은 방언을 부정하는 것이기에 공식적으로 방언의 은사를 인정하지는 못한다고 했다. 비록 많은 장로교회 목회자들이 방언의 은사를 체험했지만 이 경험에 대해서는 침묵하고 있다. 오히려 평신도 지도자들이 방언에 대한 긍정적인 발언을 하고 있는 것이 현실이다.

성령 세례 받으면 방언하나요?

방언에 대한 심리학적 해석

심리학자들은 방언을 불안 심리의 결과로 나타나는 현상이라고 해석한다. 심리적 장애 현상인 히스테리, 우울, 불안, 한(恨) 등의 심리적 불안이 깊은 무의식의 세계에 저장되어 있다가 고도의 감정적 상태에서 이것들이 한순간에 터져 나오는 현상이라고 생각한다. 평소의 생활에서는 자아가 불안정한 무의식의 세계를 통제하는데, 간혹 억눌려 있던 무의식의 세계가 의식의 통제를 벗어나면서 나타나는 일탈 현상으로 해석한다.[7] 어떤 이들은 사랑이란 감정과 증오라는 감정이 심각하게 내적 충돌을 일으키는 상황에서, 심리적 내적 충돌을 제어하지 못하고 이로부터 도피하는 과정에서 히스테릭한 반응을 보이면서 무의식의 언어인 방언이 터져 나올 수 있다고 주장한다.

어떤 심리학자는 충격에 의해서 뇌손상을 입거나 약물 등의 과다 복용 결과로 알 수 없는 말이 터져 나올 수 있다고 해석한다. 마약 등을 복용해 황홀경에 빠지게 되면 감정적으로 극도의 쾌감을 느끼게 되고, 자신의 이성이나 생각을 통제하는 능력을 잃어버

---

7) Morton T. Kelsey, Tongue Speaking (New York: Crossroad, 1981), 216~7.

리게 되면서 횡설수설이 나온다는 것이다. 특히 정신분열증에 걸린 사람들에게서 혼자서 이상한 말을 중얼거리는 현상이 나타날 수 있다고 한다.[8] 심리학자들의 견해로 미루어 볼 때, 방언은 주로 심리적으로 불안하고 정서적으로 문제가 있는 사람들에게 나타나는 현상이라는 것이다.[9]

종교 심리학자들은 방언이란 현상을 다른 종교에서 나타나는 황홀경의 경험으로 설명하기도 한다. 방언을 하는 사람들의 감정 내지는 열정이 무당의 입신 과정과 많은 유사성을 가지고 있다는 것이다. 무당이 황홀경에 빠져서 맨발로 작두에 올라가며 다른 목소리로 말하는 것처럼, 방언도 일종의 종교적 황홀경에 빠져서 횡설수설하는 것이라고 해석한다. 미국 인디언들이 격렬하게 춤을 추면서 종교적 행위에 열정적으로 몰입하다 보면 자신도 모르는 사이 온몸을 부르르 떨면서 말을 하게 되는데, 방언도 열정적으로 기도에 몰두하다 보니 나타나는 정신적 착란 현상이라고 해석한다. 그래서 방언이란 현상을 기독교에만 나타나는 것이 아닌, 모든 종교의 보편적인 경험으로 설명한다.

종교 사회학자들은 방언이란 현상을 사회학적인 관점에서 분석한다. 주로 사회적 지위가 낮은 노동자 계급이나 여성들이 방언을 많이 하는데, 사회·심리·문화적 결핍을 방언이란 비이성적

---

8) R. P. Spittler, "Glossolalia," in The New International Dictionary of Pentecostal and Charismatic Movements, 670~6.
9) James N. Lapsley and John H. Simpson, "Speaking in Tongues: Infantile Babble or Song of the Self?" Pastoral Psychology, XV (Sept.,1964): 16~24.

이고 반지성적인 방법을 통해서 보상받으려고 하는 심성으로 해석한다. 실제적으로 방언을 많이 하는 오순절교회를 방문해 보았더니 상대적으로 사회적 지위가 낮고 교육을 제대로 받지 못한 비지성적인 계층의 사람들이 모여 있었다. 민중 신학자인 서광선 교수에 의하면, 방언을 말하는 사람들은 주로 하류 소외 계층으로, 사회에서 받는 말로 표현할 수 없는 억울한 감정이 심리적으로 불안한 상태에서 한국말로 제대로 표현되지 못하고 한 맺힌 소리로 터져 나온 것이 방언이라고 주장한다. 그래서 방언을 민중의 하소연이며, 한을 토해 내는 소리로 해석한다.[10] 세상의 권력과 물질도 없고, 이를 표현할 길도 없는 사람들이 교회에 나와서 그 한을 토해 내다가 보상심리로 방언을 말한다는 것이다. 방언을 통해서 대리만족을 얻은 오순절주의 그리스도인들은 사회적 욕구 불만을 개인의 체험과 영성에 매몰시켜 스스로를 사회로부터 고립시킨다는 것이다.[11]

최면을 걸면 방언을 할 수 있다는 견해도 있다. 심리학자인 칼 융(Carl Jung)은 인간의 집단 무의식을 강조한다. 한 사람이 일정한 집단에 속해 있으면 공통적인 문화, 사상, 종교 등 그 집단의 공통분모를 익히게 되는데, 이러한 무의식이 그 다음 세대로 집단 무

---

10) 서광선 외, 한국 교회 성령운동의 현상과 구조 (서울: 대화출판사, 1987), 30, 81. Boo-Woong Yoo, Korean Pentecostalism (Frankfurtam Main: Peter Lang, 1988), 4.
11) Kilian McDonnell, Charismatic Renewal and Ecumenism (New York: Paulist Press, 1978). Donald W. Burdick, Tongues: To Speak or Not to Speak (Chicago: Moody Press, 1969), 68~9.

의식의 형태로 전수되게 된다는 것이다. 그러면 최면을 통해서 이러한 집단 무의식을 끄집어 낼 수 있으며, 이때 자신의 무의식에 저장되어 있던 조상들로부터 물려받은 집단 무의식이 표출될 수 있다는 것이다. 어떤 학자는 불교적 관점에서, 방언을 전생에 대한 언어적 환생으로 해석한다.

교육학자들은 학습에 의해서 방언 습득이 가능하다고 주장한다. 마치 우리가 새로운 언어를 배우듯이, 방언도 방언을 하는 사람을 따라서 계속해서 연습하면 배울 수 있다는 것이다. 즉 언어학습 이론에 근거해서 방언 자체도 학습과 훈련을 통해 습득이 가능하다고 주장한다. 특히 주변 사람들이 하는 방언에 노출이 될 경우, 이것이 기억에 저장되었다가 자신도 알지 못하는 가운데 방언을 하게 된다고 해석한다. 교회를 다니지 않는 사람이라 할지라도 어느 정도의 학습 지능을 가진 사람이라면 몇 분 안에 교육받고 따라 할 수 있다고 주장한다.[12] 주문을 몇 번 반복해서 따라 외우다 보면 주문을 따라 할 수 있듯이, 방언 또한 누구나 흉내 낼 수 있는 입 떠벌림 현상으로 치부한다. 특히 강력한 리더십 아래에 있는 사람들은 그들의 리더로부터 방언을 모방하다가 배울 수 있다고 주장한다.

개인적으로 이러한 심리·사회·종교·교육학적인 설명들은

---

12) John P. Kildahl, The Psychology of Speaking in Tongues (NewYork: Harper&Row, 1972), 74.

방언 현상을 충분히 설명하지 못한다고 생각한다. 영적 존재인 하나님을 현미경을 통해서 발견할 수 없듯이, 영적 현상인 방언을 이성에 근거한 학문적 관점에서 해석한다는 것 자체가 초점이 맞지 않는다.

방언을 인정하는 교회에서 적게는 3분의 1, 많게는 2분의 1 정도가 방언을 체험하는데, 그들이 정신적 불안 및 압박감을 견디지 못하고 히스테리를 일으키면서 방언을 한다는 것은 말이 되지 않는다. 그렇게 해석한다면 교회 내에 정신분열증 환자가 너무도 많다. 한 조사에 따르면 교회에 다니는 사람들이 일반인들보다 심리적으로 안정되어 있고 오래 산다는 통계가 있다. 방언을 강조하는 오순절주의자들의 경우에도 대부분이 건전한 이성과 감정에 근거한 신앙생활을 하고 있다. 그리고 신오순절의 영향으로 전통적 교회의 교인들이 방언을 하는 숫자가 늘어나고 있는 추세이다. 그러므로 방언 현상을 불안 심리로 해석하는 것은 극단적이라 할 수 있다.

학습이나 최면술을 통해 방언을 습득할 수 있다는 주장에도 무리가 있다. 방언이 무엇인지도 모르는 상태에서 혼자 기도하는 가운데 방언을 경험하는 사례가 많기 때문에, 방언이 다른 사람에 의한 최면의 결과이거나 학습의 결과라는 설명은 적절하지 못하다. 방언이 학습의 결과라는 주장은 이전에 방언에 대해 전혀 노출되지 않은 사람들이 갑작스럽게 방언을 하는 현상을 설명하지 못한다.[13] 마가의 다락방에서 성령 체험을 하고 방언을 했던 사도들의 경우, 그 이전에는 방언이라는 것이 존재하는지에 대해 들은 적도 없었다.

그리고 방언이 배워서 따라 할 수 있는 것이라면, 주변에 방언하는 사람이 한 사람만 있어도 마치 외국어를 배우듯이 교회에 있는 모든 사람들이 방언 수업을 듣고 다 방언을 배울 수 있을 것이다. 그러나 현실을 보면 그렇지 않다. 방언하는 사람들에게 둘러싸여 있고, 방언의 은사를 받기 위해 20년 이상 기도한 경우에도 방언을 하지 못하는 경우가 많다. 나의 경우, 방언이 있다는 사실도, 방언 기도를 들어 본 적도 없는 일자무식의 상황에서 방언의 은사를 받았다. 만일 방언이 학습과 훈련으로 되는 것이라면, 이 현상을 어떻게 설명할 수 있을까? 언어는 습득이 가능하지만, 방언은 학습을 통한 습득이 불가능하다.

---

13) S. F. Hopkins, "Glossolalia: An Outsider's Perspective," in The New International Dictionary of Pentecostal and Charismatic Movements, 676~7.

현대에도 지속되고 있는 방언, 어떻게 해석할 것인가?

마귀의 전략은 그리스도인들이 성령의 다양한 은사들을 받아 활용하는 것을 막는 데 있다. 방언을 부정하고 비판하는 가장 전형적인 주장은 '방언은 중지되었다' 혹은 '방언은 없다' 이다. 방언이라는 은사가 있고 현재에도 지속되고 있다는 사실이 밝혀지면, 두 번째 작전으로 방언은 신앙생활에 백해무익하다는 주장을 한다. '방언은 위험하다' 혹은 '마귀 방언도 있다' 라는 주장을 편다. 그래서 신자들이 아예 방언을 꿈꾸지도 못하게 하거나 방언기도를 하지 않도록 전략을 짠다. 이 주장들은 그동안 한국 교회에서 매우 큰 효력을 발휘해 방언의 존재 자체를 부정하거나 방언이 인정되더라도 부정적으로 인식되는 데 큰 공헌(?)을 해 왔다. 방언이 사라졌기 때문에 굳이 구할 필요가 없다는 것이다. 설사 방언이 있다 하더라도 교회에 큰 유익을 가져다주지 못하고 마귀 방언도 있을 수 있으므로 차라리 받지 않는 것이 좋다는 것이다. 어떤 사람들은 성령을 구하다가 잘못해서 마귀 방언을 받게 될까 봐 두려워한다. 이러한 영향 때문에 방언은 한국 교회에서 환영받지 못했다.

만약 방언이 성령의 역사하심으로 나타나는 현상이 아니라고 한다면, 방언의 중단을 주장하고 방언을 무시하더라도 큰 문제가 되지 않는다고 생각한다. 그러나 만약 방언이 사도 시대 이후로 그쳤다면, 현재 전 세계적으로 나타나는 방언 현상을 어떻게 해석할 것인가? 오늘날의 방언이 성경적 방언이 아니라면, 결국 가짜 방언이거나 마귀 방언이라는 결론이 나오며, 오늘날 교회 내에서 행하여지는 모든 방언은 마귀 방언, 방언을 인정하는 교회나 그리스도인들은 성령 충만이 아닌, 마귀 충만한 교회와 신자가 되고 만다.

사도 바울은 자신이 "모든 사람보다 방언을 더 말하므로 하나님께 감사하노라"(고전 14:18)고 고백했고, "방언 말하기를 금하지 말라"(고전 14:39)고 명하였다. 초대 교회를 시작으로 현대까지 전 세계적으로 수많은 교회에서 수많은 신실한 그리스도인들이 방언을 경험하고 있다. 이처럼 성령의 은사가 오늘날에도 지속된다고 주장하고 믿고 있는 사람들을 은사 지속론자라 부른다. 특히 20세기 초반에 등장한 은사 지속론을 주장하는 대표적인 그룹으로는 오순절 운동, 신오순절 운동, 제3의 물결에 참여하는 교회들이다. 미국의 경우, 오순절교회가 짧은 역사에도 불구하고 성령 세례와 방언에 대한 강조로 인해 가장 큰 교단 중 하나가 되었고, 여전히 성장하고 있다. 현재 한국 교회에서도 방언은 계속되고 있으며, 기적이 일어나고 있다.

방언은 사라진 것이 아니다. 성경적으로, 현상학적으로 기독교 역사가 증명하는 것은 방언이 오늘날에도 계속 체험되고 있다는 사실이다. 오늘날에도 수많은 그리스도인들이 방언 기도를 통해서 하나님께서 성경을 통해 밝히신 하나님의 은사를 확증하고 체험하고 있다. 조용기 목사의 순복음교회를 중심으로, 그리고 기도원을 중심으로 성령 세례 및 방언에 대한 수많은 간증들이 쏟아져 나오고 있다. 처음에는 방언의 은사에 대해 잘 알지 못했고 반감을 가지고 있었으나, 방언의 은사를 받고 보니 그것으로 인해 받는 은혜와 기쁨이 엄청나다고 고백한다. 가수 태진아 씨의 경우에도, 미국에서 교회를 처음으로 나가던 날 방언의 은사를 받았다고 고백한다. 탤런트 성유리 씨는 아버지인 성종현 교수와 함께 기도하는 가운데 방언의 은사를 받았다. 그녀는 "방언을 하다 보니 기도하는 가운데 성령님이 함께하신다는 강한 확신이 들었다"고 언급했다. 방언이 사라졌다고 말하기에는 현상학적으로 너무도 많은 그리스도인들이 방언을 하고 있다.

내가 성경을 연구한 바로는, 성경 그 어느 구절에도 방언이 계시의 은사로 사도 시대 동안만 존재했다든지, 성경이 완성된 이후 방언이 그쳤다든지, 방언은 사도들에게만 주어진 사도 신임장이며 오직 사도들을 통해서만 방언을 받았다든지 하는 내용은 찾아볼 수 없었다. 방언을 허락하신 분, 방언 기도를 받으시는 분이 하나님이시다. 잠시 있다가 중단하실 거였다면 왜 허락하셨겠는가? 성경은 방언에 대해 반대하는 그 어떤 의견도 지지하지 않는다.

성경은 방언이 존재하며, 방언은 하나님께서 주시는 선물이라는 점을 분명히 밝히고 있다. 방언은 초대 교회 때 행해졌던 이적일 뿐 아니라, 기독교 역사 2천 년 동안 지속되어 온 은사이다.

우리는 우리의 교리와 성경적 해석 및 판단에 근거해서 방언의 가치를 폄하해서는 안 된다. 안타깝게도 많은 사람들이 방언에 대한 오해와 선입견으로 인해서 방언을 체험하지도 않고 방언하는 것 자체를 막고 있다. 멋모르고 방언을 무조건 반대하는 사람들은 자신도 모르는 사이에 마귀의 전략에 속아 넘어가는 셈이 된다. 방언 자체를 부정하거나 방언의 은사가 중지되었다 혹은 위험하다는 주장은 교회 내에 이 은사를 주신 하나님의 지혜에 도전하는 것이 되고 만다. 만약 방언이 성령의 은사라면, 방언 자체를 부정하고 이단시하는 것은 성령을 근심하게 하는 행동이 될 수 있다.

방언이란 무엇인가?

　방언은 영어로 speaking in tongues 혹은 glossolalia이며, 그리스어로는 glossais로 혀를 지칭한다. 함축적으로는 '언어' 혹은 '방언'이란 뜻을 가지고 있다. 방언을 한마디로 정의하는 것은 어렵지만, 방언은 예수 그리스도를 믿는 자들 가운데 부어 주시는 성령의 초자연적 은사 중 하나이다. 성령 세례를 통해 하나님의 영이신 성령께서 신자의 영혼 속에 내주하시며, 내주하신 성령께서 성령의 언어 혹은 영혼의 언어를 창조해 우리로 하여금 기도하게 하신다. 사도행전에서는 성령 세례를 받은 증거로, 하나님의 영이 신자 안에 임하신 증거 중 하나로 내 영혼이 하나님께 영적 언어로 기도하는 것이다(행 2:4, 10:46, 19:6). 방언은 성령 세례의 증거이며, 성령의 선물이요, 은사다.

　하나님의 영이 거하시는 우리 영혼과 가장 밀접하게 연결된 곳은 혀로서, 방언의 은사는 혀를 통해서 나타난다. 방언은 인간 이성의 통제를 받는 언어가 아니라 성령이 신자의 입술을 통제하여 말하게 하시는 것이다. 그러므로 방언은 인간의 언어가 아니라 영혼의 언어요, 영적 언어이다. 성령께서는 믿는 자들에게 그들이 이전에 결코 배운 적이 없는, 그리고 이 세상에 알려지지 않은 하늘의 새 언어를 주셔서 우리로 하여금 기도하게 하신다. 즉 방언은 '말하는 자가 그 의미를 알 수 없으나 유창하게 기도하고 찬양하는 기도' [14]를 지칭한다. 땅에 속한 언어가 아니기에 이 세상에서 알아듣는 자가 없는, 영이신 하나님께서 들으시는 하늘의 초자연적 언어이다.

우리는 각자 태어난 곳의 언어를 배우고 사용하며 살아간다. 우리가 다른 나라에 가서 그 나라 사람이 되기 위해 첫 번째 거쳐야 할 일 중의 하나는 그 나라의 언어를 배우는 일이다. 언어의 습득이 없이는 그 나라의 시민권자로 살아가기 힘들다. 우리는 하나님의 살아 계심과 그리스도의 십자가 대속의 사건을 받아들이고 믿음으로 이 땅에 속한 자가 아닌, 하늘에 속한 하나님의 자녀가 되었다. 우리의 신분이 마귀의 자녀, 이 땅의 자녀에서 하나님의 자녀로 완전히 바뀌었다. 우리의 진정한 시민권은 이 땅이 아닌 하늘에 있다. 방언이란 하늘의 시민권을 확보한 우리들에게 하나님께서 하늘에 속한 하나님의 언어를 선물로 주심으로 습득한 것이다. 하나님께서는 그의 자녀들을 구원하시고 그 확증으로 성령세례를 주신다. 하나님께서 모든 자들에게 하늘의 언어, 영혼의 언어인 방언을 주심으로 우리 자신이 이 땅의 사람이 아니요, 하늘에 속한 하나님의 사람이 되었다는 증거를 부여하신 것이다.

---

14) Larry Christenson, Speaking in Tongues (Minneapolis: Dimension Book, 1968), 16.

독일의 언어학자인 유겐 래프(Eugene Rapp)는 45개의 언어를 습득하였다. 언어의 기능 중 하나는 상대방에게 자신의 감정이나 생각을 나타내고 전달하는 것이다. 그에 의하면, 훈련된 언어학자라 하더라도 들어 본 적이 없는 발성이 언어인지 아닌지를 판별하기는 매우 힘들다고 한다. 이 세상에는 수많은 종류의 소리가 있는데, 각각의 소리에는 나름대로의 의미가 있다고 한다. 즉 그 많은 소리 중에서 뜻과 의미가 없는 소리는 없다. 예를 들면, 신음 소리는 본인의 괴로움을, 투덜거림은 불만을 나타내며, 한숨은 후회 및 실망이란 뜻과 의미를 전달하기 때문에 명백한 의사소통 수단 중 하나로 취급한다. 아기의 옹알이도 우리가 그 의미가 무엇인지를 몰라서 그렇지 나름대로의 의사 전달 수단이라고 한다. 어떤 아프리카 원주민의 언어는 마치 동물의 신음 소리처럼 들리기도 한다. 그러나 이도 명백한 그들의 언어이다. 래프 박사에게 방언을 들려 준 후, "방언이 언어인가?"를 물었을 때, 그는 방언이 횡설수설이 아닌 의미 전달이 있는 언어라는 판정을 내렸다.[15]

혹자는 방언이 아무런 의미를 전달하지 않으며, 다른 사람들이 알아들을 수 없기 때문에 아무런 가치가 없다고 주장한다. 과연 방언을 말하는 자는 방언을 통해서 자신의 의미를 전달하는 것일까? 방언은 이성적인 언어가 아니며, 이해할 수 없는 언어이다. 심지어는 방언을 말하는 자신도 그 의미를 알지 못하며, 주변 사람

---

15) Larry Christenson, Speaking in Tongues, 23~4.

들도 알아들을 수 없다. 만약 방언이 특정한 의미를 가지는 단어와 체계적인 문법이 없다 할지라도 감정이나 생각, 의미 등을 전달할 수 있다면 방언도 일종의 언어라 할 수 있다. 우리는 방언을 통해 하나님께 인격적인 의사를 표현할 수 있으며, 방언으로 기도하면서 평소 한국말로 기도하는 것처럼 이성적, 심리학적 상태를 동반하기도 한다. 그래서 성경은 방언을 언어, 특히 영적인 언어로 표현한다.

방언을 허락하신 분은 하나님

중세 가톨릭교회는 인간 스스로의 의를 강조하면서 '인간의 행위로 구원받을 수 있다', '노력에 의해 선행을 쌓게 되면 하나님께서 이를 의로 인정해 주신다'고 가르쳤다. 종교 개혁을 주도한 마틴 루터(Martin Luther)는 가톨릭교회의 이 가르침에 정면 도전하면서 '믿음의 칭의', 즉 '우리가 구원받는 것은 인간의 행위나 노력에 근거한 것이 아니라, 오직 예수 그리스도를 믿는 믿음으로 의인이라 칭함을 받는다'는 성경의 진실을 발견하면서 종교 개혁을 추진하였다. 인간의 행위로써가 아닌, 믿음만이 유일한 구원의 조건임을 재발견한 것이다.

그러나 개신교도 중세의 가톨릭교회처럼, 성경이 엄연히 말하고 있음에도 불구하고, 성경적 진실 중 어느 부분은 받아들이고 어느 부분은 받아들이지 않고 있다. 성령 세례와 방언도 그중의 하나라고 생각한다. 방언이란 본질적으로 하나님께서 허락하셨고 하나님으로부터 오는 복이라고 기록되어 있으나, 방언은 기독교 역사를 통해서 오순절 운동이 일어난 20세기 초까지 그리스도인들의 뇌리에서 사라진 단어가 되었고, 현대에도 많은 교회에서 방언을 무시하고 있다. 종교 개혁이 칭의의 원리를 성경에서 발견한 것처럼, 방언에 대한 새로운 발견과 해석이 필요하리라 생각한다.

바벨탑(언어의 혼란)과 오순절(언어의 통합)

하나님은 천지를 창조하셨을 뿐만 아니라 인간의 언어 형성에도 관여하셨다. 인간이 죄를 짓자 먼저 하나님과 인간 사이의 교제가 끊어지게 되었다. 창세기 11장을 보면 바벨탑 사건이 나온다. 바벨탑은 인간의 교만과 불신앙의 상징으로, 거대한 탑을 쌓아서 하늘에까지 이르러 보겠다는 인간들의 무모한 도전에 하나님께서는 언어를 혼잡케 하여 서로 의사소통이 이루어지지 않도록 함으로 바벨탑 건축을 무마시키셨다. 본래 언어는 하나였으나, 바벨탑 사건을 계기로 언어의 혼잡이 왔다. 하나님께 도전하여 인간의 제국을 이루어 보려던 인간의 시도는 하나님의 언어 분열에 의해 무산되었다. 그 이후로 사람들의 언어는 다른 여러 언어들로 나누어졌고, 인류는 같은 언어권인 사람들과만 의사소통을 하면서 분리되었다. 바벨탑의 건축으로 인해 하나님의 노여움을 사게 된 사람들은 세계 각지로 흩어지게 되었다.

사도행전 2장에는 오순절 날의 성령 세례 사건이 기록되어 있다. 제자들은 성령 세례를 받은 후 자신들이 알지 못하는 방언으로 기도했고, 세계 각국에서 온 사람들이 그들의 방언을 알아들었다. 세계 각국으로 흩어져 살았던 유대인들은 다른 언어를 사용하고 있었지만, 제자들이 말하는 방언을 각자의 언어로 알아들었다.

그리고 이 언어의 통합이 일어난 일로 모두 하나님을 찬양하고 높이는 일에 동참하게 되었다. 이 오순절 방언 사건이 중요한 이유는, 방언을 하는 사람들이나 방언을 듣는 사람들이 모두 한 언어처럼 의사소통이 되었다는 점이다.

어떤 성경학자들은 이 오순절 사건을 하나님께서 바벨탑 사건으로 분리되었던 인간의 언어 장벽을 깨뜨려 통합시켜 주신 사건이라고 해석한다. 하나님께서는 성령 세례를 통해 방언을 허락하심으로 언어의 장벽을 무너뜨리시면서 언어의 초자연적인 회복을 꾀하셨을 뿐 아니라, 방언을 통해 인간 언어의 장벽을 넘어 하나님과 영적인 교제가 가능하도록 은혜를 베푸셨다. 오순절은 언어의 소통 및 통합이 일어난 언어의 회복 사건이다. 인간의 불신앙으로 인해 하나님과의 의사소통이 막혀 버렸는데, 하나님의 은혜로 인간과 하나님과의 의사소통이 이루어졌다. 많은 성경학자들은 방언이 사람들이 알아들을 수 있는 외국어 방언이라고 주장하는데, 이를 통해서 언어의 장벽에 가로막히지 않고 구원의 복음이 온 세계로 전파되어 모든 인류가 하나님과 교제할 수 있는 길이 열렸다는 것이다. 방언이라는 새로운 하늘의 언어 안에서 세계 각국에 흩어져 살던 하나님의 자녀들은 하나님의 새로운 백성이 될 수 있다.

성경학자들은 보통 사도행전 2장의 마가의 다락방 사건을 교회의 탄생으로 해석한다. 오순절 성령 세례는 집단이 체험한 사건으로, 그 체험을 토대로 교회 공동체가 성립되었다. 교회는 오순절 날 성령 세례와 방언의 탄생과 함께 시작되었다. 성령 세례와 방언이 없었다면 오순절 사건은 없었을 것이며, 만약 그랬다면 교회의 탄생도 없었을 것이다. 하나님께서는 성령 세례와 방언이란 선물을 허락하심으로 교회의 탄생을 선포하셨다. 이 세상의 언어가 아닌 하늘의 언어를 이 땅에 허락하심으로 교회의 탄생을 축하해 주셨다. 성령 세례와 방언을 통해 하나님은 하나님의 사랑의 마음을 우리들에게 나타내 보여 주셨다.

하나님이 교회에 세우신 방언

"하나님이 교회 중에 몇을 세우셨으니 첫째는 사도요 둘째는 선지자요 세째는 교사요 그 다음은 능력이요 그 다음은 병 고치는 은사와 서로 돕는 것과 다스리는 것과 각종 방언을 하는 것이라" (고전 12:28). 하나님께서 이 세상에 교회를 세우실 때 교회 내에 위와 같은 것들이 있어야 할 것에 대하여 말씀하셨다. 우리는 하나님께서 교회 내에 세우신 것들을 인정하고, 신뢰하며, 따라가야 한다. 예수님께서 열두 사도들을 선택하셨기에 우리는 사도들의 권위를 인정하고 있다. 구약에 나오는 선지자, 왕, 제사장도 하나님께서 택하시고 기름 부으신 직분자들이기에 그들을 존경하며, 현대적 의미로 기름부음을 받은 목사의 권위 또한 인정하고 있다. 사도, 선지자, 교사, 목사의 권위가 하나님으로부터 나왔다는 사실을 인정한다면, 그 다음에 나오는 능력인 병 고치는 은사, 서로 돕는 것, 다스리는 것, 각종 방언하는 것에 대해서도 인정해야 할 것이다.

예수님께서는 승천하시기 바로 직전 제자들에게 다음과 같이 말씀하셨다: "믿는 자들에게는 이런 표적이 따르리니 곧 저희가 내 이름으로 귀신을 쫓아내며 새 방언을 말하며"(막 16:17). 하나님께서 세우신 이 모든 것들이 하나도 소홀함이 없이 교회 내에서 지속되는 것이 하나님의 뜻이 아닐까? 하나님은 인간에 대한 자신의 사랑을 예수 그리스도를 통해서 확증해 주셨을 뿐 아니라 성령 세례를 통해서 지속적으로 보여 주신다: "우리에게 주신 성령으로 말미암아 하나님의 사랑이 우리 마음에 부은바 됨이니"(롬 5:5). 성령 세례 및 방언을 부어 주신 것은 하나님의 자녀들에 대한 사랑의 표현 방법 중 하나이다. 방언은 인간 스스로가 만들어 낸 인간의 기도가 아니며, 교회 역사의 산물 또한 아니다. 방언은 하나님께서 교회 내에 세우신 것이요, 선물로 주신 은사이기에 세상으로부터 얻을 수 없는 것이다. 우리는 하나님께서 허락하셔서 교회 내에 주신 것을 폄하해서는 안 된다. 방언은 하나님께서 주신 기도의 언어로, 하나님께서 우리 가운데 거하고 계신다는 초자연적 증거 중 하나이다.

방언을 허락하신 하나님

누가 성령으로 세례를 베푸시는 분이신가? 누가 방언을 허락하시는가? 예수님은 부활하신 후 두려움에 떨고 있는 제자들에게 "성령을 받으라"고 명하셨다. 신자가 성령 받는 일은 예수님의 소원이시고 명령이시다. 그리고 성령을 주시는 분은 하나님이시다: "너희가 악할찌라도 좋은 것을 자식에게 줄줄 알거든 하물며 너희 천부께서 구하는 자에게 성령을 주시지 않겠느냐 하시니라"(눅 11:13). 예수님께서도 제자들에게 온 세상에 다니며 복음을 전파할 것을 명하시면서 방언의 은사가 나타날 것을 말씀하셨다.

성령 세례 및 성령의 은사를 받고 못 받고는 인간의 신앙 의지에 달린 것이 아니라 오직 하나님의 주권에 달려 있다. 하나님께서 함께하지 않으신다면 방언이라는 현상이 일어날 수 없다. 방언이란 은사 자체도 중요하지만, 성령 세례 및 방언을 허락하고 주시는 분이 누구신가를 알아야 한다. 개혁주의 신학자들은 방언은 사도들의 신임장으로, 사도들을 통해서만 방언이 일반 성도들에게 주어졌다고 주장한다. 그러나 우리는 은사를 나눠 주는 주체가 사도들이 아닌 하나님이요, 성령이시라는 사실을 깨달아야 한다.

방언은 인간 노력의 산물이 아닌 성령의 초자연적 현상으로, 성령의 인도하심에 순종할 때 하나님의 허락하심으로 할 수 있다. 하나님께서 각 사람에게 성령의 은사를 주심은 유익하게 하려 하심이다(고전 12:7). 하나님께서는 가치가 없거나 유해하고 불합리한 쓸데없는 선물을 절대로 주지 않으신다: "너희 중에 아비된 자 누가 아들이 생선을 달라 하면 생선 대신에 뱀을 주며 알을 달라 하면 전갈을 주겠느냐 너희가 악할찌라도 좋은 것을 자식에게 줄줄 알거든 하물며 너희 천부께서 구하는 자에게 성령을 주시지 않겠느냐 하시니라"(눅 11:11~13). 하나님께서는 그의 아들 예수 그리스도를 보내심으로 우리에 대한 사랑을 확증하셨고, 아버지로서 우리에게 성령 세례와 은사를 허락하신다. 이는 값없이 주시는 선물로, 하나님의 지속적인 사랑의 표현이다. 우리는 은사를 받을 때 하나님의 살아 계심뿐 아니라 우리에 대한 하나님의 사랑을 확신하게 된다.[16)]

하나님께서는 우리에게 성령 세례와 방언 주시기를 원하신다. 성령께서 주시는 성령의 은사 가운데 하나가 방언이라면, 방언의 은사는 결국 성령의 선물이다. 하나님은 그의 자녀들에게 기꺼이 좋은 은사 주시기를 기뻐하신다. 예수님은 구하는 자에게 주실 준비가 되어 있으시다. 그러하기에 우리가 해야 할 일은 성령 세례와 방언을 하나님께 구하는 것이다. 하나님이 허락하신 방언을 우리의 개인 신앙 및 교회 공동체 안에서 받아들이고 체험해야 한다. 하나님께서 교회에 허락하신 은사를 받지 않거나 혹은 받고도 쓰지 않는다면 얼마나 안타까운 일인가?

하나님이 주신 것을 속되다 할 수 없다

베드로는 기도하는 가운데 환상을 보게 된다. 하늘이 열리면서 한 그릇이 내려왔는데, 그 안에는 많은 짐승과 기는 것, 새들이 있었다. 하나님의 소리가 들려온다: "베드로야 일어나 잡아 먹으라." 그러나 베드로는 깨끗지 아니한 것은 먹을 수 없다고 답변한

---

16) Gary B. McGee, "The New World of Realities in Which We Live?," 116.

다. 그러자 "하나님께서 깨끗케 하신 것을 네가 속되다 하지 말라"는 음성을 듣게 된다(행 10:10~16). 그 환상을 본 후 베드로는 이방인들의 초청을 받게 되었고, 로마인인 고넬료 집에 가서 복음을 전하자 성령의 역사가 일어났다. 베드로와 함께 왔던 할례 받은 신자들은 하나님께서 이방인들에게도 성령 부어 주심을 보고 놀라게 된다.

우리는 하나님께서 허락하신 것에 대해서 자신의 잣대로 분석하거나 연구하거나 비판해서는 안 된다. 하나님께서 깨끗케 하셔서 주신 것을 하찮게 여기면 안 된다. 우리에게는 하나님께서 거룩하다고 주장하시는 것에 대해서 속되다고 말할 수 있는 자격이 없다.

간혹 방언을 비판하는 사람들 중 방언이 개구리 소리와 비슷하다고 방언을 비꼬아서 말하는 사람이 있다. 그러나 우리는 하나님께서 교회 내에 세우고 허락하신 방언을 속되다고 비난할 수 없다. 하나님께서는 방언이 가치 있다고 생각하셨기 때문에 교회에 방언을 허락하셨고, 방언을 성경적 진리의 한 부분으로 기록하셨다. 그러하기에 방언을 폐할 수 없으며, 방언이란 현상을 평가절하해서도 안 된다. 우리가 할 수 있는 일은 이 방언이 속된 것인가 아닌가를 평가하는 것이 아니다. 방언을 교회 내에 받아들일 것인가 말 것인가를 논하는 것이 아니다. 만약 자신이 가지고 있는 교리나 이성에 근거해서 방언의 가치를 무시해 버린다면 베드로가 처음 하나님께 보였던 실수를 초래하게 된다. 이러한 판단은 하나님이 우리에게 주신 선물을 잿더미로 만드는 결과를 초래한다.

　방언이나 영적인 은사가 하나님으로부터 온 것이라면, 그 자체는 거룩하고 신령한 것이다. 우리가 해야 할 일은 하나님께서 허락하신 성령의 선물, 하나님께서 교회를 위해서 주신 은사에 대한 하나님의 목적과 의미를 발견하는 일이다. 그리고 이 선물을 기쁘고 열린 마음으로 받아들이고 사용하며 그것을 주신 분께 감사하는 것이다.

방언을 받으시는 하나님

　가수는 팬들을 위해서 노래를 부른다. 가수는 노래를 듣는 관객이 있기에 혼신을 다해서 연습한 후 관객들 앞에서 노래를 부른다. 그리스도인도 교회에서 '예배를 본다'라고 하지 않고 '예배를 드린다'고 말한다. 예배를 드리는 이유는 예배를 받으시는 하나님이 계시기 때문이다. 예배를 보는 사람들은 수동적인 입장에서 성가대의 찬양과 목사의 설교를 듣는다. 그러나 예배를 드리는 입장에서는 하나님께서 그 예배당에 성령으로 거하신다는 사실을 인정하기 때문에, 몸과 마음과 물질을 바쳐서 하나님께 신령과 진정으로 예배를 드리게 된다.

　혹자는 방언은 말하는 사람이 그 내용과 의미를 전혀 알 수 없고, 옆에서 방언을 듣는 자도 그 의미를 모르기 때문에 방언 자체에 아무런 의미가 없다고 주장한다. 즉 방언을 알아듣는 자가 없기 때문에 무용지물이라는 것이다. 그러나 방언을 듣고 이해하며 응답하는 분이 계시다. 그분은 바로 하나님이시다: "방언을 말하는 자는 사람에게 하지 아니하고 하나님께 하나니 이는 알아 듣는 자가 없고 그 영으로 비밀을 말함이니라"(고전 14:2).

방언은 영혼의 언어로 기도하는 것으로, 방언을 말하는 자도 그 뜻을 알지 못하며, 이를 옆에서 듣는 사람도 그 뜻을 알 수 없다. 이는 당연하다. 방언 기도의 대상이 사람이 아니기 때문이다. 그렇다면 본인도 알아듣지 못하고 다른 사람도 알아듣지 못하는 쓸모없는 방언을 왜 하는 것일까? 방언 기도의 대상은 오직 하늘에 계신 하나님이시기에 그분만 듣고 이해하고 받으시는 것이다. 방언 기도는 자신의 힘과 능력으로 하는 것이 아니라 성령께서 그 입술과 혀를 붙잡아서 말하게 하시는 것이므로, 하나님만이 성령의 정확한 뜻을 알 수 있으시다. 따라서 방언을 말하는 자가 그 소리를 이해하지 못하고 다른 사람들이 그 뜻을 모른다 하더라도 시험에 들 아무런 이유가 없다. 방언 기도를 하는 사람은 방언 기도가 하나님께 드려지고 있으며 하나님께서 그 기도를 들으시는 것을 느낄 수 있기 때문이다.

방언은 아무런 의미가 없는 횡설수설이 아니다. 다만 사람들이 아닌 하나님께 드리는 기도이다. 기도는 일방적으로 인간의 편에서 하나님께 부르짖고 끝내는 것이 아닌 하나님과의 교제이므로, 인간의 편에서 하나님께 간구하면 하나님께서도 이에 대해 대답해 주신다. 인격을 가진 자가 자기 의사를 표현하면 상대방도 반응할 수 있어야 한다. 방언은 하나님과 의사 표현을 할 수 있는 특별한 언어이다. 방언에는 영혼의 깊은 생각과 감정이 담겨져 있기에, 하나님께서 듣고 이해하신다. 방언의 은사는 영혼의 언어로 하나님과 인격적으로 교제하라고 주신 것이다.[17] 개인적인 경험으로는, 방언 기도를 한참 한 후 침묵하고 있으면 세미한 하나님의 속삭임을 듣는 경우가 있다.

사도행전 5장을 보면, 베드로와 사도들이 열심으로 복음을 전파했고, 대제사장들은 그들을 잡아서 옥에 가두었다. 대제사장은 예수의 이름으로 가르치는 것을 금지했으나 베드로는 하나님께 순종하는 게 마땅하다며 반박했다. 이에 대제사장들은 그들을 죽이려 했으나, 모든 사람들의 존경을 받는 율법 교사였던 가말리엘이 일어나 유명한 말을 한다: "이 사상과 이 소행이 사람에게로서 났으면 무너질 것이요 만일 하나님께로서 났으면 너희가 저희를 무너뜨릴 수 없겠고 도리어 하나님을 대적하는 자가 될까 하노라"(38~39절). 만약 방언이 사람으로부터 났으면 없어질 것이다. 그러나 방언이 하나님으로부터 난 것이라면 없앨 수 없다.

성경이 말하는 성령 훼방 죄란 그리스도께서 행하신 모든 이적들이 성령이 아닌 사탄의 능력 아래에서 행해졌다고 믿는 것이다(막 3:30). 즉 예수님께서 성령의 능력으로 행하신 사역을 마귀의 짓이라고 주장하는 것 자체가 성령 훼방 죄에 해당된다. 그러니

---

17) 문봉주, 새벽형 크리스천, 186.

성령 세례와 성령의 은사를 부정하는 행위를 조심해야 한다. 방언이 사람으로부터 온 것인지, 마귀로부터 온 것인지, 아니면 성령으로부터 온 것인지를 잘 판단해야 한다. 만약 그것이 성령으로부터 온 것이 확실하다면 방언은 무너뜨릴 수 없으며, 방언을 부정하는 것은 하나님을 대적하는 행위가 될 수 있다.

성경에 나오는 방언

방언이란 단어는 마가복음, 사도행전, 고린도전서 등에 35회 나온다. 그중 대부분이 고린도전서에 나오는데, 총 28회 언급되고 있다. 특히 고린도전서 14장에만 방언이란 단어가 23회 언급되고 있어서 이 장은 '방언 장'으로 불린다. 방언은 주로 복수 형(Tongues)으로 나오며, "새 방언"(막 16:17), "다른 방언"(행 2:4), "각종 방언"(고전 12:10), "사람의 방언"(고전 13:1) 등으로 묘사된다. 때로는 "영으로 기도하고"(고전 14:14), "영으로 찬송하고"(고전 14:15) 등의 표현도 방언을 일컫는 것으로 해석할 수 있다.

방언에 대한 구절들은 바라보는 시각에 따라서 수많은 해석들이 존재하며, 신학과 교리에 따라 그 해석이 서로 첨예하게 대립되고 있다. 고린도전서에 나오는 방언과 사도행전에 나오는 방언은 서로 같은 것일까? 방언은 외국어인가 아니면 사람들이 알아듣지 못하는 하늘의 언어인가? 어떤 학자는 사도행전에 나오는 방언은 다른 사람들이 알아들을 수 있는 외국어이며, 고린도전서의 방언은 사람들이 알아듣지 못하는 하늘의 언어라고 주장한다. 혹자는 사도행전과 고린도전서에 나오는 방언은 둘 다 외국어 방언으로 서로 같다고 해석하기도 한다. 다른 학자는 사도행전이나 고린도전서에 등장하는 방언은 서로 같은 것으로, 외국어가 아닌 사람이 알아듣지 못하고 오직 하나님만이 알아듣는 하늘의 언어라고 주장한다. 이처럼 똑같은 성경을 봄에도 불구하고 방언에 관한 각각의 구절에 대해 정반대의 해석이 나올 수 있다.

오순절(사도행전 2장)

"오순절날이 이미 이르매 저희가 다 같이 한곳에 모였더니 홀연히 하늘로부터 급하고 강한 바람 같은 소리가 있어 저희 앉은 온 집에 가득하며 불의 혀 같이 갈라지는 것이 저희에게 보여 각 사람 위에 임하여 있더니 저희가 다 성령의 충만함을 받고 성령이 말하게 하심을 따라 다른 방언으로 말하기를 시작하니라"(2:1~4).

성경에 기록된 최초의 방언 사건은 서기 30년경, 오순절 날 마가의 다락방에서 일어난다. 오순절이란 50일이라는 의미를 가진다. 오순절은 유월절, 초막절과 더불어 이스라엘의 3대 절기 중 하나로, 구약의 칠칠절에 해당한다. 칠칠절이란 추수 축제 절기로 밀 추수의 첫 열매를 하나님께 드리는 날이며, 각각 추수한 형편에 따라 바치라(신 16:10)고 되어 있다. 유월절은 보리를 거둬들이는 날, 오순절은 밀 추수가 끝나는 날로, 유월절로부터 50일째 되는 날이 칠칠절이었다. 이날은 하나님께서 시내산에서 유대인들에게 율법을 수여하시면서 이스라엘 백성과 언약을 갱신한 절기이기도 하다.

신약에서 오순절은 예수님 부활 후 50일째 되는 날이며, 예수님 승천 후 10일째가 되는 날이다. 이 날은 율법 대신 은혜의 성령을 받은 날이고, 그 열매로 교회가 탄생한 날이다. 구약에서 오순절 절기가 육신의 양식을 추수하는 축제라면, 신약에서는 복음의 씨를 뿌리는 시기로, 영혼의 추수를 상징한다.

예수님의 승천 이후 예루살렘에 거주하고 있던 120여 명의 사람들이 성령 세례를 받고 방언으로 기도하였다. 여기서 방언은 성령 세례의 결과이며, 성령 충만의 결과로 터져 나왔다고 기록한다. 각국으로부터 온 사람들이 자신의 고향 언어인 지중해와 중앙아시아의 언어들로 방언을 알아듣게 되었다. 여기서 방언을 표현하기 위해 쓰인 헬라어는 dialektos로, 이는 '지방 방언'이나 '언어'(language of people)를 지칭한다. 이때 방언은 다양한 언어로 지각이 가능했으며, 주변 사람들은 자신의 언어처럼 알아들었다(행 2:11). 베드로는 이 성령 세례를 요엘 선지자의 예언이 성취된 사건으로 해석한다. 이 한 사건에 대해 수많은 해석들이 존재한다.

1. 방언은 외국어인가? 알아들을 수 없는 하늘의 언어인가?

"그 때에 경건한 유대인이 천하 각국으로부터 와서 예루살렘에 우거하더니 이 소리가 나매 큰 무리가 모여 각각 자기의 방언으로 제자들의 말하는 것을 듣고 소동하여 다 놀라 기이히 여겨 이르되 보라 이 말하는 사람이 다 갈릴리 사람이 아니냐 우리가 우리 각 사람의 난 곳 방언으로 듣게 되는 것이 어찜이뇨 우리는 바대인과 메대인과 엘림인과 또 메소보다미아, 유대와 가바도기아, 본도와 아시아, 브루기아와 밤빌리아, 애굽과 및 구레네에 가까운 리비야 여러 지방에 사는 사람들과 로마로부터 온 나그네 곧 유대인과 유대교에 들어 온 사람들과 그레데인과 아라비아인들이라 우리가 다 우리의 각 방언으로 하나님의 큰 일을 말함을 듣는도다 하고 다 놀라며 의혹하여 서로 가로되 이 어찐 일이냐 하며" (2:5~12).

방언에 관한 가장 큰 질문 중 하나는 오순절 때에 터졌던 방언이 외국어 방언이었는가, 아니면 전혀 알아들을 수 없는 방언이었는가 하는 논의이다. 사도행전과 고린도전서에 기록된 방언의 공통점은 본인이 배우지 않은 언어로 말한다는 점이다. 성령 세례를 받은 갈릴리 사람들이 자신이 공부하거나 배운 적이 없는 지중해 연안과 극동 언어 및 다른 언어들을 방언으로 구사했다. 당시 오순절 절기를 지키기 위해 예루살렘에 모여들었던 외국인들은, 각자가 자신의 고향에서 사용하던 언어로 기도하고 있는 무리들을 발견하고 놀랐다. 갈릴리 사람들이 전혀 배운 적이 없던 자신들이 살던 지역의 언어로 기도하는 것을 보고 놀란 것이다. 외국어라고는 전혀 배운 적이 없는 사람이 갑자기 외국어로 기도하고 말하는 것을 듣게 된다면 매우 놀라게 될 것이다. 누군가가 한 번도 배운 적이 없는 중국어나 영어 등으로 방언을 하고, 중국이나 미국에서 온 사람이 이 말을 알아들었다면 대단한 일이 아닐 수 없다. 하나님께서는 오순절 사건을 통해 120여 명의 성도들에게 구경을 나온 주변 국가에서 온 사람들이 알아들을 수 있는 외국어로 된 방언을 허락하셨다.

초대 교회 교부들의 다수(오리겐, 크리소스토무스, 그레고리)는 방언을 전도하기 위해서 주신 외국어를 구사하는 은사라고 이해했다. 그들은 방언을 전 세계 사람들에게 복음을 전파할 때에 필연적으로 부딪히게 되는 언어의 장벽을 허물기 위해 내리는 은사, 곧 언어 공부 없이 선교지로 나갈 수 있는, 하나님을 믿지 않는 이방인들에게 복음을 전하라고 주신 하나님의 능력 부여로 해석했다. 오순절에 임했던 방언은 전도를 위하여, 하나님 나라의 확장을 목적으로 주어졌다는 것이다. 성령의 능력으로 선교지의 언어를 구사하여 이를 통해 선교가 이루어진다는 것이다. 종교 개혁 때까지 방언은 외국어를 할 수 있는 능력으로 이해되었다.[18] 많은 신학자들은 이 방언을 제자들이 전혀 배우지 않은 각 나라에서 실제로 사용되던 일반 외국어였다고 해석한다.[19]

---

18) R. P. Spittler, "Interpretation of Tongues, Gift of," in The New International Dictionary of Pentecostal and Charismatic Movements, 801~2.

자신이 전혀 배우지 않은 외국어로 방언을 하나, 방언을 하는 사람에게 있어서 외국어 방언은 여전히 낯선 언어였고 배우지 않은 언어였다. 이렇게 배우지 않았으나 현지인들이 알아들을 수 있는 외국어를 구사하는 초인간적이고 신비스러운 언어적 은사를 영어로 xenolalia라 구분한다. 이 외국어 방언은 오순절에 성령이 오셨음을 세상에 선포하는 의미가 있었다.

간혹 선교지의 신앙 간증을 들어 보면, 성령 세례를 받고 방언을 말하면서 자신이 전혀 배우지 않은 언어인 러시아어로 말한 경우가 보고되고 있다.[20] 그러나 오순절 사건 이후에 나오는 고넬료가 받은 방언(행 10장)이나 에베소에서 일어난 방언(행 19장) 기사에서 방언을 언급할 때에는 그것이 명확한 외국어였는지 아니면 알아들을 수 없는 언어였는지에 대한 자세한 설명이 없다.

사도행전 2장의 방언이 다른 사람들이 알아들을 수 있었던 언어임에 반해, 고린도전서에 기록된 방언은 이 세상에서 사용되고 있는 외국어가 아닌, 다른 일반 사람들이 알아들을 수 없는 언어로 하나님께 전달되는 하늘의 언어였다: "방언을 말하는 자는 사람에게 하지 아니하고 하나님께 하나니 이는 알아 듣는 자가 없고 그 영으로 비밀을 말함이니라"(고전 14:2). 아무도 알아듣지 못했다는 말은 외국어가 아니라는 말이다. 만약 방언이 오직 외국어만

---

19) Donald W. Burdick, Tongues, 15.
20) Nicky Gumbel, Alpha: Question of Life (Colorado Springs, Colorado: Cook Communications Ministries, 2006), 147.

있다면, 굳이 방언의 은사를 받거나 방언 통역의 은사를 구할 것이 아니라, 외국어 학원에 직접 가서 배우거나 외국어 통역관을 불러서 통역하면 될 것이다. 또한 방언과 방언 통역을 굳이 성령의 은사라고 말할 수 없을 것이다. 방언은 영의 기도이며, 하나님께 드려지는, 하나님만이 아실 수 있는 기도로, 육적인 귀로는 이 언어를 알아듣고 해석할 수 없다. 성령의 은사 중 하나인 방언 통역의 은사가 없이는 그 누구도 이해할 수 없는 영언이다(고전 12:10). 방언을 연구한 현대 언어학자들은 방언이 이 세상에서 실제로 사용되고 있는 외국어가 아니라는 잠정적 결론을 내린다.

그러면 성경에 나오는 방언은 외국어인가 아니면 알아들을 수 없는 하늘의 언어인가? 김동수 교수는 사도행전에서 제자들이 방언을 했지만 그 방언으로 다른 사람들과 대화를 나눴다는 기록이 없는 점을 주목한다. 성경 그 어디에도 방언으로 대화를 주고받은 일이 언급되어 있지 않다.[21] 그래서 방언이 오직 외국어라는 사실을 부정한다. 즉 방언은 외국어라기보다는 하늘의 언어요, 성령의 언어요, 영혼의 언어이다. 대부분의 경우, 방언은 방언을 말하는 자신도 그 뜻을 알지 못하며, 방언을 듣는 사람들도 그 뜻을 모른다.

그러므로 방언을 받고 선교지에 나가는 것은 무모한 일이다. 선교지에서 복음을 전파하기 위한 수단인 외국어를 전혀 배우지

---

21) 김동수, 방언은 고귀한 하늘의 언어 (서울: 이레서원, 2008), 55.

않고 방언으로 선교한다는 것은 무모한 일이다. 그동안 방언의 은사를 받은 수많은 경우를 관찰한 바로는 방언의 100퍼센트가 본인도 알아듣지 못하고 다른 사람들도 알아듣지 못하는, 외국어가 아닌 전혀 알아들을 수 없는 방언이었다. 20세기 초부터 현재까지 방언을 과학적으로 조사한 결과에 의하면, 외국어를 말하는 방언은 없었다고 한다.[22] 20세기 초에 폭발적으로 터져 나온 방언 현상에 의해 세워진 오순절 운동의 경우에도, 대부분의 방언은 이해할 수 없는 언어로, 외국어 방언은 매우 드물었다.[23] 결국 방언의 사례를 조사해 보면, 드물게 외국어 방언인 경우도 있겠지만, 이 세상에 존재하는 외국어가 아닌, 그 누구도 알아들을 수 없는 하늘의 언어가 대부분임을 알 수 있다.

2. 말하는 기적인가? 듣는 기적인가?

"그 때에 경건한 유대인이 천하 각국으로부터 와서 예루살렘에 우거하더니 이 소리가 나매 큰 무리가 모여 각각 자기의 방언으로 제자들의 말하는 것을 듣고 소동하여 다 놀라 기이히 여겨 이르되 보라 이 말하는 사람이 다 갈릴리 사람이 아니냐 우리가 우리 각 사람의 난 곳 방언으로

---

22) Donald W. Burdick, Tongues, 65.
23) Robert Mapes Anderson, Vision of the Disinherited: The Making of American Pentecostalism (Oxford: Oxford University Press, 1979), 16.

듣게 되는 것이 어찜이뇨"(2:5~8).

그래도 여전히 의문인 것은 사도행전 2장에 나오는 방언 사건에서 주변 사람들이 120여 성도들이 방언으로 기도하는 것을 듣고 이해했다는 점이다. 아브라함 카이퍼(Abraham Kuyper)는 오순절에 발생한 방언이 외국어가 아니라 전혀 알아들을 수 없는 하늘의 방언이었지만, 주변 사람들의 귀에는 알아들을 수 있는 언어(akolalia)로 통역이 되어 들렸다고 해석한다. "우리가 우리 각 사람의 난 곳 방언으로 듣게 되는 것이 어찜이뇨"(행 2:8)와 "각 방언으로 하나님의 큰 일을 말함을 듣는도다"(행 2:11)의 성경 구절이 그 해석의 기초가 된다.

즉 성령 세례를 받은 갈릴리 사람들이 알아들을 수 없는 방언을 말했는데, 각종 다른 지방에서 온 사람들이 자신들의 언어로 알아들었다는 것이다. 이는 청각 능력에서 일어난 기적으로, 각각 알지 못하는 하늘의 방언으로 터져 나왔지만, 듣는 자들에게는 그것이 마치 자기들의 모국어처럼 번역되어 들리게 되었던 것이다.[24] 특히 주변에 몰려들었던 사람들이 경건한 유대인임에 주목하며, 방언 통역과 같은 은사가 주변 사람들에게 나타난 것으로 해석한다. 이는 기적이 방언을 말하는 편에서만 일어난 것이 아니라, 듣는 사람들에게도 일어난 청각적 기적을 의미한다.[25]

---

24) Abraham Kuyper, The Work of the Holy Spirit (New York and London: Funk&Wagnalls Company, 1900).

사마리아(사도행전 8장)

"예루살렘에 있는 사도들이 사마리아도 하나님의 말씀을 받았다 함을 듣고 베드로와 요한을 보내매 그들이 내려가서 저희를 위하여 성령 받기를 기도하니 이는 아직 한 사람에게도 성령 내리신 일이 없고 오직 주 예수의 이름으로 세례만 받을 뿐이러라 이에 두 사도가 저희에게 안수하매 성령을 받는지라"(8:14~17).

사도행전 8장에서는 유대인들이 아닌 사마리아인들이 성령 세례를 받는 사건이 나온다. 우선 빌립이 사마리아인들에게 하나님 나라와 예수 그리스도의 복음을 전했고, 그들은 이를 믿고 예수 그리스도의 이름으로 물세례를 받았다(5~12절). 사마리아인들이 하나님의 말씀을 받아들이고 예수 그리스도를 영접했다는 소식을 들은 베드로와 요한은 사마리아로 가서 그들을 위하여 성령 세례 받기를 기도했다. 왜냐하면 아직 한 사람에게도 성령을 내리신 일이 없었고, 예수의 이름으로 세례만 받았기 때문이었다.

여기서 중요한 한 가지 사실은 사마리아인들이 예수 그리스도를 믿고 영접했으나 요엘서에 예언된 성령은 아직 그들 위에 임하지 않았다는 것이다. 중생의 체험을 하고 물세례까지 받은 그들은

---

25) Luke Timothy Johnson, Religious Experience in Earliest Christianity (Minneapolis: Fortress, 1998), 111.

아직 성령 세례라는 구별된 경험이 없었다. 사도들이 그들의 머리에 손을 얹고 기도할 때에 성령께서 강림하셨다. 그러나 사마리아인들은 성령 세례를 받았으나 방언을 받았는지에 대해서는 기록하지 않고 있다.

우리는 사마리아 사건을 통해서 하나님의 구원과 성령 세례에 대한 약속이 유대인이 아닌, 유대인들이 상종도 하지 않았던 이스라엘의 사마리아인들에게 퍼져 나간 사건을 보게 된다. 중생과 성령 세례가 동시에 일어난다고 주장하는 제임스 던(James Dunn)이란 학자는 베드로가 사마리아인들에게 안수했을 때 그들이 진정한 그리스도인이 되었고, 동시에 성령을 받았다고 해석한다. 그러나 이 사건을 통해 분명히 알 수 있는 한 가지는, 빌립이 복음을 전했을 때 예수 그리스도를 믿고 영접하여 세례까지 받았던 사마라이인들이 얼마 동안의 시간이 지난 후 베드로와 요한을 통해 구원에 대한 확신을 넘어서는 성령 세례를 체험했다는 점이다. 성령 세례는 회심 이후에 받는 것이라는 사실을 알게 된다.[26]

고넬료(사도행전 10장)

"베드로가 이 말 할때에 성령이 말씀 듣는 모든 사람에게
내려오시니 베드로와 함께 온 할례 받은 신자들이 이방인

---

26) Mark Lee, "An Evangelical Dialogue on Luke, Salvation, and Spirit Baptism," in Pneuma, 88~90.

들에게도 성령 부어 주심을 인하여 놀라니 이는 방언을 말하며 하나님 높임을 들음이러라 이에 베드로가 가로되 이 사람들이 우리와 같이 성령을 받았으니 누가 능히 물로 세례 줌을 금하리요 하고 명하여 예수 그리스도의 이름으로 세례를 주라 하니라 저희가 베드로에게 수일 더 유하기를 청하니라"(10:44~48).

오순절 사건이 터진 지 약 20년 정도 지난 50년대 중반, 예루살렘에서 1,500마일 정도 떨어져 있는 그리스의 고린도에서 두 번째 방언 사건이 터졌다. 베드로는 "유대인으로서 이방인을 교제하는 것과 가까이 하는 것이 위법인 줄" 알고 있었으나(28절), 기도하던 중 하나님께서 그에게 미리 환상을 보여 주셨고, "만유의 주 되신 예수 그리스도"이심을 깨닫게 되었다. 그는 곧 이방인이었던 고넬료의 초청을 받고 이에 응했다. 베드로가 "저를 믿는 사람들이 다 그 이름을 힘입어 죄 사함을 받는다"는 말씀을 전하던 중 그들에게 성령이 임했고, 그들은 방언을 하기 시작했다. 이 사건을 목격한 베드로는 "이 사람들이 우리와 같이 성령을 받았으니 누가 능히 물로 세례 줌을 금하리요"(47절)라 고백하고 예수 그리스도의 이름으로 세례를 주었다.

고넬료 사건이 중요한 것은 하나님의 복음이 이방인에게 전해진 최초의 사건이기 때문이다. 이방인이었던 고넬료가 하나님의 복음을 받아들이고 성령 세례를 받았다. 이 사건을 계기로 이스라엘에 한정되어 있던 복음이 이방 나라에 전해지는 중요한 계기가 되었다.

에베소(사도행전 19장)

"아볼로가 고린도에 있을 때에 바울이 윗 지방으로 다녀 에베소에 와서 어떤 제자들을 만나 가로되 너희가 믿을 때에 성령을 받았느냐 가로되 아니라 우리는 성령이 있음도 듣지 못하였노라 바울이 가로되 그러면 너희가 무슨 세례를 받았느냐 대답하되 요한의 세례로라 바울이 가로되 요한이 회개의 세례를 베풀며 백성에게 말하되 내 뒤에 오시는 이를 믿으라 하였으니 이는 곧 예수라 하거늘 저희가 듣고 주 예수의 이름으로 세례를 받으니 바울이 그들에게 안수하매 성령이 그들에게 임하시므로 방언도 하고 예언도 하니 모두 열 두 사람쯤 되니라"(19:1~7).

서기 60년경, 소아시아에 있는 에베소에서 바울의 선교를 통해서 세 번째 방언 사건이 터졌다. 요한의 세례를 받았을 뿐 성령의 존재 자체도 알지 못했던 에베소의 성도들에게 바울이 물었다: "너희가 믿을 때에 성령을 받았느냐." 그들이 대답했다: "우리는 성령이 있음도 듣지 못하였노라." 에베소 교인들은 이미 예수 그리스도의 보혈의 능력을 믿어 중생을 체험한 성도들이었다. 바울도 에베소 교인들을 믿는 자들로 규정한다. 그러나 그들은 성령 세례는 받지 못했다. 만약 그들이 성령에 대한 가르침을 받았고 성령 세례를 받았더라면 이 사실을 알았을 것이고 확실한 답변을 했을 것이다.

사도 바울이 요한의 세례만 받은 그들에게 예수의 이름으로 주는 세례를 설명하고 그들에게 세례를 베풀었다. 이미 믿어서 구원을 받은 그들에게 좀 더 나은 능력이 있음을 알렸고, 결국 기도하고 안수함으로 성령 세례를 받았다. 이처럼 구원이 먼저 오고, 그 다음에 성령 세례가 온다.[27] 제임스 던은 에베소 교인들이 세례 요한의 제자들로 아직 구원을 받지 못한 사람들이라고 해석한다. 그래서 "너희가 믿을 때에 성령을 받았느냐"라는 질문을 "너희들은 그리스도인이냐"라는 질문으로 해석한다. 그러나 오순절 학자들은 이 사건이야말로 성령 세례가 구원의 경험과는 다른 사건임을 보여 주는 증거로 해석한다.

오순절 날 예루살렘에서 시작된 성령의 역사는 사마리아, 고린도, 에베소 등지로 확산되면서 각 도시마다 예언, 방언 및 병 고침과 같은 놀라운 성령의 은사들이 활발하게 일어났다. 사도행전에 나오는 네 번의 성령 세례 사건들 중 방언이 세 차례 언급된다. 이를 통해 방언이 성령 세례를 받은 최우선적인 증거로 제시됨을 알 수 있다. 방언은 예루살렘뿐만이 아닌 이방인들이 거주하는 지역

---

27) J. R. Williams, "Baptism in the Holy Spirit," in The New International Dictionary of Pentecostal and Charismatic Movements, 356~7.

에서도 광범위하게 받아들여졌으며, 초대 교회 내에서 상당히 보편화된 기도라는 것을 짐작할 수 있다.

마가복음의 "믿는 자들에게는 이런 표적이 따르리니 곧 저희가 … 새 방언을 말하며"(16:9~20)는 2세기경에 첨가된 것으로 주로 해석되는데, 이로 미루어 보아 방언이 믿는 자들에게 따르는 표적으로 여겨졌고, 당시 방언에 대해 높은 관심이 있었음을 보여준다.

고린도전서

고린도전서에서 바울은 목회자적 입장에서 바라본 고린도 교회를 평가한다. 고린도 교회의 그리스도인들은 지나치게 영적인 측면을 강조하다 보니 기본적인 도덕성마저도 흔들렸다. 그리고 은사의 오용으로 인해 심한 분열을 경험하고 있었다(고전 5장). 은사 오용에 대한 병폐를 막기 위해 바울은 은사 사용의 세 가지 지침을 내린다. 첫째는 하나님께서 주신 은사의 다양성을 강조하고(고전 12장), 둘째는 모든 은사는 사랑에 근거해야 하며(고전 13장), 셋째는 은사는 개인의 덕을 세우기보다 교회 전체의 덕을 세우는 데 중점을 둬야 한다(고전 14장)고 강조한다.[28] 이에 고린도전서 12장은 성령의 은사에 대해 설명하므로 '은사 장'이라고 불리고, 13장은 사랑에 대한 강조로 '사랑 장'이라고 불리며, 14장은 장문을

---

28) R. P. Spittler, "Glossolalia," 672~3.

통해 방언에 대한 자세한 설명을 하기에 '방언 장'이라고 불린다.

고린도 교회에서 방언이 차지하는 비중이 너무도 컸기에, 14장 전체를 방언을 다루는 데 할애하고 있다. 이로 미루어 보아 당시 교회에서 많은 사람들이 방언을 말했음을 짐작할 수 있다. 혹자는 바울이 방언 자체를 경멸했으며 방언이 중지되었다는 관점을 가지고 있었다고 주장한다. 그러나 바울은 방언을 경멸한 것이 아니라 방언을 높이 평가했다. 전체적인 맥락에서 보았을 때, 바울이 고린도 교회 내에서 잘못 해석되고 오용되고 있던 방언에 대한 관점을 교정하기 위해 고린도전서를 썼다는 것이 정설이다.

1. 고린도전서 12장

> "은사는 여러 가지나 성령은 같고 … 어떤이에게는 성령으로 말미암아 지혜의 말씀을 … 다른이에게는 각종 방언 말함을, 어떤이에게는 방언들 통역함을 주시나니 이 모든 일은 같은 한 성령이 행하사 그 뜻대로 각 사람에게 나눠 주시느니라"(12:4~11).

> "하나님이 교회 중에 몇을 세우셨으니 첫째는 사도요 둘째는 선지자요 세째는 교사요 그 다음은 능력이요 그 다음은 병 고치는 은사와 서로 돕는 것과 다스리는 것과 각종 방언을 하는 것이라 … 다 병 고치는 은사를 가진 자겠

느냐 다 방언을 말하는 자겠느냐 다 통역하는 자겠느냐"
(12:28~30).

고린도 교회는 성령의 은사들이 풍성히 나타났다. 그런데 은사 사용에 있어서 많은 문제를 일으켰다. 수많은 성령의 은사들이 나타났으나 성령의 은사에 대한 경계가 불분명했고, 은사의 우열을 가려서 우등한 은사와 열등한 은사를 구별하기도 했으며, 은사의 유무로 사람들을 판단하기도 했다. 이러한 많은 문제점에 직면한 바울은 은사에 대한 명확한 지침과 설명을 해야 할 필요성을 절실히 느끼게 되었다.

"은사는 여러 가지나 성령은 같고 직임은 여러 가지나 주는 같으며 또 역사는 여러 가지나 모든 것을 모든 사람 가운데서 역사하시는 하나님은 같으니"(12:4~7). 모든 성령의 은사는 한 성령으로부터 나오며, 성령께서 각 사람의 쓸모에 따라서 은사를 공급해 주신다. 방언을 하느냐 못 하느냐는 신앙 수준의 척도도 아니며, 영적인 수준을 의미하는 것도 아니다. 그러므로 은사를 가지고 있느냐 없느냐로 신자들의 영적 등급을 매겨서는 안 되며, 그것을 영적 수준을 재는 잣대로 사용해서도 안 된다.

사도행전이 방언을 주로 성령의 임재하심의 결과로 해석하는 데 반해, 고린도전서 12장은 방언을 성령의 아홉 가지 은사들 중의 하나로 다룬다. 바울은 성령의 은사들을 그리스도의 몸인 교회와 연관해서 설명한다. 몸에 있는 수많은 지체가 연합하여 한 몸을 이루듯이, 각종 은사들이 모여서 하나님 나라와 교회를 이루며, 각종 은사들의 목적은 개인의 유익이 아닌, 교회의 덕을 위해서 사용되어져야 함을 밝히고 있다.

하나님의 성령에 의해서 은사들이 교회에 주어지기 때문에 모든 은사는 적극적으로 추구되어야 한다. 각종 은사들은 몸의 지체들과 같은 것으로 우열이 없이 서로 동등하며, 공동체의 유익을 위해 주어진다(7절). 고린도 교회 내에서는 방언을 다른 성령의 은사들보다 중요한 것으로 해석하였다. 이에 바울은 "다 방언을 말하는 자겠느냐"(12:30)라고 말하면서 모든 교인들이 다 방언을 말하는 은사만을 추구하는 경향에 대해 주의를 준다. 그리고 은사의 다양성과 그 모든 은사들이 다 같이 교회의 한 지체로 중요한 기능을 담당한다는 것을 강조한다.[29]

2. 고린도전서 13장

> "내가 사람의 방언과 천사의 말을 할찌라도 사랑이 없으면 소리나는 구리와 울리는 꽹과리가 되고"(13:1).

바울은 사랑의 우위성을 강조한다. 고린도전서 13장 전체가 말하는 바는 성령의 은사들이 개인의 유익을 위해서가 아닌 사랑

---

29) 김동수, 방언은 고귀한 하늘의 언어, 170.

의 법칙에 기초해서 사용되어야 한다는 것이다. 고린도 교회의 교인들은 방언을 너무도 강조한 나머지 방언을 하지 못하는 사람들을 깔보고 차별하였다. 이러한 문제를 발견한 바울은 모든 은사들을 사용하는 가장 기본이 되는 원리를 사랑으로 보았다.

바울은 대조법을 쓰면서 사랑의 중요성을 강조하였다. 사랑이 제일이기는 하지만, 가장 중요하다고 해서 믿음과 소망을 저버릴 수는 없는 것이다. 바울은 사랑이 없이 행해지는 은사들에 대해 경고하면서 영혼을 사랑하고 교회를 사랑함에 근거한 은사의 적극적인 사용을 권장한다. "사랑을 따라 구하라 신령한 것을 사모하되 특별히 예언을 하려고 하라"(고전 14:1)는 이 모든 말씀을 정리한 결과이다.

3. 고린도전서 14장

> "방언을 말하는 자는 사람에게 하지 아니하고 하나님께 하나니 이는 알아 듣는 자가 없고 그 영으로 비밀을 말함이니라 … 방언을 말하는 자는 자기의 덕을 세우고 예언하는 자는 교회의 덕을 세우나니 나는 너희가 다 방언 말하기를 원하나 … 내가 만일 방언으로 기도하면 나의 영이 기도하거니와 … 내가 너희 모든 사람보다 방언을 더 말하므로 하나님께 감사하노라"(14:2~18).

방언은 성령의 은사 중 하나로, 그 본질은 하나님께 기도하는 것이다. 방언은 영으로 개인적으로 기도하는 은사로, 하나님과 깊은 영적 교류가 가능하게 하는 기능을 가지고 있다. 이러한 방언의 유익을 알고 있던 바울은 모든 신자가 방언으로 기도하기를 소망했고(14:5), 개인적으로 누구보다도 더 방언으로 많이 기도한다고 고백한다(14:18).

바울은 고린도 교회에서 방언이 잘못 해석되고 잘못 사용되는 것을 목격했고 이를 고치고자 노력했다. 그래서 방언에 대한 문제점과 주의할 점을 상세하게 제시하고 있다. 공적 예배 가운데 방언을 사용할 때, 방언을 통역하면 예언과 같은 기능을 감당하였다.[30] 그러나 통역되지 않은 방언은 하나님의 계시를 전달하지 못하기에 신자들에게 아무런 혜택을 주지 못한다. 그리고 방언으로 기도하는 것은 오해를 불러일으킬 수 있기에, 예배 가운데 통역되지 않은 방언은 자제해야 한다고 주의를 준다(14:22~23).

어떤 학자들은 고린도전서 14장을 통해 바울이 방언의 중단이나 폐지를 주장하고 있다고 해석한다. 그러나 전체적인 맥락에서 바울의 방언에 대한 관점을 분석해 보면, 방언을 금지하거나 중단을 선언한 것이 아닌, 방언의 올바른 사용과 통제에 관해서 논하고 있음을 알 수 있다. 방언은 하되 오용하지 말고, 오해받지 않게 올바르게 사용해야 함을 가르치고 있다. 그래서 바울은 방언의 공

---

30) 김동수, 방언은 고귀한 하늘의 언어, 166.

적 예배에서의 사용은 금했지만, 개인적 목적의 방언에 대해서는 적극적으로 권장하였다.

바울은 모든 은사들이 개인의 유익보다는 교회 전체의 덕을 세우는 데 중점을 둬야 한다고 강조한다: "그런즉 형제들아 어찌할꼬 너희가 모일 때에 각각 찬송시도 있으며 가르치는 말씀도 있으며 계시도 있으며 방언도 있으며 통역함도 있나니 모든 것을 덕을 세우기 위하여 하라"(14:26).

방언 중지설을 주장하는 데 사용되는 성경 구절들

과연 신약성경은 사도 시대 이후에 방언이 중단되었다고 명확하게 말하고 있는가? 은사 중지설을 주장하는 개혁 신학자들이 방언이 중지되었다는 것을 주장하는 데 주로 사용하는 성경 구절들이 있다. 주로 고린도전서 14장에 근거해서 바울이 고린도 교회에서 방언 사용을 억제했고, 결국은 방언 자체를 부정했다고 주장한다. 설사 방언을 인정한다 하더라도 방언을 저급 은사로 하찮게 취급한다. 그러나 성경 그 어디에도 방언이 중단되었다는 구절은 없다. 다만 몇몇 구절을 연계시켜서 억지로 방언이 중단되었다고 해석하는 것이다. 이렇게 방언에 대해 부정적인 해석을 하는 것에 영향을 받은 사람들은 방언에 대해 부정적인 견해를 가지게 되며, 이미 방언의 은사를 받은 성도라 할지라도 '왜 방언 기도를 계속해야 하는가?'에 대해서 의아해한다. 이 구절들을 살펴보기로 하겠다.

방언에 대해서 부정적인 의미로 가장 많이 사용되는 구절은 "내가 사람의 방언과 천사의 말을 할찌라도 사랑이 없으면 소리 나는 구리와 울리는 꽹과리가 되고"(고전 13:1)이다. 바울은 사랑이 없는 가운데 말해지는 방언은 울리는 꽹과리에 불과하다며, 방언의 위험성을 경고하고 있다. 이 구절에 근거해서 '방언은 사랑과 비교하면 저급 은사이다', '방언은 아무것도 아니야, 사랑이 제일 중요한 거야'라고 주장한다. 그러나 이러한 해석에 문제가 있다. 바울이 이 구절을 통해 진정으로 말하고자 하는 바는, '모든 은사는 사랑에 기초해야 한다'는 것이다. 그래서 '방언이란 은사도 교회와 이웃을 사랑하는 사랑에 기초해서 사용해야 한다'라고 해석해야 옳다. '사랑이 기반이 된 방언을 권장합니다'라는 해석이 맞다. 그러므로 이 구절에 근거해서 방언이 부정적이거나 중지되었다고 말할 수 없다.

"사랑은 언제까지든지 떨어지지 아니하나 예언도 폐하고 방언도 그치고 지식도 폐하리라 … 온전한 것이 올 때에는 부분적으로 하던 것이 폐하리라"(고전 13:8~10). 이 구절도 '방언이 중단되었다' 혹은 '방언은 더 이상 아무런 가치가 없다'고 주장하는 학자들이 자주 사용하는 성경 구절이다. 개혁주의 신학자들은 '온전한 것'을 신약성경의 완성으로 해석한다. 신약 시대에는 아직 성경이 확립되어 있지 않았기 때문에 기적이 필요했지만, 신약성경이 완성된 이후로는 더 이상 기적이 필요 없어져 역사 속에서 완전히 사라졌다고 주장한다. 성경이 완성되기 이전에는 말씀이 부분적이었던 데 반해, 신약성경은 표적이나 은사가 아니더라도 구원을 누리는 데 조금도 부족한 것이 없는 완전한 계시의 말씀이라는 것이다. 참된 복음은 계시의 완성인 성경이라는 것이다. 사도 시대에 성령의 역사 및 방언이 기록된 것은 신약이 완성되기 전이었으며, 온전한 것인 성경이 완성된 이후로는 부분적으로 하던 예언, 치유, 방언의 역할은 더 이상 필요하지 않게 되어, 이들은 결국 A.D. 60년을 전후로 역사 속에서 영원히 사라졌다고 주장한다.[31]

이처럼 그들은 특정 은사를 특정 시대에만 제한시킨다. 이 구절에 근거해서 하나님으로부터 온 방언도 초대 교회 때에만 잠시 나타난 이적으로 고린도 교회에만 한정되었고, 사도들 이후에는 완전히 없어졌다고 주장한다. 그래서 신유 은사와 함께 초대 교회 때에 나타났던 여러 가지 기적들이 현대에는 일어날 수 없다는 것이다. 사도 시대 이후에는 방언이 폐지되었기에, 현대 교회에서는 방언을 절대로 체험할 수 없다는 것이다.

성경이 완성된 이후로, 우리는 말씀의 시대에 살고 있다. 때문에 하나님께서는 말씀인 성경 이외의 다른 경로로는 어떤 계시도 허락하지 않으신다는 것이다. 하나님께서는 성경 이외에 다른 메시지가 올 수 있는 가능성을 완전히 차단해 버리셨기 때문에, 이제 우리는 하나님으로부터 환상이나 방언 등 다른 방법으로 메시지가 올 것을 기대할 수 없게 되었다는 것이다. 우리는 더 이상 성

---

31) 옥성호, 방언, 정말 하늘의 언어인가?, 153.

경이 완성되기 전에 일어난 것과 같은 방언이나 환상의 현상을 기대해서는 안 되며, 신구약 성경을 가지고 있으면서 말씀을 통해 신앙을 확인할 수 있는 교회 시대에 살고 있는 성도들에게는 더 이상 방언이 필요하지 않다고 주장한다.

과연 은사 중지론자의 주장대로 방언, 예언, 지식의 은사는 역사 속에서 영원히 사라진 것일까? 그러나 '온전한 것'을 해석함에 있어서 다양한 해석들이 존재한다. '온전한 것'을 '예수님의 재림'으로 해석하는 입장에서는, 온전한 것이 올 때까지, 즉 예수님의 재림이 올 때까지는 방언이 여전히 유효하다고 주장한다. 예수님의 재림 시 온전한 것이 왔기 때문에, 방언을 비롯한 모든 은사들은 이 세상에서 사라질 것이라는 것이다.[32]

바울은 공적 모임에서 알아들을 수 있는 말 다섯 마디가 알아듣지 못하는 방언 일만 마디보다 낫다고 말한다: "교회에서 네가 남을 가르치기 위하여 깨달은 마음으로 다섯 마디 말을 하는 것이 일만 마디 방언으로 말하는 것보다 나으니라"(고전 14:19). 이 구절을 근거로 하여 방언 무용론을 주장하는 사람들이 있다. 방언 일만 마디보다 한국말 다섯 마디가 더 효과적이라는 말이다.

방언 기도를 하는 사람은 자신의 영적인 덕을 세우기는 하나 방언이 의사전달의 수단이 아니기 때문에 방언으로 말하는 것은

---

32) Donald W. Burdick, Tongues, 35.

주변 사람들에게 아무런 영향을 주지 못한다. 만약 방언으로 설교를 하거나 성경공부를 한다고 가정해 보자. 사람들이 무슨 말을 하는지 전혀 알아듣지 못할 것이다. 그렇기 때문에 많은 사람들이 모이는 주일 정규 예배에는 방언이 아닌, 일반 회중이 알아들을 수 있는 언어로 전해야 한다. 이 말씀은 방언의 목적이 개인 경건 생활을 위한 것이기 때문에 공적 사용을 자제해야 한다는 주의 사항을 표현한 것이지, 방언 폐지론을 주장하는 것이 아니다.

"통역하는 자가 없거든 교회에서는 잠잠하고 자기와 및 하나님께 말할 것이요"(고전 14:28). 이 성경 구절을 오해하여 많은 목회자들은 교회 내에서 방언을 하는 것을 금지하였다. 많은 교역자들이 방언을 부정적으로 해석하여 교회 내에서 방언하는 성도들을 무시하는 결과를 낳기도 했다. 그러나 '교회에서는 잠잠하라' 는 말씀은 교회 내에서 방언을 하지 말라는 말씀이 아니라, 방언으로 조용히 기도하되 다른 사람의 기도에 방해되지 않을 정도로 기도하라는 것이다. 방언으로 기도하면 방언을 하는 자신에게는 은혜가 되니, 혼자 기도할 때 사용해야 한다. 교회 내에 방언 통역자가 있을 때에는 질서에 따라 순서대로 방언하고 통역할 수 있다. 그러나 통역이 없을 때는 다른 사람들에게 방해가 될 수 있으니 방언하는 것을 자제하라는 뜻이다.

결국 바울이 말하고자 하는 바는 14장의 끝부분에 나온다: "그런즉 내 형제들아 예언하기를 사모하며 방언 말하기를 금하지 말라 모든 것을 적당하게 하고 질서대로 하라"(39~40절). 고린도전서

14장 전체를 통해서 바울은 무분별하게 행해지고 있는 방언에 대한 주의점을 나열했고, 이것만 조심한다면 매우 유익한 것으로 해석하였다. 그래서 교회 내에서 방언 말하기를 절대로 금하지 말 것을 명하면서 마무리를 한다.

사람은 영적 존재이다

나는 기독교 가정에서 태어나지 않았다. 내가 교회에 다니게 된 배경 중 하나는 영적 존재에 대해 자각하면서부터이다. 눈에 보이는 세상이 전부가 아닌, 눈에 보이지 않는 세계가 존재한다는 것을 알게 되면서 그리스도인이 되었다. 우리는 바람을 눈으로 볼 수 없다. 그러나 흔들리는 나뭇가지를 보면서 바람이 분다는 것을 알 수 있고 바람의 실존을 짐작할 수 있다. 영적 세계도 그러하다고 믿는다.

성경은 크게 세 영적 존재들에 대해서 설명하고 있다. 첫째는 하나님이시다. 하나님은 영이시므로 눈으로 볼 수도, 만져 볼 수도 없는 존재이시다. 둘째는 하나님을 섬기라고 지음 받은 천사이다. 흔히 자신의 위치를 벗어난 타락한 천사를 마귀 내지는 사탄이라 부른다. 그러므로 마귀도 영적 존재이다. 셋째는 인간이다.

성경은 인간이 영적 존재로 지음을 받았다고 말한다: "여호와 하나님이 흙으로 사람을 지으시고 생기를 그 코에 불어 넣으시니 사람이 생령이 된지라"(창 2:7). 여기서 생기란 nepes로 '호흡' 내지는 '영'을 의미하는데, 하나님께서 인간에게 '살 수 있도록 불어넣어 주신 생명'을 의미한다. 따라서 사람은 흙으로만 지어진 존재가 아닌, '살아 있는 영'을 가진 존재가 되었다.

인간이란 존재 자체를 크게 이분법 내지는 삼분법으로 나눈다. 인간을 육체와 영혼으로 이루어진 존재라고 설명하기도 하고, 영, 혼, 육의 세 부분으로 이루어진 존재(살전 5:23)라고 하기도 한다. 사람은 육체를 위해서 먹고, 마시고, 잠을 자고, 운동을 한다. 아름다운 몸매와 얼굴을 가지고 싶어 한다. 그리고 인간에게는 혼적 요소, 즉 마음 혹은 정신이 있다. 이 마음은 다시 지적, 감정적, 의지적 부분으로 나누어진다. 인간이란 존재는 호기심을 가진 지적인 존재로, 끊임없이 의문을 제기하고 연구해서 새로운 사실을 알아낸다. 감정을 승화시켜 그림이나 음악으로 표현하기도 한다. 의지를 가지고 있기에 한번 목표를 정하면 그것을 이루기 위해서 부단히 노력한다.

그런데 이 세상 학문이 인간에 대해 가르쳐 주지 않는 한 가지가 있는데, 바로 영혼에 관한 것이다. 나는 심리학을 전공했지만 단 한 번도 인간이 영적 존재라는 사실을 배운 적이 없다. 그러나 성경은 인간이 영적 존재임을 가르치고 있다. 하나님께서는 인간을 영적 존재로 창조하셨고, 우리의 영혼은 하나님과 대화하고 교제하며 살았다. 하나님의 말씀을 받아 이 말씀으로 우리의 자아의식과 육체를 통제하며 살았다. 그런데 인간의 죄악과 타락으로 인해 우리의 영이 죽어 버렸다. 선악과를 따 먹었을 때 아담과 하와는 영적으로 죽은 존재가 되었다. 영이 죽게 되면서 우리의 영혼이 하나님과의 교제에서 끊어지게 되었다. 그 이후로 인간은 영적 부분은 죽어 버리고 육체와 혼으로 살아가는 존재가 되었다.[33]

우리의 영혼이 죽은 결과로 인해 인간 스스로가 이 세상을 살아가면서 영적 존재라는 사실을 자각하기란 그리 쉽지 않다. 진화론에 익숙해져 있는 우리들은 인간 자체가 물질적 존재로, 죽음과 동시에 한 줌의 흙으로 돌아간다고 생각한다. 그러나 영이란 혼과 같이 보이지 않는 인간의 한 부분으로 인간 속에 내재되어 있다. 비록 인간의 혼적 능력은 눈에 보이지 않지만, 인간의 지적 능력은 말이나 글 혹은 과학적 사실로 드러나고, 인간의 감정적 능력은 음악이나 미술로 표현되며, 인간의 불굴의 의지는 행동으로 표현된다. 이와 마찬가지로 영은 눈에 보이지 않지만 인간이 영적 존재라는 사실을 알 수 있다.

현대 의학에서는 심장이 멈추거나 뇌의 활동이 정지하면 이를 죽음이라고 정의한다. 뇌사의 경우에는 심장이 박동하고 있는 관계로 윤리적인 면에서 신중을 기하고 있다. 그러나 성경은 의학과는 다른 죽음에 대한 정의를 가지고 있다. 인간의 영혼이 육체와 분리되는 것을 첫째 사망이라고 설명한다. 간혹 초심리학에서 영혼에 대해 다룬다. 오래전 한국에서도 큰 인기를 끌었던 〈사랑과 영혼〉(Ghost)이란 영화가 있다. 이 영화에서 사람이 죽는 장면이 매우 실제적으로 표현되는데, 죽는 순간에 육체에서 영혼이 빠져

---

33) 조용기, 오중복음과 삼중축복 (서울: 서울말씀사, 2007), 54.

나오는 장면들이 나온다. 육체에서 빠져나온 영혼은 죽어 있는 또 다른 자신의 육체를 보고는 매우 놀란다. 이처럼 성경은 인간의 영혼이 육체에서 나올 때를 죽음이라고 말한다.

그렇다면 인간에게 영혼이 있다는 사실을 어떻게 알 수 있을까? 어떻게 영혼의 실제를 체험할 수 있을까? 나는 영혼의 존재를 밝힌다는 것 자체가 과학적으로나 이성적으로 불가능하다고 생각한다. 아무리 과학이 발달하더라도 보이지 않고 무게도 측정할 수 없는 초자연적 존재인 영혼을 연구할 수는 없다. 영혼은 카메라에 담을 수도 없고 현미경으로 볼 수도 없는, 연구 자체가 불가능한 존재이다.

나는 방언이야말로 인간에게 영혼이 있다는 사실을 보여 주는 한 증거라고 생각한다. 왜냐하면 방언은 인간의 생각으로 하는 것이 아닌 '영혼이 하는 기도'이기 때문이다. 인간의 영이 추구하는 것은 육체가 추구하는 것과 질적으로 다르다. 한국말로 기도할 경우, 주로 마음이나 생각에서 나오는 것을 근거로 기도한다. 그러나 우리의 영은 하나님의 말씀을 양식으로 삼으며 하나님과 교제하기를 원한다. 우리의 생각과 걱정을 주님 앞에 내려놓고 방언으로 기도할 때 우리의 영혼이 하나님께 직접 기도하는 것을 경험할 수 있다. 방언 기도는 인간의 육체나 마음에서 나오는 기도가 아니다. 방언으로 기도할 때 성령의 도움을 받게 되고, 사람의 영혼에서 나오는 기도를 하면서 우리 자신이 영적 존재라는 자각을 하게 된다.

영적 존재의 실제를 알 수 있는 두 번째 증거가 악령 혹은 귀신이라고 생각한다. 21세기의 과학 문명 속에서 살아가는 우리에게 귀신이란 참으로 믿기 어려운 존재이다. 어릴 적 무당의 푸닥거리를 보면서 무당이 맨발로 작두날 위에 올라가 춤추는 것을 본 적이 있다. 어리기는 했지만 무엇인가 보이지 않는 영적 실체에 대해서 동의하게 되었다. 결국 개인적으로 보이지도 않고 만질 수도 없었던 영적 존재인 귀신의 실상을 체험하게 된 뒤로 매우 큰 충격을 받게 되었고, 결국엔 귀신의 존재를 인정하게 되었다. 예수님께서 숱한 귀신들을 쫓아내시는 구절들이 이전에는 추상적인 개념이었는데, 경험을 통해 귀신이란 존재가 실상으로 다가오게 되었다.

인간은 영적 존재이다. 인간의 영혼이 비록 보이지는 않지만, 방언 체험과 귀신의 존재가 눈에 보이지 않는 세계와 영혼에 대한 좋은 증거라 생각한다.

성령 세례 받으면 방언하나요?

방언 체험의 유익

방언에는 어떤 유익이 있을까? 「하늘의 언어」의 저자인 김우현 감독의 경우, 방언의 깊은 의미를 체험하기 전에는 '방언을 안 하면 어떤가?' 혹은 '도대체 이 알아들을 수도 없는 말을 계속해야 하나?'라고 고민했다고 한다.[34] 나도 여기에 동의한다. 방언을 받은 사람의 입장에서는 방언을 하늘에서 내려온 은사로 알고 열심히 기도하는데, 정작 방언으로 기도하는 자신은 말하는 방언의 내용이나 의미를 전혀 알지 못한다. 그래서 방언 기도를 하면서도 도대체 어떤 기도를 하는지 알 수 있는 방법이 없어서 답답해하기도 한다. 이는 옆에서 듣는 사람의 경우에도 마찬가지다. 소리는 들으나 그 뜻은 전혀 알 수 없다. 어떻게 보면 이 세상과 아무런 관련이 없어 보이며 아무런 유용 가치도 없는 무의미한 소리에 불과하다. 그래서 간혹 '그 누구도 전혀 이해할 수 없는 방언이 과연 유용한가?' 질문하기도 하고, '이 뜻을 알 수 없는 언어로 계속 기도해야 하는가?' 의심하기도 한다.

비록 방언의 은사가 없다 하더라도 하나님과 충분히 깊은 교제

---

34) 김우현, 하늘의 언어 (서울: 규장, 2007), 39, 46.

를 하며 성령의 세밀한 음성을 듣고 충만한 기도 생활을 할 수 있다. 그러니 '방언이 뭐 그리 대단한 은사인가?' 라고 질문할 수 있을 것이다. 그렇다면 그 의미도 전혀 알 수 없고, 이 세상에서 전혀 쓸모없어 보이는 방언이란 은사를 하나님께서는 왜 그의 자녀들인 우리들에게 선물로 주셨을까? 도대체 방언에 어떤 유익이 있기에 하나님께서 방언을 허락하신 것일까? 예수 그리스도의 보혈의 능력이 우리의 죄를 씻음으로 우리가 구원받는 길을 허락하신 하나님께서 왜 또 다른 성령의 은사를 허락하시는 것일까?

하나님께서는 우리가 성령 세례를 구하고 방언의 은사를 구하면 이를 주신다. 하나님께서는 방언을 신앙생활의 장식품으로 주신 것이 아니라 이 은사에 많은 복과 가치를 부여하셨다. 왜냐하면 방언 기도를 함으로 신앙생활에 많은 유익을 경험할 수 있기 때문이다. 오죽했으면 사도 바울도 방언에 대한 위험과 주의점이 많이 있음을 인정함에도 불구하고, "내가 너희 모든 사람보다 방언을 더 말하므로 하나님께 감사하노라" (고전 14:18)라고 고백했겠는가? 하나님께서 교회에 방언을 선물로 주신 이유는 교회로 하여금 방언의 의미를 잘 파악하고 이를 지혜롭게 사용하라는 의미에서이다. 방언의 유익함을 논함에 있어서 미리 밝혀 두는 것은, 각 개인에 따라서 그 유용성이나 효용성이 다를 수 있다는 점이다.

1. 살아 계신 하나님을 체험한다

래리 크리스텐슨(Larry Christenson) 목사는 청소년기에 예수 그리스도를 영접하고 세례를 받았다. 그런데 믿음의 결단을 내렸음에도 불구하고 하나님의 존재 자체에 대한 의심이 생길 때가 있었다. 마음속으로는 예수님과 동행하는 삶을 살고자 했지만, 실생활에서 믿음 자체를 유지하는 것도 매우 힘들었다. 그는 하나님의 실존에 대한 체험이 없음을 깨닫고 성경이 약속하는 것을 실제 체험해야 할 절박한 필요성을 느꼈다. 그래서 성령 세례에 관한 말씀에 대한 믿음을 가지고 기도하기 시작했다. 마음의 문을 열고 기도하기 시작하자 하나님은 그에게 방언을 허락하셨다. 방언을 하는 순간 그는 성령의 임재를 느꼈고, 온 마음에 이 세상의 그 누구도 줄 수 없는 기쁨과 평안이 넘치는 것을 경험했다. 방언 체험 이후로 살아 계신 하나님에 대한 의심이 완전히 사라지는 계기가 되었다고 고백한다.[35]

많은 사람들이 살아 계신 하나님을 만나고 싶어 한다. 마음속에 하나님 실존에 대한 의심이 있기 때문에 이를 극복하기 위해서 하나님의 살아 계심을 알기 위해 몸부림치는 성도들이 많이 있다. 그러나 하나님을 체험하고 있으나 대부분은 어떻게 해야 할지 모른다. 주일 예배에 참석하고, 성경공부 반에 등록하여 말씀을 배우고 봉사 활동도 하지만, 여전히 하나님을 지식적으로 그리고 추상적으로만 알며, 그의 실존에 대해서는 체험하지 못해 답답해한다. '오직 예수 그리스도를 믿음으로 구원받는다' 는 믿음을 가지

---

35) Larry Christenson, Speaking in Tongues, 13.

고 세례를 받고 성찬식에 참석했던 많은 그리스도인들이, 여전히 구원에 대한 확신이 없고 시험에 들면서 들쑥날쑥한 신앙생활을 하고 있다.

신앙생활은 추상적이고 객관적인 교리와 논리만으로는 할 수 없다. 왜냐하면 사람의 마음속에는 끝없는 의심과 불신앙이 내재되어 있기 때문이다. 주변 일들이 잘 풀릴 때에는 하나님을 잘 믿었다가, 힘든 일이나 이해하기 어려운 문제가 발생할 때에는 '하나님이 어디 계시냐?' 고 반문하면서 교회를 떠나기도 한다. 믿음에서 흔들리고 있는 성도들에게 오직 말씀으로, 오직 믿음으로만을 주장한다면, 성경 말씀에 근거한 그 어떤 체험도 하지 못한다면, 더 많은 사람들이 교회를 떠나게 될 것이다. 그들은 하나님을 체험하기를 원한다. 교회는 이런 사람들의 몸부림을 외면해서는 안 된다.

방언의 가장 큰 유익은 방언 체험을 통해 살아 계신 하나님을 경험할 수 있다는 점이다. 성령 세례와 방언 체험이란 성령이신 하나님께서 직접 우리 영혼 속에 임재하시는 것을 체험하는 것이다. 방언의 은사를 통해서 이전에 하나님의 실존에 대해서 한 번도 경험해 보지 못했던 그리스도인들이, 살아 계신 하나님과 성령의 존재를 실제적으로 경험하게 된다. 성령 세례를 통해 추상적이기만 했던 성령의 내주하심을 확신하게 되고 그분과의 친밀한 관계로 들어갈 수 있다. 성령은 눈에 보이지 않고 먼 곳에 계신 분이 아니라, 지금 내 심령 속에 찾아오셔서 우리와 교제하기를 원하시

며, 우리에게 사랑과 관심을 가지신 분이라는 사실을 깨닫게 된다.[36]

이처럼 신앙에 대해서 회의적이거나 구원에 대한 확신이 희미한 그리스도인들이 성령 세례를 통한 방언의 은사를 받음으로, 구원에 대한 확신, 주님께서 살아 계시다는 사실, 그 주님께서 성령으로 자신의 영혼 속에 내주하고 동행하신다는 사실을 경험하게 된다. 방언으로 기도할 때에 내 안에 거주하고 계시는 성령 하나님의 실재성을 느끼게 되고, 그분과 개인적으로 깊은 관계를 가질 수 있는 계기가 된다. 또한 우리가 하나님의 구원받은 백성이요, 그의 사랑하는 자녀라는 확신을 가지게 된다. 그리고 예수 그리스도에 대한 사랑과 믿음이 강해지는 것을 경험하게 된다.

아무런 변화 없이 수십 년간의 반복된 신앙생활 속에서 회의를 느끼던 신자들이, 방언 체험을 통해서 신앙의 영적 돌파구를 찾기도 한다. 이전의 추상적이고 희미하기만 했던 믿음 생활이 방언 경험을 통해서 좀 더 확신 있는 신앙생활로 전환하게 해 준다. 한평생을 그리스도인으로 보냈던 70세 된 한 목사님은 방언 체험을 한 후 다음과 같이 고백했다고 한다: "예수님께서 지금처럼 실제적으로 느껴졌던 적이 없었다."[37] 방언의 은사를 체험하는 가운데 강렬한 하나님의 임재를 경험했다는 신앙 간증들이 즐비하다. 손기철 장로의 헤븐리터치(http://www.heavenlytouch.kr)에 들어가 보면

---

36) 손기철, 고맙습니다 성령님 (서울: 규장, 2007), 6.
37) Larry Christenson, Speaking in Tongues, 28.

방언 체험을 통해 하나님을 체험한 수많은 간증들이 올라와 있다. 그런 경우의 대부분은 방언을 체험하기 이전과 이후가 극명하게 달라진 신앙생활을 했다는 고백들이 많다.

2. 방언 체험은 하나님 말씀 체험이다

나의 경우, 하나님이 살아 계신 분인지 아닌지 갈피를 잡지 못한 채 의심하고 방황하고 있을 때 방언이란 선물을 받았다. 방언을 받을 당시에는 혀가 갑자기 꼬부라지는 경험 이외에 아무런 느낌도 받지 못했다. 그런데 나중에 성경을 읽던 중 '2천 년 전 마가의 다락방에서 일어났던 그 사건이 오늘날 바로 나에게도 일어났다' 라는 사실에 충격을 받았다. 성경에 기록된 방언 사건을 내가 체험하게 된 것이다. 그러자 그동안 의심을 가지고 읽었던 성경의 모든 말씀이 사실로 다가왔다. 이전에는 '처녀가 어떻게 애를 낳아?', '사람이 어떻게 물 위를 걸을 수 있어?' 하며 매사에 비판적이고 냉소적으로 바라보았던 성경 구절들이 믿음으로 다가오기 시작했다. 방언 체험을 통해 하나님의 실존에 대한 의심이 사라지고 구원에 대한 확신이 흔들리지 않는 계기가 되었을 뿐 아니라, 하나님 말씀에 대해서 큰 믿음을 가지게 되었다.

한국 교회는 초창기부터 성경공부를 강조해, 오전에 성경공부를 먼저 한 후 오후에 예배를 드리기도 했다. 그런데 성경공부를 지나치게 강조하면서 신앙 체험을 완전히 무시하고 부정적으로 해석하게 되었다. 물론 신앙 체험은 주관적인 것이기에 체험을 지나치게 강조하고 기대하는 신앙생활은 매우 위험하다. 성경보다 체험을 앞세우고 성경에 나오지 않는 신비한 체험을 추구하는 것을 신앙생활의 목적으로 삼고 이를 주장하는 것은 잘못된 신앙이다. 체험이 말씀을 밀어내고 체험이 홀로 서는 신앙은 매우 위험하다. 그렇다고 신앙 체험이 무조건 다 나쁜 것일까? 한국 사회는 양복을 입고 일하는 것은 고귀하고, 땀을 흘리며 육체 노동하는 것은 저급한 것으로 생각하는 경향이 있다. 이러한 사회·문화적 경향이 교회에도 자리잡고 있다. 신앙생활은 머리와 마음으로 하는 것이지, 직접 체험하는 것은 저급한 신앙이라고 생각하는 것이다. 나는 이것이 문제라고 생각한다.

하나님의 말씀은 논리적이고 추상적인 것이 아니라, 살아 있고 운동력 있는 말씀이다. 하나님의 말씀이 있다면 이 운동력 있는 말씀이 실생활에서 체험되어야 한다. 만약 자동차의 구조와 운전 원리를 배우기만 하고 실제로 운전을 할 수 없다면 이는 반쪽짜리 지식이 되고 만다. 배운 것은 실생활에 적용되어야 한다. 머리로 알고 있는 하나님의 말씀을 실생활의 체험을 통해서 확신해야 한다. 말씀과 체험은 서로의 적이 아니라 실과 바늘과 같이 불가분의 관계에 있으며 같이 가야 한다. 성경을 배우고 해석해서 그 성경이 말하는 바를 실생활에서 적용시킬 수 있어야 진짜 신앙이 된다. 우리는 말씀을 공부하고 이를 체험해야 하며, 또 체험을 통해서 성경을 재해석해야 한다.

성령께서는 우리에게 지혜와 계시를 주셔서 하나님의 말씀인 성경을 깨닫도록 해석해 주신다. 그리스도인은 하나님의 말씀을 절대적으로 믿고 배워야 하며, 동시에 이 살아 계신 말씀에 근거한 구체적인 적용과 체험을 해야 한다. 간혹 지나치게 경험만을 신봉하다가 신비주의에 빠지는 경우가 있다. 신비주의에 빠지지 않기 위해 우리가 경험하고 체험한 것이 하나님의 말씀에 근거한 합당한 체험인지 점검해 보아야 한다.[38]

불트만(Rudolf Bultmann)과 같은 신학자들은 성경에 나오는 신유나 기적과 같은 신비적인 이야기들은 가짜이므로 성경에서 빼야 한다고 주장한다. 수많은 자유 신학자들이 이에 동조해 성경을 비신화화해야 한다고 주장한다. 성경에 기록된 수많은 기적들이 비유라고 주장한다. 또 성경은 수많은 편집자에 의해서 짜깁기 된 책이라고 한다. 성경의 권위가 흔들리고 있다.

그러나 나는 위의 의견에 반대한다. 우리는 성경에 나오는 기적을 체험할 수 있다. 우리는 성경에 있는 것을 체험함으로 성경이 진리라는 것을 알 수 있다. 방언은 성경에 기록되어 있다. 2천 년 전의 그리스도인들도 이를 체험했고, 현재에도 계속 체험할 수 있는 하나님의 말씀이다. 성경에 기록되어 있는, 도저히 부정할 수 없는 신앙 체험이다. 방언 체험은 성경의 권위에 근거한다. 하나님의 말씀에 대한 체험 중 하나가 방언이다. 성령 세례를 통한 방언의 은사를 받음으로 하나님의 역동적인, 살아 계신 말씀을 몸

---

38) 김동수, 방언은 고귀한 하늘의 언어, 44.

소 체험하게 된다. 이를 통해 신앙의 방황에서 벗어나 하나님의 살아 계심과 사랑에 대한 확신을 가지게 되며, 주님과 새롭고 깊은 교제를 경험하게 된다.

하나님의 말씀과 성령은 서로 분리할 수 없다. 말씀이 없는 성령, 성령의 역사가 없는 말씀은 둘 다 기독교의 치명적인 적이다. 말씀이신 하나님께서 성령을 통해 그 말씀을 해석하고 가르쳐 주신다. 성령은 우리가 성경을 읽을 때 이해할 수 있도록 도와주시며 숨겨진 뜻을 알려 주신다.[39] 그리고 그 말씀을 삶의 모든 부분에 적용할 수 있도록 도와주신다.

영의 양식이 말씀인고로 성령으로 거듭난 영혼일지라도 말씀을 먹지 않으면 약해진다. 성령을 따라 방언 기도를 하는 사람은 반드시 예배와 성경공부를 통해 하나님의 말씀을 알아야 하며, 말씀으로 인도를 받아야 한다. 영적 체험을 하더라도 최종적인 확인은 말씀에 근거해야 한다. 체험이 강하고 신비롭다 하더라도 말씀에 없는 것이라면 과감하게 잊고 포기할 수 있어야 한다. 왜냐하면 신비적 경험이라 할지라도 성경적 근거가 없는 것이라면 신앙적으로 아무런 의미가 없기 때문이다. 방언 기도를 1시간 했다면, 그 시간만큼 말씀도 먹어야 한다. 유혹을 받을 때에 성령께서 말씀을 기억나게 하시며 이길 수 있는 힘을 주신다.

---

39) Norma Dearing, The Healing Touch: A Guide to Healing Prayer for Yourself and Those You Love (Grand Rapids, Michigan: Chosen, 2002), 54.

3. 죄인임을 깨닫고 성결로 다가간다

하나님은 거룩하시기 때문에 우리에게도 거룩할 것을 명하신다. 성령은 거룩하고 청결하게 하시는 영으로, 우리의 삶에 들어오셔서 성결의 삶을 살 수 있도록 인도하신다. 그래서 성령 세례란 성결의 삶을 의미하기도 한다. 성령께서는 신자의 믿음과 영적 상태를 돌아보게 하시며, 주님의 형상을 닮도록 인도하신다. 우리는 성령의 도우심으로 죄인임을 깨닫고 자신의 죄에 대해서 민감하게 된다: "그가 와서 죄에 대하여, 의에 대하여, 심판에 대하여 세상을 책망하시리라 죄에 대하여라 함은 저희가 나를 믿지 아니함이요"(요 16:8~9).

성령 세례를 받으면 이전에는 전혀 죄라고 생각하지도 않았던 생각과 행동들이 죄라는 사실을 알게 된다. 그리고 죄의 심각성과 자신의 부족함을 돌아보고 낮출 수 있게 된다. 또한 성령 세례를 통해서 죄들을 고백하고 용서를 구하게 된다. 방언 기도를 매일 하게 되면 나 자신이 깨닫지 못한 죄나 감추어진 비밀들을 회개하게 된다. 나의 경우에도, 이전에 절대로 죄가 아니라고 우겼던 수많은 행동들과 말들을 성령께서 필름처럼 보여 주시면서 그 하나하나가 죄였음을 깨닫게 해 주셨다. 방언 기도를 많이 할수록 성령의 빛 가운데 들어가게 되며, 자신의 내면을 성찰하게 된다. 그리고 자신의 삶에 만연한 죄악이나 불순종들을 제거하고자 하는 성결의 마음을 가지게 된다. 성결은 인간의 노력으로는 불가능하지만, 성령의 능력으로는 가능하다. 이웃을 사랑할 수 있는 능력,

용서할 수 있는 능력, 원수를 위해 기도할 수 있는 능력은 사람에게서 나올 수 없는, 오직 성령으로부터 오는 것이다. 나에게도 부딪히는 사람, 미워하는 사람이 있다. 이 문제를 해결하기 위해 기도하다 보면, 나도 모르는 사이에 그 사람을 위해서 축복 기도하고 있는 나 자신을 발견하고 놀라곤 한다. 이는 나의 힘이 아니다.

성령 세례를 받으면 삶의 목표와 시각이 달라진다. 이전에 그렇게 부러워했던 세상의 명예와 돈 등이 부럽지 않게 된다. 죄나 악한 생각이 점점 사라지게 된다. 방언을 통해 나오는 회개를 통해 거룩과 성결에 대한 소망이 커지면서 이를 추구하게 된다.[40] 비록 방언 기도를 하는 본인은 기도 내용을 이해하지 못하지만, 방언 기도는 성령께서 원하시고 우리의 영혼이 요구하는 바를 우리의 의식에 전달하는 매체의 역할을 한다. 그래서 방언 기도를 통해 우리의 마음이 하나님께로 가까이 나아가게 되고 주님께로 고정된다. 우리의 이성이 통제하지 못하는 깊은 무의식적 감정이나 태도 등에 큰 영적 영향을 미치면서 그리스도인의 성숙으로 나아가는 수단을 제공해 준다.

성령은 도덕적으로 성결의 삶을 살도록 격려해 주신다. 결국 성령 세례를 통한 방언 경험으로 인해서 자신의 내부와 외부 신앙생활에 큰 변화가 일어나고 주변 사람들도 이를 인지하게 된다. 어떤 사람의 경우, 방언의 은사를 받은 이후 성령께서 그 사람이

---

40) 하용조, 바람처럼 불처럼 (서울: 두란노, 2003), 55.

가지고 있던 나쁜 습관들을 없애 버리셨다고 간증하기도 한다. 담배를 피거나 술을 마셨던 사람이 이를 그만두는 일도 있다.[41] 흔히 말해서 "그가 변했어요. 이전의 그가 아니라 완전히 달라졌어요"라는 말을 듣게 된다. 방언 기도를 꾸준히 하면, 우리의 감정이나 생각이 '나' 중심의 이기심이 아닌 '하나님' 중심으로 바뀌어 가게 된다.

한동안 기도 생활을 하지 않다가 갑자기 기도를 하려면 잘되지 않는다. 이때 방언으로 기도하면 순식간에 깊은 영적 간구 속으로 들어갈 수 있다. 왜냐하면 성령께서 자신이 얼마나 큰 죄인인지, 그동안 신앙생활을 소홀히 했던 모든 것을 생각나게 하시기에 회개하며 기도하게 되기 때문이다. 방언 기도를 통해서 신앙의 침체에서 쉽게 회복될 수 있다.

4. 신앙생활에 열심을 낸다

교회는 성도들을 말씀으로 양육하고 성령 세례와 방언에 대한 체험을 하도록 가르쳐 실제적인 신앙생활에 변화가 나타나도록 해야 한다. 평소에 교회를 근근이 다니던 사람이 성령 세례와 방언 체험을 통해 신앙생활의 근본이 완전히 달라진 예들을 주변에서 얼마든지 볼 수 있다. 한 연구 조사에 의하면, 성령 세례와 방언을 체험한 사람일수록 주일 예배에 빠지지 않고, 성경공부에 적

---

41) Larry Christenson, Speaking in Tongues, 78.

극적으로 참석하고, 열심히 기도하며, 십일조 생활을 하고, 전도와 교회 봉사에도 열심이라고 한다.[42]

하나님의 말씀을 의심했는데, 하나님의 약속 중 하나인 방언을 직접 체험함으로써 하나님의 말씀이 믿어지기 시작한다. 성경이 사실인 것을 체험했기 때문에, 성경공부와 말씀 읽기를 시작하면서 하나님의 뜻을 이해하게 된다. 방언의 은사를 받은 후 하나님의 말씀에 대한 열정이 강해져, 매일 말씀을 보게 되고 묵상하면서 말씀에 대한 통찰력이 생겼다는 간증들이 즐비하다. 성령은 지혜와 계시의 영이므로, 우리가 성경을 읽을 때 하나님의 말씀을 이해할 수 있도록 도와주신다. 우리의 영이 하나님의 영과 교통하는 것을 체험하기에 이전보다 열심히 신앙생활을 하며 교회 사역에 적극적으로 협조하게 된다.

방언 체험을 통해 신앙생활에 큰 성장을 경험할 수 있으며, 영적으로 깊은 신앙생활을 할 수 있다. 방언의 은사를 받음으로 자신의 믿음을 점검하고 믿음 생활에 활력을 더해 영적 성장을 경험했다는 간증을 많이 듣게 된다. 믿음이 강해지는 것을 경험하게 된다. 영적 생활에 대한 갈급을 느끼면서 신앙생활에 많은 흥미를 느끼게 된다. 신령과 진정으로 예배드리게 되고, 열심히 봉사하게 된다. 전에는 주일 성수만 간신히 하던 사람들이 방언 체험 후에는 주님의 사역에 열심을 내기 시작한다.

---

42) Nicky Gumbel, Alpha Questions of Life, 113, 132.

방언은 개인 신앙생활에 새로운 문을 열어 주며, 삶의 변화에 깊은 영향을 미친다. 성도들은 개인적으로 하나님의 말씀을 체험하며 성령의 충만함을 받고, 교회는 성도들의 적극적인 사역으로 부흥을 경험할 수 있다. 이러한 현상들은 교회나 교단의 입장으로 보아서 크게 고무적이다.

5. 성령님과 교제한다

방언은 성령 세례의 증거 중 하나로, 신자의 영혼 속에 성령께서 내주하신 결과로 나타난다. 방언으로 기도할 때, 성령께서 우리 삶의 변화를 위해서 일하시기 시작한다. 성령께서 우리 속에 내주하고 계신다는 사실을 방언을 말함으로 자각하게 되고, 성령의 인도하심에 민감하게 반응하게 된다. 물론 성령 세례 이전에도 성령께서 그리스도인들의 삶을 인도하시지만, 성령 세례 이후에는 성령의 인도하심에 더 민감한 반응을 보이게 된다.

방언 기도를 통해 우리의 삶 속에서 역사하시는 성령의 실존에 대해서 느끼기 시작하고 성령을 인정하게 된다. 우리가 성령 하나님을 인격체로 인정하고 모실 때, 성령의 구체적인 인도하심을 경험하게 된다. 간혹 방언으로 충만하게 기도할 때 성령의 직접적인 인도하심을 받을 때가 있다. 아가보라는 사람이 성령의 충만함을 받고 흉년이 들 것을 예언하자 얼마 후 큰 흉년이 들었다(행 11:28). 이처럼 곧 다가올 일에 대해 성령께서 직접 말씀하실 때가 있다.

우리가 한국어로 기도할 때에는 육체가 원하는 욕구를 요구하는 데 집중하게 되면서 성령 하나님과의 접촉점을 찾는 데 많은 시간이 걸린다. 그러나 방언을 통하면 그분과의 교제로 곧장 들어갈 수 있다. 왜냐하면 방언은 성령의 기도, 곧 영혼의 기도이기 때문이다. 성령께서는 우리를 가르치시고 인도해 주시며, 궁극적으로는 예수 그리스도께로 인도하신다.

성령은 어떤 영향력이나 축복 혹은 체험이 아닌 인격체이시므로 성령과의 인격적 교제가 중요하다. 성령과의 교제란 지적, 감정적, 의지적 교제를 통합해서 일컫는다. 거룩하게 살기 위해서는 성령과 동행하는 삶을 살아야 한다. 성령 충만을 유지하기 위해 날마다 성령과 친밀하고 인격적인 교제를 나눠야 한다. 기도와 말씀 묵상을 통해 지속적으로 교제하지 않으면 성령 충만이 일회적으로 끝날 수 있다.

6. 기쁨이 넘치고 내적 치유를 경험한다

하나님께서 살아 계시다는 사실과 성령 세례를 경험한 후, 감당할 수 없는 엄청난 기쁨이 마음속에서 터져 나왔다. 몇 개월을 실없이 웃고만 다녔다. 늘 시무룩하고 심각하기만 했던 나를 알던 친구들이 이를 눈치 채고, '복권에 당첨됐느냐?', '여자 친구가 생겼느냐?', '뭐 그리 좋은 일이 생겼냐?' 하면서 물어 오기 시작했다. 허무적이고 냉소적이었던 삶에 대한 시각이 완전히 달라졌다. 이 기쁨은 세상이 가져다주지 못하는 기쁨으로, 가슴에서 샘솟듯이 터져 나왔다.

하나님께서 성령 세례와 방언을 주신 이유는 우리로 하여금 하나님의 사랑과 기쁨을 누리게 하려 하심이다. 사람에 따라 차이는 있겠지만, 성령 세례를 받고 방언을 하는 순간 대부분의 경우에는 성령께서 신자에게 말할 수 없는 기쁨과 평안과 축복을 가슴에 넘치게 주신다. 삶에 대한 허무감이 사라지고 행복감을 찾는다. 꽃을 보아도 좋고 하늘을 보아도 좋다. 실제로 방언을 받은 사람들은 그렇지 않은 사람들보다 더 큰 기쁨과 평안을 누린다는 통계도 있다. 슬픔이나 걱정, 근심, 우울증 등 마음속에 고통을 느끼는 자라 할지라도 방언으로 기도하기 시작하면 성령께서 위로해 주시고, 고통이 기쁨과 평안으로 바뀌는 것을 경험할 수 있다.

성령은 위로자이시며 치료자이시다. 방언으로 기도할 때 우리의 영이 치유함을 받고 정결함을 얻게 된다. 방언은 우리의 마음이나 생각에서 나오는 것이 아니라 영혼에서 나오는 것이기 때문에, 방언으로 기도하는 동안 인간의 이성이나 감정의 속박을 벗어나 우리의 의식과 마음이 쉼을 얻게 된다. 영적으로 침체되거나 많은 스트레스, 걱정, 근심, 슬픔 등이 있을 때 우리는 괴로워한다. 도저히 이해할 수 없는 일들이 주변에서 일어날 때면 기도도 잘되지 않는다. 이럴 경우, 방언으로 기도하면 계속해서 기도할 수 있고, 불안, 걱정, 두려움이 하나님 앞에 비밀스러운 언어로 토해지면서 이러한 문제들로부터 벗어나 마음의 평안을 느끼게 된다. 이기심, 욕망, 시기, 질투, 분노, 열등감, 우월감 등의 육신의 에너지는 우리의 마음을 강퍅하게 하는데, 영의 기도인 방언을 하게 되면 이러한 육신의 탐욕 에너지가 빠져나간다.[43] 불안에 떨다가도 방언으로 기도하고 나면 이상하게 마음이 평안해지는 것을 경험한다.

방언 기도는 우리의 깊은 잠재의식 속에 숨겨져 있던 어린 시절부터의 슬픔, 고통, 억압 등 우리 마음을 병들게 했던 온갖 상처들과 쓴 뿌리를 말끔히 제거하는 내적 치유의 역할을 한다.[44] 내적 충돌에서 벗어나 성령의 인도함으로 이성적이나 감정적으로 안정이 된다. 내적 치유가 일어나면 열등감, 우월감, 좌절감에서 벗어나 믿음의 사람으로 탈바꿈하는 원동력이 생긴다. 성령의 인도하심을 받아 내 죄뿐 아니라 내 마음속의 상처를 고백하고 나면 전에 그렇게 미웠던 사람을 용서할 수 있는 능력이 생긴다.

7. 중보기도를 도와준다

주변 사람들을 위해서 기도할 때, 그 사람들을 위해서 기도해 줘야 할 필요성을 느끼기는 하나 사정을 자세히 알지 못해 답답할 때가 있다. 특히 한 번도 본 적이 없거나 들은 적이 없는 선교사나 형제자매를 위해서 기도할 때면 어떻게 기도해야 할지 몰라 막막하기만 하다. 기껏 할 수 있는 기도가 "축복해 주세요"이다. 이때 그 사람의 이름을 기억하면서 방언 기도를 하면, 그 사람의 사정을 잘 아시는 성령께서 인도해 주셔서 하나님의 뜻에 따라 기도하

---

43) 문봉주, 성경의 맥을 잡아라 (서울: 두란노, 2007), 568~571.
44) 손기철, 고맙습니다 성령님, 51~2.

게 된다.

"마음을 감찰하시는 이가 성령의 생각을 아시나니 이는 성령이 하나님의 뜻대로 성도를 위하여 간구하심이니라"(롬 8:27). 방언으로 기도할 때에 성령의 뜻대로 기도하게 된다. 성령께서 하나님의 뜻대로 성도를 위해서 기도해 주시기 때문에, 방언은 중보기도로도 유용하게 사용할 수 있다. 성령 안에서 기도함으로 주님의 일을 감당할 수 있다.[45] 내가 비록 그 사람의 처지를 잘 알지 못할지라도, 그 사람을 위해서 방언으로 기도하면 나 자신이 미처 모르는 세세한 부분까지도 그 사람을 위해 기도하게 된다. 어떤 경우에는 갑자기 자신도 모르게 방언 기도가 하고 싶어서 뜻도 목적도 모른 채 방언으로 기도했을 때 잠시 후 알고 있는 사람이 사고가 날 뻔했는데 위기를 잘 모면했다는 연락을 받는 경우도 있다. 이웃의 영혼을 위하여 기도할 때, 교회와 선교사 및 교역자들을 위하여 기도할 때, 교회의 어려운 문제와 분쟁을 위하여 기도할 때 한국말과 방언으로 함께 기도하면 성령께서 일하시기 때문에 놀라운 기도 응답과 열매를 맺을 수 있다.

8. 우리의 연약함을 도와주신다

성령은 하나님의 뜻만 아시는 것이 아니라, 교회와 각 사람의 필요, 갈급함, 연약함을 아시고 도와주신다. 우리는 간혹 기도해

---

45) Gary B. McGee, "The New World of Realities in Which We Live?," 115.

야 한다는 사실을 알지만 너무 힘들어서 무엇을 어떻게 기도해야 할지 모를 경우를 만난다. 이때 인격이신 성령께서 힘든 처지를 이해하시어 심정적 동감을 해 주시고 위로해 주신다. 개인적으로 가족의 죽음이나 후회스러운 과거로 인하여 극한 고통과 슬픔을 당할 때, 우리는 기도하지 못하고 괴로움으로 몸부림칠 뿐이다. 이때 방언으로 기도하면 성령께서 말할 수 없는 탄식으로 우리를 위해서 기도하시는 위로와 도움을 받을 수 있다.[46]

미국에서 공부하던 중 갑자기 한국에서 아버지께서 사고로 돌아가셨다는 연락을 받았다. 너무나 큰 충격에 무엇을 어떻게 해야 할지 엄두가 나지 않았다. 그저 할 수 있었던 것은 주체할 수 없는 눈물을 흘리면서 방언으로 기도하는 것이었다. 방언으로 기도하던 중 성령의 큰 위로를 받아, 한국에 가서 어머니를 위로하고, 오신 친척들을 전도할 수 있는 힘을 얻었다. 방언 기도는 한국말로 표현할 수 없는 우리의 안타까운 감정이나 생각을 하나님께 상달시킬 수 있다. 우리 자신이 무엇을 위해 어떻게 기도해야 할지 모를 때, 방언으로 기도하면 인간의 깊은 내면의 세계가 영혼의 깊은 탄식으로 표현될 수 있다.

"성령도 우리 연약함을 도우시나니 우리가 마땅히 빌바를 알지 못하나 오직 성령이 말할 수 없는 탄식으로 우리를 위하여 친히 간구하시느니라"(롬 8:26). 방언으로 터져 나오는 성령의 탄식은

---

[46] John Bertone, "The Experience of Glossolalia and the Spirit's Empathy: Romans 8:26 Revisited," in Pneuma, 56~8.

우리는 이해할 수 없지만 하나님께는 완벽하게 이해되는 기도이다. 어머니가 심장 마비로 생사를 헤매고 있다는 전화를 받고 병원으로 가면서 도대체 무엇을 위해 어떻게 기도할 수 있겠는가! 이때 방언 기도는 큰 힘이 될 수 있다.[47]

9. 자신이 알지 못하는 것을 위해서 기도한다

한번은 다른 사람이 방언 통변을 받고 있는 것을 옆에서 들은 적이 있다. 방언 통역자는 "간이 좋지 않습니다"라고 통역해 주었다. 방언 통역이 끝난 후 방언 통역자는 그 사람에게 간이 좋지 않으니 병원에 가서 체크해 보라고 충고해 주었다. 그 사람은 자신은 술, 담배도 하지 않고 너무 건강하기 때문에 건강 진단을 받을 필요가 없다고 이야기했다. 그러나 나중에 마음을 바꿔서 통역자의 권고에 따라 건강 진단을 받았는데, 놀랍게도 간암 초기였다는 것이다. 조기에 발견된 간암은 간단한 수술로 치료할 수 있었다. 이와 같이 우리 영혼 안에 내주하시는 성령께서는 인간의 깊은 것이라도 통찰하시기에 우리의 영혼, 마음, 몸 상태에 대해서 더 잘 알고 계신다. 성령께서는 방언 기도를 통해 우리가 우리 자신에 대해 알지 못하는 연약한 부분까지도 하나님께 간구해 주신다.

인간의 영혼도 우리의 육체와 이성이 자신에 대해 알고 있는 것보다 우리의 상태에 대해서 훨씬 잘 알고 있다. 방언 기도를 하면

---

47) Nicky Gumbel, Alpha, 148~9.

우리의 모든 것을 알고 계시는 성령과 영혼이 우리 자신도 알지 못하는 연약한 부분들을 위하여 사역하며 기도하신다. 방언 통역을 받다 보면, 그 사람을 향한 하나님의 뜻이나 그 사람의 문제나 필요한 부분이 나타날 수 있다. 간혹 본인도 잘 알지 못하는 자신에 관한 부분이나 숨기고 싶었던 비밀 등이 나올 때도 있다.

오늘날 여전히 많은 사람들이 '방언을 하지 않아도 신앙생활에 아무런 불편을 느끼지 못한다'며 방언의 효능에 대해서 반문한다. 어떻게 보면 방언이란 신앙생활 전체적으로 볼 때 그리 중요한 부분을 차지하는 것은 아니다. 완성된 하나님의 말씀인 성경을 통해서도 충분히 하나님의 진리를 발견할 수 있다.

방언을 하지 못하는 사람이라고 해서 깊은 신앙이 없고 기도 생활을 열심히 하지 못한다는 이야기를 하려는 것이 아니다. 위에서 밝혔듯이, 방언을 무시하기에는 방언 기도에 많은 유익이 있으므로 이를 적극적으로 활용하면 신앙생활에 큰 도움이 된다는 이야기를 하고 싶다. 방언으로 기도한다는 것 자체가 본인 스스로 믿음을 가지고 있다는 증거가 되며, 살아 계신 하나님을 체험한 것이 되며, 하나님의 말씀이 실현된 증거가 된다. 또한 방언을 한다는 것 자체가 성령 세례를 받고 성령께서 우리의 심령에 임재하고 계신다는 강한 증거가 된다. 최근 교회에서 6주간 진행되는 세례 교육을 담당하였다. 마지막 절차로 한 사람씩 나와서 간증을 하게 했는데, 거의 대부분이 신앙에 대한 확신이 없고 하나님의 살아 계심에 대해서 의심하고 방황하던 중 수련회를 통해서 기도하는 가운데 성령 체험과 방언의 은사를 받고 살아 계신 하나님과 성경 말씀을 체험하게 되어서 너무도 기쁘다는 간증을 하였다.

방언의 은사를 체험하고도 신앙이 더 나빠질 수 있을까? 그동안 주변에서 방언의 은사를 받은 사람들을 지켜보면, 그래도 다들 개인적으로나 교회 전체의 유익을 위해 긍정적으로 신앙이 발전하는 모습을 본다. 반면 성령 체험이나 방언 체험이 없는 사람들은 쉽게 교회를 떠나는 모습을 보았다. 이제는 교회가 믿음에 대한 지식이나 교리만 가르칠 것이 아니라, 성도들의 삶에 실질적인 변화를 가져다줄 수 있는 신앙 체험을 하게 해야 한다. 방언 기도는 영적 생활에 많은 유익들을 가져다주기에 적극적으로 추천하는 바이다.

방언 기도의 특징

기도는 성도의 호흡이다. 일반 기도는 자신의 이성과 감정을 통해 하나님께 아뢰고 그분과 교제하는 것이다. 기도 없이는 우리의 신앙생활이 온전하게 지속될 수 없기 때문에 우리는 수시로 기도해야 한다. 성령께서는 우리의 연약함을 아시고 우리가 기도하는 것을 도와주신다. 방언은 성령이 원하시는 바와 우리의 영혼이 하나님께 고하는 일종의 기도의 은사이다. 우리는 방언 기도를 통해 찬양, 경배, 감사, 회개, 중보기도 등의 다양한 영적 기도를 할 수 있다. 일반 기도와 방언 기도를 같이 하게 되면 기도의 깊이가 깊어지는 것을 체험할 수 있으며, 하나님과의 깊은 교제로 들어갈 수 있다. 일반 한국말로 하는 기도와는 다른 방언 기도의 특징을 살펴보기로 하자.

1. 성령께서 원하시는 기도를 한다

방언은 성령의 기도이다. 성령 세례를 통해 우리 안에 내주하시는 성령의 도움으로 우리의 뜻이 아닌 하나님의 뜻대로 기도하게 된다. 하나님의 깊은 생각을 감찰하시는 성령께서는 하나님의 뜻에 맞는 기도를 하신다. 우리는 방언 기도를 통해 하나님의 뜻대로 성령이 원하시는 기도를 한다.[48] 이 기도는 하늘로부터 내려와 인간의 영혼을 지배하는 기도이다. 우리가 영으로 기도하기 시작하면 자신의 의식이 기도에 관여할 수 없기 때문에, 기도를 성령의 인도하심에 온전히 내맡기게 된다. 우리 안에 계신 성령께서 기도할 내용을 주시면 우리의 영혼이 이를 말하는 것이다.

방언으로 기도하는 순간 성령께서 우리를 위해 일하기 시작하시며, 성령께서 친히 우리가 성령이 원하시는 기도를 하도록 도와주신다. 성령은 그가 거하고 있는 사람의 상태에 따라서 그 사람의 필요를 채우는 기도보다는 하나님의 뜻을 이루는 기도를 하신다. 그래서 방언 기도는 100퍼센트 성령에 의해 하나님께 전달되는 기도이다. 따라서 방언 기도의 주체는 우리 자신이 아닌 성령이시다. 성령께서는 인간의 이성을 뛰어넘어 우리의 혀를 직접 통제하시며 하나님 마음에 합하는 기도로 인도하신다: "성령이 하나님의 뜻대로 성도를 위하여 간구하심이니라" (롬 8:27).

성령은 우리를 하나님께로 인도하신다. 그래서 우리가 방언으로 기도하면 우리의 주변 상태나 감정의 기복과는 관계없이, 우리의 영이 하나님을 찬양하고 경배하는 내용이 나온다.[49] 성령께서는 우리에게 바라시는 바를 우리의 영혼에게 말씀하시며, 우리의

---

48) John Bertone, "The Experience of Glossolalia and the Spirit's Empathy: Romans 8:26 Revisited," in Pneuma, 57.
49) Donald W. Burdick, Tongues, 24.

영혼은 하나님의 비밀을 말하게 된다. 우리는 방언 기도를 통하여 우리 안에 계신 성령의 인도하심과 도우심 안에서 우리의 영으로 기도할 수 있다(엡 6:18).

우리는 방언 기도를 통해 자신을 내려놓고 자신이 없어지는 훈련을 할 수 있다. 성령께서 나의 발성 기관을 전적으로 맡으시며, 내가 중요하게 생각하는 기도 제목의 우선순위에 따라서 기도하는 것이 아니라 성령의 뜻대로 간구하게 하신다. 우리는 입을 열 뿐이고, 나머지 모든 말하고자 하는 바들은 성령께서 주관하신다. 방언 통역을 해 보면, 심령이 힘들어도 항상 감사기도가 나온다. 내 우울한 기분과는 상관없이 긍정적인 기도만 한다. 내 마음은 슬퍼서 하소연해도 방언으로는 하나님께 위로를 구하는 기도를 한다. 하나님에 대한 원망이 아닌, 하나님을 신뢰하고 경배하는 기도를 하는 것이 방언이다. 왜냐하면 방언은 성령께서 하시는 기도이기 때문이다.

2. 영혼의 기도를 한다

방언은 영혼의 기도이다. 방언을 통해 우리의 영혼이 하나님께 기도한다. 우리의 영혼이 추구하는 것은 우리의 마음과 육체가 원하는 것과 질적으로 다르다. 우리의 육체는 이 세상의 즐거움과 쾌락, 돈, 명예를 추구하기에 우리가 한국말로 하는 기도의 대부분은 육신의 정욕과 관련된 기도가 많다. 이에 반해 우리의 영혼은 하나님의 말씀을 양식으로 삼으며 하나님과 교제하기를 원한

다: "육신을 좇는 자는 육신의 일을, 영을 좇는 자는 영의 일을 생각하나니 육신의 생각은 사망이요 영의 생각은 생명과 평안이니라"(롬 8:5~6). 우리의 영혼은 성령의 생각을 알고, 성령의 일을 하기 원하며, 성령의 뜻대로 기도한다.

우리가 방언으로 기도할 때에는 우리의 마음이 아닌 우리의 영혼이 통제하는 기도가 나온다. 방언으로 기도할 때 우리의 영혼이 하나님께 기도하는 동시에 성령으로부터 다루어지고 있는 것이다: "방언을 말하는 자는 사람에게 하지 아니하고 하나님께 하나니 이는 알아 듣는 자가 없고 그 영으로 비밀을 말함이니라"(고전 14:2).

방언은 본질적으로 영혼이 원하는 바를 하나님께 고하는 것이기에 결국 영혼이 강건해지며 열매를 맺게 된다. 그러므로 방언은 영혼의 덕을 세운다. 방언 기도를 통해 영혼은 육체나 마음이 원하는 것이 아닌 영혼이 하고 싶은 기도를 한다. 방언은 영적 계발을 위한 것으로, 방언 기도를 많이 하면 우리의 속사람인 영혼이 맑아지며 강건해진다. 방언은 깊이 잠들어 있는 영혼을 깨우며, 방언으로 기도하는 사람을 영적인 사람으로 변화시킨다. 영혼이 강건해지면서 영혼의 본질적인 변화를 불러일으켜 생수의 강이 흘러나오게 한다. 바울은 누구보다도 방언 기도의 깊이를 경험한 사람으로, 찬양 중에나 혹은 개인적 기도 중에 누구보다도 방언으로 기도를 많이 했고, 우리에게 방언으로 기도할 것을 권하고 있다.

한국어로 기도할 때는 우리의 생각이 말에 매이게 되고 우리 스스로 기도 내용을 통제하려고 한다. 우리의 마음은 이 세상에 대한 걱정과 근심으로 가득 차 있기 때문에, 우리는 이를 근거로 하나님께 기도하게 된다. 또한 인간의 마음은 하나님에 대한 제한된 지식, 언어적 표현, 이해력을 가지고 있기 때문에 언어적, 신학적, 이성적, 감성적 통제를 통해서 기도 내용을 제한한다.

그러나 방언은 인간의 좁은 지적·감정적 표현의 한계를 뛰어넘는 기도의 형식으로, 우리의 영혼이 느끼는 것을 한국말로 옮기는 과정을 거치지 않고 하나님께 직접 표현할 수 있다. 방언을 말하는 자는 자신의 방언 기도 내용을 통제하지 못하며, 앞으로 무슨 기도가 나올지도 결정할 수 없다. 비록 방언하는 사람은 자기가 지금 무슨 기도를 하고 있는지 모르나, 우리의 영혼은 이성이 표현할 수 없는 것을 위해 기도하며 하나님과 대화한다. 그래서 방언 기도는 그 사람의 지적 수준이나 감정의 상태에 따라 내용이 결정되는 것이 아니다. 방언 기도는 인간의 지적 한계를 뛰어넘는 기도 방법으로, 성령께서 말하고 싶은 것, 영혼이 원하는 것을 기도하게 된다.

방언으로 기도하면 나의 영혼이 기도하는 것이므로 나의 영이 열매를 맺는다. 그러나 그 내용을 인식할 수 있는 번역 과정을 거치지 않기 때문에, 우리의 이성은 그 내용을 알 수 없으며, 따라서 아무런 열매도 맺지 못한다. 방언으로 기도하는 동안 생각이나 마음에 있는 것은 자신의 언어로 기도하지 않았기 때문에 자신이 원하는 마음의 기도는 열매를 맺지 못한다.

　한국말로 기도할 때는 마음이 원하는 기도를 하기에 육체와 마음의 덕을 세울 수 있다. 그러나 한국말로만 기도하면 자신의 이성만으로는 모든 탄식을 다 표출할 수 없기에 제한된 기도를 할 수밖에 없다. 그래서 가장 이상적인 기도는 한국말과 방언으로 함께 기도하는 것이다. 한국말로 기도하고 방언으로 기도하면 멋진 조화를 이룬 전인적인 기도를 할 수 있다. 한국말로는 육체와 마음이 원하는 바를 위해 기도해서 이에 대한 열매를 맺고, 방언으로는 영혼의 열매를 맺기에 전인적인 기도가 가능한 것이다. 사도 바울도 "내가 만일 방언으로 기도하면 나의 영이 기도하거니와 나의 마음은 열매를 맺히지 못하리라 그러면 어떻게 할꼬 내가 영으로 기도하고 또 마음으로 기도하며 내가 영으로 찬미하고 또 마음으로 찬미하리라"(고전 14:14~15)라고 고백하였다. 방언으로 기도하면 우리의 영이 열매를 맺고, 이성으로 기도하면 우리의 마음이 열매를 맺는다. 따라서 우리는 마음으로도 기도해야 하며, 영으로도 기도해야 한다.

3. 질적으로 다른 기도를 한다

　우리가 한국말로 기도할 경우에는 주로 자신의 욕심, 생각, 감정에 따라 기도하게 된다. 기도 내용의 대부분이 내 육체의 정욕에 근거한 것이기 때문에 당장 눈앞에 닥친 문제들이나 복을 위해서 기도하게 되는 것이다. 그래서 주로 '물질을 주시옵소서', '건강을 주시옵소서', '복을 주시옵소서', '사업이 잘되게 도와주시옵소서' 등 소위 '주시옵소서'라는 기도를 많이 하게 된다. 사람들은 자신의 욕망과 생각에 기초하여 기도드림으로 하나님의 뜻도 아니고, 영혼의 바라는 바도 아닌 것을 받게 된다. 이는 우리의 육체가 성령과 영혼의 요구를 구체적으로 알지 못하기 때문이다. 우리 육체가 원하는 것은 영혼이 추구하는 것과 질적으로 다르다. 육신은 당장 먹고사는 육신의 일을 생각하고, 영혼은 하나님의 사역을 생각하기 때문이다. 그래서 우리의 생각과 의식으로는 영혼이 요구하는 바를 제대로 깨닫기가 불가능하다.

방언으로 기도하면 자신의 뜻이 아닌 전적으로 성령에 의지하고 신뢰하는 방법을 터득하게 되면서 하나님의 완전한 뜻에 따라 기도할 수 있다. 방언 기도의 내용은 우리 생각의 통제를 벗어나므로, 자신만을 위한 이기적인 기도를 막아 준다. 간혹 방언 통역을 받고 실망하는 경우를 보았다. 방언 통역 내용에 자신이 생각하고 있는 것과 당장 해결해야 할 급한 문제는 잘 나오지 않고, 오직 하나님의 뜻이 이 땅에서 이루어질 것과, 하나님만 찬양하고 경배하며, 범사에 대한 감사, 세계 선교를 위한 내용들이 나오기 때문이다. 이렇듯 성령이 말하게 하심을 따라 기도하는 영혼의 기도는 한국말로 하는 기도 내지는 육체가 원하는 기도와는 질적으로 다른 기도를 한다. 하나님의 생각은 성령께서 아시며, 성령의 생각은 우리의 영혼이 안다. 우리의 영혼은 영의 일을 생각하며, 성령을 기쁘시게 하는 일에 관심이 많다.

4. 시간과 장소의 제약을 받지 않는다

우리는 기도할 때 시간과 장소에 따라서 많은 제약을 받는다. 흔히 기도를 하려면 방 안에서는 문을 잠그고 해야 하고, 다른 장소에서는 집중이 잘되지 않아 꼭 예배당에 가서 기도해야 정말 기도한 것 같은 느낌을 받는다. 그러나 영의 기도인 방언을 통해서 우리는 언제 어느 곳에 있든지, 어떤 상황이든 관계없이 기도할 수 있다. 하나님께서는 우리에게 방언을 주심으로 때와 장소를 가리지 않고 기도할 수 있게 하셨다. 어떤 상황에서든 시간에 구애를 받지 않고 마음의 문을 열어서 기도할 수 있게 하셨다. 하나님께 기도하고 싶다면 어떤 준비도 필요 없이 입을 열어서 기도하면 된다.

방언 기도를 통해 매일 기도하고 예배하는 것이 가능해진다. 방언으로 기도하면 굳이 무릎을 꿇지 않더라도, 눈을 감지 않더라도 "쉬지 말고 기도하라"(살전 5:17)는 사도 바울의 말씀을 실천할 수 있다. 지하철에 앉아서도, 길을 걸어가면서도, 집안 청소를 하거나 운전을 하면서도 기도할 수 있기 때문이다. 미국에 살면서 배운 기도 중 하나가 운전하면서 하는 기도이다. 운전하는 시간이 많기 때문에 차를 운전할 때면 가만히 있지 않고 통성으로 방언 기도를 한다. 방언의 유익을 경험하기 위해서는 방언을 생활화하는 것이 중요하다.

5. 오랫동안 기도할 수 있다

나의 경우 예수님을 영접하고 기도 생활을 시작했을 때 기도하는 것이 너무도 힘들었다. 눈을 꼭 감고 생각나는 모든 것을 위해 기도했다고 생각했는데, 눈을 떠 시계를 보면 채 10분을 넘기지 못했다. 그 다음부터는 무슨 기도를 어떻게 더 해야 할지 몰라서 난감하기만 했다. 그래서 우두커니 열심히 기도하는 사람들을 훔쳐보고만 있었다. 이처럼 스스로의 힘으로 기도하는 것은 매우 어려운 일이다.

무슨 기도를 해야 할지 모를 때, 기도하기 힘들 때, 기도를 어떻게 해야 할지 모를 때, 방언으로 기도하면 그리 힘들지 않게 기도의 바다로 헤엄칠 수 있다. 성령께서 하나님의 뜻을 아시기에, 우리를 인도하며 기도할 수 있는 힘을 공급해 주시기 때문이다: "성령도 우리 연약함을 도우시나니 우리가 마땅히 빌바를 알지 못하나 오직 성령이 말할 수 없는 탄식으로 우리를 위하여 친히 간구하시느니라"(롬 8:26). 방언 기도는 기도의 새로운 세계로 들어가기 위한 효과적인 방법을 제시해 주며, 오랫동안 깊은 기도가 가능하게 해 준다. 방언으로 기도하면 긴 시간을 기도해도 얼마 지나지 않은 것처럼 느껴질 때가 많다.[50]

특히 한국말과 방언으로 함께 기도하면 기도를 깊이 있게 오랫동안 할 수 있다. 이는 한 발이 아닌 두 발로 걷는 것과 같은 이치

---

50) Donald W. Burdick, Tongues, 80~1.

이다. 아무리 오른발잡이라 해도 오른쪽 발로 깨금발을 뛴다면 얼마가지 못해 다리가 아파서 멈추게 될 것이다. 그러나 두 발로 걸으면 원하는 목적지까지 몇 시간이고 걸을 수 있다. 성경도 방언과 자신의 말로 함께하는 기도를 적극적으로 추천하고 있다: "그러면 어떻게 할꼬 내가 영으로 기도하고 또 마음으로 기도하며 내가 영으로 찬미하고 또 마음으로 찬미하리라"(고전 14:15). 내 마음 속에 있는 기도 제목을 가지고 한국말로 기도한 후 더 이상 기도 제목이 떠오르지 않으면 영의 기도인 방언으로 기도한다. 방언 기도를 하다 보면, 성령께서 미처 생각하지 못했던 기도 제목을 주신다. 이때 방언 기도를 멈추고 다시 한국말로 기도한다. 방언 기도를 하는 중 갑자기 생각나는 것은 자신의 의식에서 나온 것이 아니라 성령께서 가르쳐 주신 것이거나 자신의 영혼의 울림에서 나온 것이다. 이런 과정 가운데, 한국말로 하는 기도 내용이 점차 바뀌는 것을 경험한다. 처음에는 자신의 육체의 소욕을 따라서 기도하다가 성령의 감동을 받게 되면 점차 주님의 나라와 중보기도 내지는 세계 선교를 위해서 기도하게 된다. 이렇게 기도하면 마음으로도 열매를 맺고 영으로도 열매를 맺는 전인적인 기도를 할 수 있다. 나 역시도 한국말과 방언으로 함께 기도하자 지치지 않고 깊게 기도할 수 있게 되었다.

6. 통성으로 기도할 수 있다

한국 교회의 부흥은 통성 기도와 함께 시작되었다. 1907년 1월

평양 장대현교회에서 신년 부흥회가 있었을 때, 길선주 장로는 자신의 죄를 공개적으로 회개했고, 이길함(Graham Lee) 선교사가 다 같이 소리 내어서 기도하자고 했을 때 그 자리에 모였던 1,500명 가량의 한국 그리스도인들이 소리를 내어 회개 기도를 하기 시작했다. 이 성령의 불길은 한국 전역에 퍼졌고, 이로 인해 한국 교회는 큰 부흥을 보게 되었다. 이처럼 한국 교회의 영성은 통성 기도에 있다.

그런데 일제 시대를 거치면서 통성 기도는 침묵 기도로 바뀌었고 교회는 잠잠하게 되었다. 그러다가 나중에는 소리를 내어서 기도하는 것은 경박하다는 인식이 교회를 지배하게 되었다. 간혹 보수적인 교회를 방문해 보면, 예배 전에 너무 조용해서 옆 사람의 숨소리까지 들리는 경우가 있다. 소리 내어서 기도하는 것 자체가 민망할 정도이다. 이러한 교회에서 양육 받은 성도들은 개인적으로 기도할 때에도 소리를 내지 않고 침묵 기도를 한다. 영적 갑갑증을 느낀 사람들은 다른 교회의 부흥회나 기도원을 방문해서 통성 기도와 방언 기도를 한다.

방언 기도는 침묵으로 할 수 없는 기도이다. 입을 열고 소리를 내야 할 수 있는 기도이다. 이전에 조용히 기도하던 사람들도 방언의 은사를 받은 후에는 소리를 내어 기도하는 경우가 많다. 평소 침묵 기도에 답답해하던 사람들이 방언 기도를 통해서 가슴이 뻥 뚫리는 시원한 경험을 하기도 한다.

7. 다른 사람들이 알아듣지 못한다

혹자는 방언으로 기도하면 옆 사람의 눈치를 보지 않아서 좋다고 한다. 특히 남에게 말할 수 없는 가슴에 담아 둔 이야기나 자신이 지은 은밀한 죄를 회개하거나 집안일을 위해서 기도해야 할 경우, 한국말로 기도하면 옆 사람이 들을까 봐 마음 놓고 기도하지 못해 가슴이 답답해질 때가 있다. 묵상 기도를 하자니 답답하고, 소리를 내어서 한국말로 기도하자니 옆 사람이 신경 쓰인다. 교회 안에서 혼자서 조용이 기도할 곳을 찾는데 어딜 가도 사람들이 있고, 그렇다고 기도원이나 산으로 갈 수도 없다. 이때 방언으로 기도하면 남이 알아들을 수 없어 비밀이 누출되지 않기 때문에 안심하고 기도할 수 있다는 간증을 들은 적이 있다.

방언은 우리 영혼이 하늘의 언어로 우리의 비밀을 하나님께 아뢰는 것이기에 사람뿐 아니라 마귀도 알아듣지 못한다. 우리는 우리의 정보를 하나님께 드리고 하나님으로부터 응답을 받는 상호 교제의 통로로 기도를 한다. 간혹 우리의 중요한 기도가 적에게 노출될 때가 있다. 우리의 기도를 엿들은 악한 영들이 기도 응답을 방해하기도 한다. 이렇게 되면 우리의 기도가 무용지물이 될 수도 있다. 그러나 방언 기도는 비밀을 영으로 말해 사탄도 알아들을 수 없기 때문에, 악한 영적 세력으로부터 우리의 기도를 지켜 주는 역할을 한다.[51]

---

51) 김우현, 하늘의 언어, 89, 181.

하나님은 무한하신 분이신 데 반해 인간은 유한하고 인간의 언어도 제한적이다. 하나님이 어떤 분이신지에 대해 인간의 언어로 정의하거나 표현하는 것 자체가 불가능할 때가 있다. 자신의 생각이나 감정을 통해서 하나님 안으로 들어가는 데 익숙한 사람들은 한국말로 기도할 때 간절한 기도가 나오고 마음에 감동이 있다고 한다. 그러나 대부분의 경우, 사람들은 기도를 하고 싶은데 그들이 느끼고 있는 것을 정리하지 못해서, 무엇을 위해 어떻게 해야 할지 모를 때가 있다. 우리 영혼의 깊은 영적 욕망을 언어로 표현할 수 없을 때도 있고, 간혹 감정이 복잡하고 미묘하여 이를 언어로 표현하지 못할 때도 있다.[52] 이처럼 우리의 지적 언어로 하나님께 느끼는 감정과 하나님에 대한 사랑과 찬양을 표현할 언어를 찾지 못할 때, 방언 기도를 통해서 이를 표현할 수 있다. 무엇을 위해 어떻게 기도해야 할지 전혀 모를 때, 방언은 기도 생활에 큰 힘과 도움이 될 수 있다.

---

52) Edmund J. Rybarczyk, "Reframing Tongues: Apophaticism and Postmodernism," in Pneuma: The Journal of the Society for Pentecostal Studies (Vol. 27, No. 1, 2005), 85.

성령 세례 받으면 방언하나요?

방언 기도의 영적 능력

방언 기도에는 세상의 유혹과 앞으로 다가올 위험으로부터 지켜 주는 능력이 있다. 의류 공장에서 일하는 한 여인이 있었다. 그녀는 공장에서 일하면서 다른 동료들이 나누는 다른 사람들에 대한 나쁜 소문이나 헐뜯는 비난 때문에 힘들어했고, 괜히 그들의 이야기를 듣고 남을 미워하기에 이르렀다. 하루는 이 문제로 담임 목사님과 상담을 했고, 담임목사님은 일을 하면서도 기도하라는 충고를 해 주었다. 그녀는 일하면서 방언으로 기도하기 시작했다. 그녀는 곧 그녀 주위를 맴돌던 세상의 온갖 가십거리와 악담으로부터 그녀를 보호해 주는 방패와 같은 힘을 느끼기 시작했다.[53] 이처럼 방언 기도에는 우리가 이 세상에 의해 오염되는 것을 막아 주는 힘이 있다. 방언 기도는 직장이나 세상에서 오는 세속적인 유혹이나 위험으로부터 우리를 순수하게 지켜 주는 역할을 한다.

한번은 새벽 기도를 마친 한 자매가 택시를 타고 집으로 가고 있었다. 그런데 백미러로 뒤를 바라보는 택시 운전사의 눈빛이 이상하더라는 것이다. 마침 택시 운전사들의 여성 납치 강간 사건으

---

53) Larry Christenson, Speaking in Tongues, 74~5.

로 언론이 떠들썩할 때였다. 그 자매는 순간 '위험하다' 는 것을 느꼈으나 어찌할 방법을 찾지 못했다(당시에는 휴대폰이 없었다). 너무 겁이 나, 낮은 목소리로 방언 기도를 하기 시작했다. 그러자 얼마 후, 택시 운전사가 갑자기 사거리에서 택시를 세우더니, '차비 안 받을 테니 내리라' 고 해서 위기(?)를 모면했다는 간증을 들은 적이 있다. 방언에는 우리 앞에 닥칠 시험과 위험으로부터 우리를 지켜 주는 힘이 있다. 우리는 앞날에 일어날 위험과 고통에 대해서는 알 수 없으나, 성령께서는 이 모든 것을 알고 계신다. 우리는 방언 기도를 통해 하나님께 미리 간구함으로 장차 다가올 여러 가지 시험과 위험들을 방지할 수 있다.

특히 방언에는 마귀로부터 우리를 보호하는 영적 능력이 있다. 일반 그리스도인들도 신앙생활에서 받아들이기 어려운 영적 존재 중 하나가 마귀와 그의 졸개인 귀신들이다. 마귀와 귀신들은 추상적인 개념이 아닌 실제적인 존재들이다. 마귀와 귀신들로 이루어진 영적인 적의 실체를 파악하는 것은 신앙생활에서 매우 중요하다. 방언은 세상의 언어가 아닌 영적 기도로, 방언을 통해 보이지 않는 영적 존재와 맞설 기회가 있다. 방언 기도를 하는 도중, 영안이 열려서 영적 존재인 귀신들을 보게 되는 경우도 있다.

예수께서 이 땅에서 싸우신 싸움 중 하나는 악한 영들과의 영적인 전쟁이었다. 우리의 싸움은 혈과 육의 싸움이 아닌 영적인 싸움이다. 하나님 나라는 말에 있지 않고 능력에 있다. 방언 기도에는 우리가 알지 못하는 성령의 능력, 곧 영적인 힘이 있다. 성령이 임하시면 더러운 귀신을 쫓아낼 수 있는 능력이 생긴다.[54] 방언 기도는 우리의 속사람인 영혼을 강하게 함으로써 영적 전쟁에서 승리하는 능력을 공급해 준다.

평소에는 귀신들이 잘 드러나지 않는다. 그러나 수련회나 부흥회에 참석해서 열심히 기도하다 보면, 어떤 사람은 갑자기 얼굴이 일그러지거나 음성이 변조되며 이상한 말을 하기도 하고 몸을 떨기도 한다. 영적 현상에 대해서 무지한 사람들은 이러한 현상을 성령의 역사로 혼동한다. 그러나 성령께서 강하게 역사하는 곳에서는 악한 영도 그 정체를 드러낸다.[55] 평소에 잘 드러나지 않던 사람 속에 숨어 있던 귀신이 열심히 기도하는 모임 가운데 강력한 성령의 역사에 의해서 정체를 드러내는 경우가 있다. 평소 한국말로 기도할 때에는 잘 드러나지 않던 귀신이 방언으로 충만하게 기도하면 드러난다.

나의 경우, 수련회를 가서 성령 세례 및 은사를 받기 위해서 기도하다 보면 귀신 들림 현상이 꼭 나타난다. 우리 속에 정체를 숨긴 채 조용히 숨어 있던 귀신이, 방언 기도의 영적 위력을 느끼고는 도저히 참을 수 없어 자신의 정체를 드러내는 것이다. 그러나 계속해서 방언 기도를 하면 그 사람에게서 나가고 만다. 귀신을 쫓기 위해 한국말로 기도하다 보면 귀신이 잘 나가지 않아 한계를 느낄 때가 있다. 이때 방언으로 기도하면 영적 능력이 배가 된다.

---

54) 하용조, 바람처럼 불처럼, 39.
55) 손기철, 고맙습니다 성령님, 204~5.

방언은 귀신들을 대적하는 능력을 가진 영의 기도로, 귀신은 방언 기도를 매우 두려워한다.[56]

실제로 방언 기도를 하다가 자신이나 주변 사람 속에 숨어 있던 귀신들이 드러나는 경우가 많다. 김우현 감독의 경우에도, 방언의 은사를 받기 위해서 기도하던 중 수많은 귀신들이 드러났다고 간증한다. 방언으로 기도하던 도중 어떤 이는 병의 치유를 경험하고, 이혼을 앞두고 절망 가운데 기도하다가 다시 가정이 회복된 사람도 있고, 오랫동안 사로잡고 있던 귀신이 떠나가는 역사가 일어나기도 한다.[57] 손기철 장로의 월요치유집회를 통해서 성령이 충만한 가운데 많은 병자들이 치유 받기도 하지만, 또한 수많은 귀신들이 드러나며 쫓겨나기도 한다. 방언이 터져 나오면서 놀라운 축사와 신유의 능력이 나타난다.

한번은 귀신 들린 자를 위해서 기도하고 있는데 별 진전이 없자 방언으로 기도하기 시작했다. 그런데 갑자기 귀신이 몸부림치면서 하는 말이 "방언으로 기도하지 마"였다. 귀신 스스로가 방언기도의 능력에 대해 실토한 것이다. 작년 여름, 캄보디아로 단기선교를 갔을 때 동네에 귀신 들린 여자가 있다는 연락을 받고 장로님 한 분과 같이 갔다. 언어가 통하지 않았고 다른 방법이 없었기 때문에 방언으로 기도하기 시작했다. 그러자 귀신 들린 여자가 온몸에 발작을 일으키며 고함을 지르기 시작했다. 결국 그 여자는

---

56) 문봉주, 성경의 맥을 잡아라, 568.
57) 김우현, 하늘의 언어, 91.

완전히 기절해서 정신을 잃고 말았다. 나중에 그 귀신 들린 여자가 무슨 말을 했는지 궁금해서 물어보았더니, "저 두 사람 쫓아내"라는 말만 하더라는 것이었다. 그리스도인들조차 무시하는 방언을 귀신들도 무서워 떨며 그 속에 있는 능력을 인정한다.

간혹 그리스도인들에게도 악한 영들이 찾아와서 괴롭히는 경우가 있다. 어떤 사람은 꿈이나 환상, 환청으로 악한 영들의 공격을 받기도 한다. 이때 귀신을 꾸짖고 쫓아내기 위해서 안간힘을 써도 꿈쩍도 하지 않는 경우가 있다. 그러나 방언으로 기도하면 귀신이 도망을 간다. 귀신 들린 자의 경우, 옆에서 방언으로 기도해 주면 발작을 하다가 나간다. 이는 귀신이 방언의 내용을 알아들어서가 아니라, 방언 자체가 성령 없이는 나타나지 않기 때문에 방언 기도하는 사람 안에 임재하신 성령 하나님과 그의 능력을 보고 도망을 가는 것이다. 따라서 우리는 늘 성령으로 충만해야 한다.[58] 예수께서는 성령의 은사인 방언을 우리에게 주심으로 우리 영혼을 강건하게 하시며, 사탄의 공격으로부터 우리를 지킬 뿐 아니라 영적 승리를 할 수 있는 능력을 공급해 주신다.

---

58) 하용조, 변화받은 사람들 (서울: 두란노, 1999), 260~1.

성령 세례 받으면 방언하나요?

방언 통역

사도행전 2장에 나오는 오순절 사건에서는, 주변 사람들이 자기 나라 언어로 방언을 알아들었기 때문에 통역이 필요하지 않았다. 이처럼 사도행전에서는 방언 통역의 필요성이나 통역 사례가 전혀 보고되어 있지 않다. 그러나 고린도전서에 나오는 방언은 방언을 말하는 자나 듣는 자가 그 뜻을 알 수 없었다. 방언은 성령의 언어이자 영혼의 언어이며, 이를 듣고 이해하는 대상이 하나님이시므로, 사람의 능력으로는 도저히 그 내용을 알 방법이 없다. 방언으로 기도하고 있는 나 역시도 나의 영혼이 하나님께 무엇을 기도하는지 모른다. 소리의 뜻을 알지 못하기에, 말하는 자나 듣는 자가 야만인이 된다(고전 14:10~11). 아무도 알아듣는 자가 없이 행해지는 방언은 모두를 야만인으로 만들기 때문에, 교회 내에서 방언 통역 없이 행해지는 방언에 대해서 주의를 준 것이다.

간혹 우리 영혼이 어떤 기도를 하고 있는지 궁금할 때가 있다. 그래서 방언 통역이 필요하다. 방언이 통역된다면 방언을 말하는 자와 듣는 자가 다 이해할 수 있다. 그리고 방언 통역 내용이 예언만큼의 가치가 있을 수 있기 때문에 교회에 큰 유익이 될 수 있다.

평상시 자신이 방언으로 무슨 기도를 하고 있는지 답답해하는 사람들을 위해 통역해 주면, 그 내용을 듣고 신앙에 큰 위로와 도움을 받을 수 있다.

방언 통역은 성령의 은사로, 다른 사람들이 방언으로 기도하는 것을 알아듣는 은사이다. 이 은사는 신자들과 교회의 덕을 세우기 위해서 성령께서 주신 은사이다. 그래서 바울은 방언의 은사를 받은 자는 방언 통역 은사도 겸하여 받을 것을 추천한다: "그러므로 방언을 말하는 자는 통역하기를 기도할찌니"(고전 14:13). 하나님께 방언 통역의 은사 주시기를 간절히 기도한다면, 자신도 모르는 사이에 자신이 하고 있는 방언과 옆 사람이 방언으로 기도하는 내용을 이해하거나 해석할 수 있는 능력이 생길 것이다.

자신에게 방언 통역의 은사가 없다면, 방언 통역 은사자에게 통역을 부탁하면 된다. 앞에서도 밝혔지만, 방언의 주 내용은 성령께서 원하시는 것, 우리의 영혼이 원하는 것, 세계 선교와 전도를 위한 것, 자신이 미처 깨닫지 못한 것 등으로 다양하다. 예수님을 찬양하고 경배하며, 성결의 삶을 살고자 하는 욕구, 성경 구절 암송, 다시 오실 예수님에 대한 기대감, 개인적 비전과 관련된 내용이 예언적 형태로 나타날 때도 있다. 간혹 회개를 촉구하거나 신앙적 결단을 요구하는 계시적 형태로 나오기도 한다. 힘든 상황 속에서도 굳건히 신앙생활하는 자에게는 위로와 격려의 말씀으로 나타난다.[59]

방언 통역은 양쪽 언어를 다 아는 사람이 한쪽 언어를 다른 언어로 통역하는 일반 외국어 통역과는 매우 다르다. 외국어 통역은 단어 및 문장을 그대로 옮기는 번역이지만, 방언 통역은 문자적 해석과는 다르다. 방언이 지구상의 언어처럼 일정한 문법과 규칙을 가지고 있지 않기 때문이다. 초자연적 언어를 이성적이며 객관적인 방법으로 해석하려고 해서는 안 된다.

방언 통역의 방법은 매우 다양하다. 방언을 듣는데 그 의미가 마음속에 들어오는 경우도 있고, 타자를 치는 것처럼 한 자씩 보이기도 하고, 한국말로 들리기도 한다. 통역을 한다 해서 일반 외국어 통역처럼 모든 방언을 다 통역하지는 않는다. 방언으로 아무리 길게 기도하더라도 통역자는 몇 마디로 요점만 말할 수도 있고, 방언으로 짧게 기도하더라도 긴 말로 통역될 수 있다. 즉 방언 한마디가 우리말 열 마디로 통변될 수도 있고, 반대로 방언 열 마디가 우리말 한마디로 통변될 수도 있다. '다다다다' 하는 짧은 혀의 떨림 한마디에 시편 전체가 들어 있을 수도 있고, 방언으로 30분간을 기도한다 하더라도 '아버지 사랑합니다' 라는 한마디 고백일 수 있다.

방언 통역에서 조심해야 할 것은, 방언 통역자를 영적으로 분별하는 일이다. 방언 통역의 은사가 성령으로부터 온 것인지, 자신의 마음에 생각나는 대로 통역하는 것인지에 대한 바른 검증이 필요하다. 나의 경우, 자신의 마음에 떠오르는 대로 방언을 통역

---

59) Gary B. McGee, 125~6.

하는 위험한 사람들을 많이 만났다. 순간순간의 영적 상태나 감정의 변화에 따라 천차만별의 방언 통역이 나왔다. 아침에 통역을 받은 내용과 저녁에 받은 내용이 완전히 다르기도 했다. 그러므로 방언 통역자의 은사를 분별할 수 있어야 한다.

교회에 혼란이 없도록 반드시 성령에 의한 통역의 은사를 받은 사람만 통역할 수 있도록 허락해야 한다. 통역의 은사를 검증할 만한 객관적인 잣대가 없기 때문에, 은사자를 분별하는 데 신중해야 한다. 분별 방법으로는 통역의 은사를 받은 자가 여럿이 있을 경우, 그들에게 방언 통역을 하게 하고 그들의 통역이 일치하는가를 보면 된다. 기도를 많이 하는 사람들의 경우, 한국말로 기도하는 것과 방언으로 기도하는 것의 내용에서 큰 차이가 나지 않는다. 영적 은사에 대해 깨어 있는 목회자나 지도자에게 제대로 된 방언 통역인지 검증을 받을 수 있다.

방언 통역의 내용도 유심히 듣고 관찰해야 한다. 남의 죄를 들추고, 비방하며, 교회를 비판하는 내용만 주로 나온다면 사탄의 영일 수도 있기 때문에 경계해야 한다. 왜냐하면 성령은 위로의 영, 격려의 영, 사랑의 영이시기 때문이다. 방언 통역자의 자질 문제도 따져 보아야 한다. 말씀 생활, 기도 생활, 전도 생활, 십일조 생활, 대인 관계 등에서 모범이 되고 있는지를 살펴보아야 한다.

간혹 방언 통역을 받는 자의 비밀스러운 일이나 회개해야 할 훈계의 이야기가 나올 때 옆에 다른 사람들이 듣고 있는 경우, 통역자는 통역을 중단하는 것이 서로를 위해서 지혜로운 행동이 될 것이다.

　방언 기도를 어느 정도 해 온 사람의 경우, 방언으로 충만하게 기도하고 한국말로 기도하다 보면 자신이 하고 있는 방언이 무슨 뜻인지 깨달아질 수 있다. 방언으로 기도하면서 계속해서 성령께 묻다 보면, 성령께서 이 방언이 어떤 뜻이라는 감동을 주실 때가 있다.[60] 비록 100퍼센트 정확하게 통변되지는 않지만 성령의 감동을 통해서 자신이 하는 방언이 어떤 의미를 가지고 있는지 알 수 있다. 나의 경우, 방언으로 기도하면 내 영혼이 어떤 기도를 하고 있는지 감을 잡을 때가 있다. 한번은 주변에 방언 통역자가 있어서 통역을 부탁했더니, 내가 이해하고 있는 내용과 거의 일치했다. 자신이 말하는 방언 내용을 이해할 경우에는 굳이 방언 통역 은사자에게 의존하지 않아도 된다.

---

[60] 손기철, 고맙습니다 성령님, 108.

성령 세례 받으면 방언하나요?

누가 방언의 은사를 받을 수 있나?

누가 구원을 받을 수 있는가? 누가 천국에 들어가는가? 특별히 선택된 소수의 사람들만 구원받고 천국에 가는 것이 아니다. 하나님은 모든 인류가 구원받기를 바라시며, 우리에게 예수 그리스도를 주심으로 구원받을 수 있는 길을 열어 주셨다. 이는 개인적인 능력이나 인종과 성별을 뛰어넘어 모든 자들에게 베풀어 주신 하나님의 은혜이다. 죄를 뛰어넘고 죽음을 극복할 수 있는 인간은 없다. 자신의 노력과 능력으로 천국에 들어갈 자는 없다. 그러므로 구원에 있어서 인간의 노력은 무의미하며, 오직 성령의 인도하심으로 예수님의 의를 받아들이고, 이를 믿음으로 구원에 이르게 된다.

'누가 방언을 받을 수 있는가?'라는 질문도 구원의 질문과 크게 다르지 않다고 생각한다. 안타까운 것은 우리가 어떻게 이 은사를 받을지 모른다는 점이다.

1. 방언은 모든 사람에게 열려 있다

과연 누가 성령 세례를 받을 수 있을까? 누가 방언을 경험할 수 있을까? 혹자는 방언은 초대 교회의 사도들과 제자들에게만 내린 은사라고 주장한다. 교회가 세워진 초기는 특별한 기간으로, 아직 하나님의 말씀인 성경이 확립되지 않았기 때문에 방언과 같은 초자연적 은사가 필요했고, 이것은 오직 사도들을 통해서만 받을 수 있었기 때문에, 사도들이 사라진 이후로는 방언이 중지되었다고 주장한다. 소극적으로 방언을 인정하는 그룹도 하나님께서 모든 신자들에게 은사를 주시는 것이 아니라, 소수의 특정 개인에게만 주신다고 주장하기도 한다.

그러나 예수를 구주로 믿어 거듭난 사람은 예외 없이 방언 은사 후보자가 될 수 있다. 하나님께서 믿고 간구하는 모든 신자들에게 성령 세례를 허락하셨기에, 방언의 은사는 모든 믿는 성도들에게 열려져 있다. 신자라면 누구나 다 하나님과 인격적인 교제를 나누며 기도한다. 방언은 일종의 기도 은사로 하나님과 인격적인 교제를 나누는 은사이기 때문에, 하나님을 사모하는 영혼이라면 누구나 체험할 수 있다. 하나님은 "내가 내 영으로 모든 육체에게 부어 주리니"라고 약속하셨다. 이는 신학적 배경이나 인종, 성별, 믿음의 정도 등에 관계없이 하나님께서 성령 세례를 통해 방언의 은사를 허락하셨음을 의미한다. 그래서 사도 바울도 "나는 너희가 다 방언 말하기를 원하나"(고전 14:5)라고 말했다. 하나님은 모든 신자가 성령 세례 받고 방언의 은사를 받아 하늘의 언어로 기도하는 것을 원하신다.

예수님의 제자들이 방언을 체험했고(행 2:4), 사마리아인들도 믿고 성령 세례를 받았다(행 8장). 마가의 다락방에서 성령 충만한 사람들이란 단지 사도들만을 가리키는 것이 아니라, 그곳에 모여 있던 모든 남자와 여자들을 포함한다. 이방인도 예수 그리스도를 개인적 구주로 영접한 사람들은 성령 세례를 받을 수 있는 자격이 된다. 베드로가 그리스 사람으로 이방인이었던 고넬료 집을 방문했을 때, 하나님의 말씀을 전하던 중 성령이 그들에게 임하여 방언을 말하기 시작했다. 하나님께서 이방인들에게 성령 세례를 내리시는 것을 목격한 베드로는 깜짝 놀랐다(그는 아마도 성령께서는 유대인들에게만 강림하신다고 믿었던 것 같다). 다른 사도들은 예루살렘으로 돌아온 베드로를 무 할례자의 집에 들어갔다는 사실로 문책을 했다. 그때 베드로가 무엇이라고 대답하는가? "내가 주의 말씀에 요한은 물로 세례를 베풀었으나 너희는 성령으로 세례를 받으리라 하신 것이 생각났노라 그런즉 하나님이 우리가 주 예수 그리스도를 믿을 때에 주신 것과 같은 선물을 그들에게도 주셨으니 내가 누구이기에 하나님을 능히 막겠느냐 하더라"(행 11:16~17)고 대답한다.

이처럼 성령 세례 및 방언 체험은 초대 교회 안에서 특별히 선택된 소수의 그리스도인들에게만 임한 특별한 선물이 아니라 모든 믿는 자들에게 공통으로 일어난 체험이었다. 성령 세례와 관련된 구절들을 살펴보면, 늘 '모든 사람들'이라고 표현되어져 있다: "이 약속은 너희와 너희 자녀와 모든 먼 데 사람 곧 주 우리 하나님이 얼마든지 부르시는 자들에게 하신 것이라"(행 2:39). 성령 세례는 모든 신자에게 약속된 하나님으로부터의 권능으로, 모든 세대, 모든 신자들을 위해 주어지는 하나님의 선물이다.

2. 예수님을 믿고 영접한 자가 받는다

모든 사람에게 성령 세례와 방언의 은사가 열려 있다고 해서 이 세상에 있는 모든 사람들이 이를 다 체험하는 것은 아니다. 성령 세례를 위한 가장 기본적인 조건은 믿음이다. 예수 그리스도를 구주로 영접하고 그의 이름을 부르는 자라면 누구든지 성령 체험의 후보자가 될 수 있다. 그러므로 믿음은 구원의 조건이 될 뿐 아니라 성령 세례의 조건도 된다. "예수 그리스도를 영접하지 않은 사람이 방언을 말할 수 있는가?"라는 질문의 대답은 "아니오"이다. 예수 그리스도를 영접하지 않은 사람은 성령 세례를 체험할 수 없으며 방언을 말할 수도 없다. 성경 어디를 보더라도 예수 그리스도를 구주로 모시지 않은 자가 방언을 했다는 기록은 없다.

단정적으로 말할 수 있는 것은 성령은 하나님의 전인 교회와 신자 안에서 역사하신다는 것이다. 구약에서 성막과 성전에 거하셨던 성령께서, 이제는 하나님의 성전인 성도들 속에 거주하신다: "너희는 너희가 하나님의 성전인 것과 하나님의 성령이 너희 안에 계시는 것을 알지 못하느냐"(고전 3:16). 믿음의 공동체인 교회만이 성령을 경험하고 방언의 은사를 받을 수 있다. 하나님께서는 하나님의 성전인 그리스도인들에게만 성령 세례를 주심으로 성령 세례를 받은 자가 하나님께 속한 자임을 확증해 주신다. 이는 그리스도인의 신분 및 정체성을 하나님 스스로 보장하신 것이다.[61] 성령은 예수님을 영접하고 마가의 다락방에서 성령 세례를 기다리고 있던 120명의 성도들에게 임하셨다.

성령의 은사는 신자들에게만 주어지기 때문에 신자가 아닌 사람은 은사를 체험할 수 없다. 하나님의 말씀을 의심하고 예수님을 불신하고 있다면 성령께서 역사하실 수 없다. 우리가 예수 그리스도 안에서 믿음으로 거듭날 때, 우리가 하나님의 자녀가 되었을 때, 하나님께서는 성령으로 거하시고 그 증거로 방언의 은사를 선물로 주신다. 성령 세례는 믿는 자라면 일단 받을 자격을 갖춘 셈이 된다.

3. 베드로의 방언 받기 절차

오순절 날 성령이 강림하실 때 급하고 강한 바람이 불면서 불의 혀 같이 갈라지는 것이 보였다. 이를 보고 놀란 많은 사람들이 모여들었다. 베드로는 그들 앞에서 예수 그리스도의 죽으심과 부활에 대해 담대하게 설교했다. 베드로의 설교를 들은 사람들은 마음이 찔렸고 그에게 물었다: "형제들아 우리가 어찌할꼬." 베드로는 다음과 같이 외친다: "너희가 회개하여 각각 예수 그리스도의 이름으로 세례를 받고 죄 사함을 얻으라 그리하면 성령을 선물로 받으리니"(행 2:38). 이 말씀을 믿고 따를 때에 성령 세례를 받고 방

---

61) Mark Lee, "An Evangelical Dialogue on Luke, Salvation, and Spirit Baptism," in Pneuma, 92, 96.

언을 말할 수 있다.

1. 회개해야 한다.
2. 물세례를 받아야 한다.
3. 성령 세례를 위해서 기도한다.

놀랍게도 성령 세례를 받는 방법은 구원을 받는 방법과 동일하다. 우선 예수 그리스도의 복음을 듣고, 받아들이고, 믿어야 한다. 우리는 세상 죄를 짊어지고 가신 하나님의 어린 양이신 예수님을 만나야 한다. 그리고 그분 앞에서 우리의 죄를 고백해야 한다. 내 안의 분노, 질투, 미움이 있다면 그것을 회개해야 한다.[62] 하나님을 믿지 않고 하나님의 사역에 방해가 되었던 그 어떤 것이라도 용서해 달라고 기도해야 한다. 우리의 삶 속에서 잘못임을 알고도 지속하고 있는 그 어떤 것이라도 버릴 각오를 해야 한다.[63] 철저히 자신이 죄인인 것과 죄 앞에서 무력함을 깨닫고 회개로 우리의 더러운 심령을 깨끗이 씻어내야 한다. 우리의 깨끗해진 심령에 하나님의 영광이 임하신다. 우리는 누군가가 쓰다 버린 더러운 컵에 생수를 부어서 마시지 않는다. 최소한 깨끗이 씻은 후에야 컵을 사용할 것이다. 하나님께서도 마찬가지이시다. 최소한 회개로 깨끗이 씻은 심령, 새 그릇에 거룩한 성령을 부어 주신다.

---

62) 손기철, 기름 부으심 (서울: 규장, 2008), 75.
63) Nicky Gumbel, Alpha, 154.

예수 그리스도를 구주로 영접하고 자신의 죄를 회개한 후 물세례를 받아야 한다. 물세례란 예수님과 함께 옛사람이 죽고 새사람으로 탄생한다는 의미가 있으며, 자신이 그리스도인임을 사람들 앞에서 고백하고 드러내는 것이다: "우리가 그의 죽으심과 합하여 세례를 받음으로 그와 함께 장사되었나니 이는 아버지의 영광으로 말미암아 그리스도를 죽은 자 가운데서 살리심과 같이 우리로 또한 새 생명 가운데서 행하게 하려 함이니라"(롬 6:4). 베드로의 지침에 따라 그날 3천이나 되는 사람들이 자신의 죄를 회개하고 세례를 받았다. 그런 후, 성령 세례와 방언의 은사를 위해서 기도해야 한다.

물론 이러한 순서가 수학공식처럼 정해져 있는 것은 아니다. 성령의 역사는 초자연적이기 때문에 그 순서는 상황에 따라서 얼마든지 바뀔 수 있다. 사도행전에 나오는 방언 사건에서 그 어떤 것도 100퍼센트 일치하는 것이 없기 때문에, 방언 받는 절차에서 정형화된 패턴을 발견할 수는 없다. 이방인으로 구원받은 고넬료 가정의 경우, 베드로가 말씀을 전하는 가운데 회개하고 복음을 받아들였다. 그들이 하나님의 말씀을 듣고 받아들이는 가운데 성령께서 강림하시고 방언이 임했다. 그들이 성령 세례를 받고 방언으로 하나님을 찬양하는 것을 본 후, 베드로는 그들에게 물세례를 주었다: "이 사람들이 우리와 같이 성령을 받았으니 누가 능히 물로 세례 줌을 금하리요"(행 10:44~48). 여기서는 물세례와 성령 세례의 순서가 바뀌었다. 따라서 물세례가 성령 세례를 받기 위한 필수 전제 조건은 아님을 알 수 있다.[64] 사도 바울의 경우도 예수 그리스도를 구주로 인식한 후, 아나니아가 안수하여 성령 세례를 먼저 받았다. 그리고 난 이후에 물세례를 받았다(행 9:17~18).

물론 예수님을 영접하는 순간 성령 세례를 함께 받는 경우도 있다. 어떤 경우에는 성령 세례에 대한 사전 지식이나 신학적 지식이 전혀 없고 방언에 대한 이야기를 전혀 들어 본 적이 없음에도 불구하고 하나님을 간절히 사모하다가 방언을 말하는 경우도 있다. 나의 경우처럼 수련회에서 쉬지 않고 기도하던 중 방언의 은사를 받기도 한다. 나는 성령 세례를 받고 방언의 은사를 받은 후, 회개가 터져 나오면서 희미하기만 했던 구원에 대한 확신을 가지게 되었다. 그리고 난 후 물세례를 받았다. 그러니 방언을 받는 데 있어 일정한 순서는 없다는 표현이 맞을 듯하다. 한 가지 확실한 것은 구원과 마찬가지로 성령 세례도 인간의 노력이나 능력으로는 받을 수 없다는 점이다. 오직 하나님께서 성령 세례의 모든 것을 주관하신다.

4. 사모하고 간구하는 자가 받는다

수련회에서 성령 세례와 방언의 은사를 받기 위해서 다 함께 기도할 때, 어떤 사람은 쉽게 받고 어떤 사람은 받지 못한다. 자세히 관찰해 보면, 목이 쉴 정도로 간절히 기도하는 경우는 대부분

---

64) J. R. Williams, "Baptism in the Holy Spirit," 360~1.

이 받는다. 그러나 받지 못하는 경우를 살펴보면, 묵상 기도를 하는지 입을 전혀 벌리지 않는 경우이다. 이렇게 수동적인 자세를 가진 사람은 몇 년을 교회에 다니고 수련회에 참석한다 하더라도 방언을 경험하기 힘들다.

예상 외로 많은 사람들이 자신에게 성령 세례가 일어나기를 수동적으로 기다리기만 한다. '언젠가 때가 되면 주시겠지'라고 생각한다. 옥성호 씨의 경우, 마가의 다락방에 있던 사람 중 어떤 사람도 성령을 달라고 떼를 쓴 사람은 없었다고 해석한다. 그들은 달라고 조르지 않고 가만히 앉아서 기다렸다고 주장한다.[65] 때문에 우리가 구하지 않더라도 하나님께서 적절한 때에 그 은사를 우리에게 주실 것이라고 생각한다. 물론 은사는 선물이기 때문에 가만히 있어도 저절로 받을 수도 있다. 그러나 성령은 인격적인 분이시기 때문에, 우리가 마음의 문을 열지 않으면 강제로 들어오시지 않는다. 성령 세례와 방언이 없다고 생각하고 성령을 의도적으로 거부하는 자에게는 그 역사가 일어날 수 없다. 성령께서는 강요하는 분이 아니시기에, 우리가 바라지도 않는데 자동적으로 그의 은사를 우리에게 부어 주시지는 않는다. 믿음에 근거해서 간절히 기도하지 않으면 성령 세례를 받을 수 없다. 마음(한국말)으로 기도하는 것에 참 만족감을 느껴 방언의 필요성을 전혀 인지하지 못하거나 진정으로 간구하지 않을 때에는 방언의 은사가 주어지

---

[65] 옥성호, 방언, 정말 하늘의 언어인가?, 48.

지 않는다. 혹은 자신이 속한 교단이나 교회가 방언에 대해 부정적이고 방언을 인정하지 않을 때, 방언 체험의 가능성은 현저히 떨어진다. 성령을 인정하지 않는데 어떻게 받을 수 있겠는가? 그러므로 성령에 대한 생각과 태도의 전환이 매우 중요하다.

성령 세례를 받기 전에 성령과 방언에 대한 성경 말씀을 공부하면 좋다. 바울이 에베소에 갔을 때, 그들은 성령이 있음도 들은 적이 없었다. 바울이 예수님과 성령에 대하여 설명한 후 그들에게 안수하자 성령이 임하시고 방언도 하게 되었다. 우리는 성령께서 삼위일체의 한 분이시라는 것과, 성령 세례의 필요성 및 방언의 유익함에 대해 알고, 인정하고, 받아들여야 한다. 신령한 것에 대해 이해하고 마음의 문을 열어서 열정적으로 사모할 때 방언을 체험할 수 있다. 그런 후 방언으로 찬양하고 경배하고 싶은 표현과 요구를 하나님께 해야 한다. 믿음을 내보이고, 환영하고 기대하고 기도해야 성령께서 강림하신다. 간절한 기도야말로 성령 세례와 방언을 체험하는 중요한 원동력이 된다:[66] "너희가 악할찌라도 좋은 것을 자식에게 줄줄 알거든 하물며 너희 천부께서 구하는 자에게 성령을 주시지 않겠느냐"(눅 11:13). 어린아이처럼 간절히 사모하면 성령 세례를 체험할 수 있다.[67]

이처럼 그리스도인이라고 해서 예외 없이 다 성령 세례를 받고 방언을 하는 것은 아니다. 영적 은사는 사모하고 구하는 자만이

---

[66] J. R. Williams, "Baptism in the Holy Spirit," 362.
[67] 하용조, 성령을 받은 사람들 (서울:두란노, 1999), 122.

받을 수 있다. 성령께서 내주하실 것을 간절히 사모하고 기도해야 된다. 심지어 예수님도 요단강에서 세례를 받으신 후 성령의 강림을 위하여 기도하셨다: "예수도 세례를 받으시고 기도하실 때에 하늘이 열리며 성령이 형체로 비둘기 같이 그의 위에 강림하시더니"(눅 3:21~22). 예수께서 부활 후 승천하실 때에는 제자들에게 "위로부터 능력을 입히울 때까지 이 성에 유하라", "예루살렘을 떠나지 말고 … 아버지의 약속하신 것을 기다리라"고 명하셨다. 기다림이란 기도라는 말과 일맥상통한다. 예루살렘에 모여 있던 120여 명의 성도들은 마가의 다락방에 모여서 합심해서 기도하기 시작했다. 많은 시간이 지났으나 아무런 일도 일어나지 않았다. 그러나 그들은 포기하지 않았고, 기도에 몰두하였다. 이처럼 성령 세례를 받기 위해서는 기도하면서 기다려야 하기도 한다. 많은 사람들은 기다리라는 하나님의 명령에 조급해하며 불안해한다. 그러나 그러면 성령 세례 받는 것을 실패한다.

　마침내 기도를 시작한 지 열흘이 지난 오순절 날 성령께서 임하셨고, 120여 성도들은 성령이 말하게 하심을 따라서 방언을 하기 시작했다. 우리도 성령 세례를 받기까지 간절히 소망하면서 금식하며 기도해야 한다. 한 번 구하기 시작했으면 주실 때까지 매달리며 간절히 사모해야 한다. 우리 자신을 예수님 앞에 드리며 성령 세례와 방언 받을 의사를 분명히 밝혀야 한다.

　방언은 주로 기도하는 가운데 체험한다. 그러나 혼자서 기도하기 힘든 경우, 성령 세례나 은사를 강조하는 부흥회나 집회 혹은 기도원 등에 가서 다른 사람들과 함께 기도하면 큰 도움을 받을 수 있다. 사도행전의 오순절 사건이나 다른 방언 사건들을 보면, 신자들이 함께 모여서 합심으로 기도할 때 성령의 은사를 많이 체험했다. 방언의 은사를 가진 사람들이 주변에 있으면 도움을 청하고 함께 기도할 때 혼자서 기도하는 것보다 쉽게 성령 세례를 체험할 수 있다.

5. 순종하는 자가 받는다

하나님은 자신을 내려놓고 말씀에 순종하는 자들에게 성령을 내려 주신다. 방언의 은사는 인간의 공로나 노력이 아닌, 오직 하나님의 사랑과 은혜로만 받을 수 있다. 방언을 경험한 사람들의 간증을 들어 보면, 방언받기 위해 기도하고 애를 쓸 때에는 안 되다가, 막상 자신의 힘으로는 안 된다는 사실을 깨닫고 마음을 내려놓는 순간, 갑자기 방언이 터졌다고 한다. 마가의 다락방에 모였던 120여 명의 성도들도 예루살렘을 떠나지 말고 무조건 기다리라는 부당한(?) 하나님의 명령에 순종했을 때 성령 세례를 받았다: "하나님이 자기를 순종하는 사람들에게 주신 성령도 그러하니라"(행 5:32). 이처럼 방언은 인간의 지식과 능력, 노력에 의해서 받을 수 있는 것이 아니라, 하나님의 말씀에 순종할 때 이루어진다.

방언에 대하여 부정적인 성경 교육과 영향을 받은 목회자나 신학자는 자신의 생각으로 이미 성령의 역사를 부정하고 성령의 내주하심을 가로막고 있기 때문에 방언을 체험하기 어렵다. 흔히 교육을 많이 받은 사람일수록, 자수성가한 사람일수록, 자아가 강한 사람일수록, 고집이 센 사람일수록, 체면을 따지는 사람일수록 예수님을 영접하기도 힘들며, 성령의 역사를 잘 받아들이지도 못한다. 자신의 것으로 가득 찬 사람들은 성령에 대해서 이해할 수도 인정할 수도 없기 때문에 방언을 체험하기 힘들다. 방언을 받지 못하는 사람들 대부분은 자신의 생각이 너무 강해서 하나님의 말씀은 인정하기도 순종하기도 힘들다. 반대로 나이가 어릴수록, 남자보다는 여자들이, 교역자들보다는 평신도들이 더 성령 세례에 대해 열려 있고 방언도 많이 한다고 한다. 성령은 인격이시기에 환영하지 않는 곳에는 절대로 강제로 들어가지 않으신다. 의심이나 불신이 있는 곳에서는 역사하지 않으신다. 어린아이처럼 자신을 완전히 비우고, 성령 앞에 자신을 내려놓고 순복하는 것이 성령의 초대 속으로 들어가는 첩경이다.

　우리는 기도하는 과정에서 마음을 열어 드려야 하며, 우리의 삶 속에서 성령을 나타낼 수 있도록 순종해야 한다. 기도하는 가운데 자신의 의지로 한국말로만 기도하려고 하지 말고 하나님께 우리의 혀를 맡겨야 한다. 방언이 임할 때 간혹 턱이 뻑뻑해지면서 힘이 들어가는 경우가 있다. 이때는 우리의 언어를 내려놓고 우리의 혀와 입을 의탁해야 한다. 방언의 주도자는 내가 아니라 성령이시기 때문이다. 성령께서 내 혀를 움직이시는데, 본인이 의지적으로 이것을 막고 한국말로만 기도하려 하니 턱에 힘이 들어가는 것이다. 성령이 임재하시어 다른 언어가 나오기 시작하면 이때는 자신이 통제하려 하지 말고 성령께 온전히 맡겨야 한다.

6. 안수 기도를 요청한다

성령 세례를 먼저 받은 사람으로부터 안수를 받는 것도 성령 세례를 받는 방법 중 하나이다. 베드로와 요한은 사마리아인들이 하나님의 말씀을 받았다는 이야기를 듣고 사마리아로 가서 저희를 위하여 기도했다. 이때 안수하니 성령께서 강림하셨다(행 8:15~17). 에베소 교회에서도 똑같은 일이 일어났다: "바울이 그들에게 안수하매 성령이 그들에게 임하시므로 방언도 하고 예언도 하니"(행 19:6).

목회자들이 머리에 손을 얹고 기도할 때 성령 세례를 경험할 수 있다. 안수 기도를 받는 가운데 아지랑이 같은 것이 온몸으로 들어오면서 퍼지는 기분을 느끼기도 하고, 마치 구름 위에 누워 있는 듯한 느낌을 받기도 한다. 간혹 뒤로 넘어가기도 하는데, 이때 눈물을 흘리기도 하고 온몸에 진동이 오기도 한다. 이때 방언이 터지면서 개인적으로 성령을 체험하기도 한다. 성령 체험을 미리 한 평신도들의 경우에는 사람의 머리에 함부로 손을 얹을 수 없기 때문에, 되도록이면 어깨나 등에 손을 대고 기도해야 한다.

하나님께서는 오직 예수 그리스도를 구주로 영접한 자들에게만, 하나님의 자녀가 된 사람들에게만, 말씀에 순종하여 성령의 은사를 사모하고 구하는 자들에게만 믿음의 증거로 성령을 보내 주시고 방언을 하게 하신다: "그 안에서 너희도 진리의 말씀 곧 너희의 구원의 복음을 듣고 그 안에서 또한 믿어 약속의 성령으로 인치심을 받았으니"(엡 1:13). 성령 세례를 받고 방언의 은사를 받은 자는 최소한 믿는 자들이며, 하나님께 순종하기 위해 몸부림치는 자들이다. 성령은 하나님의 자녀들을 성령의 전으로 삼으시고 그 속에 거하신다. 방언의 의미가 큰 이유 중 하나는, 하나님께서 그 믿음을 보시고 인쳐 주신 까닭이다. 목회자나 다른 사람들이 믿음이 좋다고 인정해 주어도 기분이 좋은데, 하나님께서 보시기에, 그래도 구원받을 만한 최소한의 믿음이 있기 때문에 방언을 주신 것이니, 얼마나 감사한 일인가?

성령 세례 받으면 방언하나요?

방언은 주로 개인적인 은사이다

개혁 신학에서는 방언을 신앙 공동체를 위한 계시의 은사로 해석한다. 성경이 완성되기 전, 성경 대신 방언이 계시의 역할을 대신했으며, 방언을 통해 공동체를 향한 하나님의 뜻이 계시되었다는 것이다. 그러나 성경 어디를 보아도 방언과 계시를 연결 짓거나 방언이 공동체를 위한 은사라고 해석한 구절은 없다. 병을 고치는 신유의 은사나 예언의 은사 등이 교회의 공적 은사인 데 반해, 방언은 신앙인의 개인적인 덕을 세우기 위한 은사이다: "방언을 말하는 자는 자기의 덕을 세우고"(고전 14:4).

하나님께서 방언을 주신 기본 목적은 은사를 받은 사람의 개인적 신앙의 확신, 변화 및 성장, 경건 생활을 위함이다. 그러므로 방언은 교회 전체의 덕과 유익을 세우기보다는, 개인적인 차원에서 찬양, 경배, 기도를 드리고 하나님과 대화하는 자신의 영적인 덕을 세우는 은사이다. 방언 체험을 통해 하나님의 임재를 경험하고, 오랫동안 깊은 기도를 할 수 있으며, 기쁨과 위로를 얻을 수 있고, 하나님께로 가까이 나아가는 성결의 삶을 살 수 있기에 개인의 기도 생활과 영적 성장을 위해 유익하다. 이러한 개인적인 영적 유익을 알았기 때문에, 사도 바울은 그 누구보다도 방언으로 기도를 많이 했다(고전 14:18).

방언은 다른 사람들이 알아듣지 못하는 언어로서, 이는 복음을 전하거나 의사소통의 수단으로 주어진 것이 아니다. 다른 사람에게 말을 건넬 때 방언으로 말하면 미친 사람으로 취급받기 십상이다. 주일 예배에서 방언으로 설교하면 아무도 알아듣지 못하기에 대중에게는 아무런 유익이 없다. 이처럼 방언은 가르치거나 설교를 위한 언어가 아니다. 베드로와 바울도 전도할 때 방언으로 말하지 않고 자신들의 언어로 전도했다.

1. 공적 자리에서의 방언 사용

한번은 믿지 않는 친구를 전도해서 교회로 데리고 나왔다. 내 딴에는 친구의 구원을 위해서 기도한다고 통성으로 방언 기도를 했다. 그 친구는 나의 이러한 간절한 마음을 몰라줬고, 오히려 나의 광신적인 모습에 기독교에 대한 호감이 사라졌다는 말을 했다. 듣는 순간, '아차' 하는 후회가 밀려왔다. 나의 실수에서 알 수 있듯이, 믿지 않는 사람들이나 방언에 대한 아무런 이해가 없는 교인들 앞에서는 방언 기도하는 것을 조심해야 하고, 되도록이면 자제해야 한다. 열심히 침을 튀기면서 알 수 없는 언어로 기도하는 모습은 기독교에 대한 좋은 인상을 주기보다는, '교회를 다니면 저렇게 되는구나' 하는 인상만 줄 뿐이다. 전도하기는커녕 오히려 구원받을 기회마저도 차단하는 결과를 초래한다.

방언으로 기도하는 본인에게는 방언 소리가 하나님께 드리는 아름다운 기도로 들릴 수 있으나, 그 방언을 전혀 이해하지 못하는 입장에서는 동물이 울부짖는 소리나 횡설수설하는 소리로 이해될 수 있다. 방언이 비록 성령의 은사이긴 하지만 교회에 덕이 되지 않고 주변 사람들에게 은혜가 되지 않을 경우에는 자제하는 것이 좋다. 방언을 받은 것이 너무 기쁘고 좋은 나머지, 교회나 사람들 앞에서 시도 때도 없이 방언을 하는 사람들이 있다. 하나님이 주신 은사를 사용할 때에는 교회와 주변 사람들에게 은혜가 되는지를 살펴 처신해야 한다.

방언은 개인적인 은사이므로, 방언을 하는 사람에게 유익한 것이지, 방언을 듣는 사람에게 유익한 것은 아니다. 교회에서 통성으로 방언 기도를 할 때도 마찬가지다. 개인에게는 은혜가 되나, 이 은사를 받지 않은 사람에게는 이상한 소리로 들려 오히려 방해가 될 수 있다. 그러므로 사람들이 모여 있는 곳에서는 사용함에 제한이 있을 수 있다: "만일 통역하는 자가 없거든 교회에서는 잠잠하고 자기와 및 하나님께 말할 것이요"(고전 14:28). 다른 사람들이 알아들을 수 있도록 방언 통역이 제공되는 장소에서는 방언을 해도 무방하다. 그러나 통역이 되지 않는 상황에서는 공적 모임에서 방언하는 것을 조심하고, 되도록 자제해야 한다. 방언 통역자가 없을 때는 사람들 앞에서 방언 기도보다는 한국말로 기도하는 것이 낫다.

만약 주일 예배에서 방언으로 설교를 한다고 가정해 보자. 방언 통역 은사를 받은 사람 이외에는 무슨 말을 하는지 알아듣지 못할 것이다. 그렇기 때문에 방언은 공적 예배 가운데 의사 교환용으로 사용할 수 없다: "교회에서 네가 남을 가르치기 위하여 깨달은 마음으로 다섯 마디 말을 하는 것이 일만 마디 방언으로 말하는 것보다 나으니라"(고전 14:19). 회중이 모였을 때에는 회중이 알아들을 수 있는 언어를 사용해야 한다. 비록 온 교회의 회중들이 다 방언의 은사를 받았다 하더라도 주일 정규 예배에서 공식적으로 방언으로 기도하는 것은 바람직하지 못하다고 생각한다. 만약 믿지 않는 자들이나 방언에 대해서 알지 못하는 사람들이 방문했을 때, 그 교회에 대해서 오해할 수 있기 때문이다.

교회에서 방언 기도를 하고 싶다면, 다른 사람에게 방해가 되지 않는 선에서 자기 귀에 들릴 정도로 하는 것이 좋으며, 교회의 공적 자리에서보다는 골방에서 혼자 하는 것이 좋다. 만약 온 교회가 방언에 대한 성경적 지식이 있고 방언의 은사를 받았다면, 주로 교인들만 참석하는 금요 철야 예배나 새벽 기도, 교구 모임, 은사자 모임 등에서 방언 기도를 하는 것에는 문제가 없다고 생각한다. 방언이 교회의 권위와 질서 속에서 행해진다면, 교인들이 한마음으로 함께 하나님께 드리는 기도와 찬송으로 사용할 수 있을 것이다.

2. 방언의 은사도 교회의 덕을 세운다

방언은 주로 개인적 은사이기는 하지만, 방언의 은사를 받은 사람의 개인적 유익을 위한 것만은 아니다. 이전에 갈팡질팡한 신앙생활을 했던 사람이 방언의 은사를 받은 후 적극적으로 신앙생활하는 모습을 보여 준다면 주변 사람들에게 큰 도전과 감동을 줄 수 있다. 방언을 받은 후에는 하나님의 은혜에 진심으로 감사하고, 기도와 성경공부에 열심이고, 전도하며 교회를 위해서 더 봉사하는 것이 성령의 은사를 주신 하나님의 뜻이다. 실제로 방언의 은사를 체험한 신자들이 기도, 말씀, 전도, 봉사에 더욱더 열심을 낸다는 통계가 있다. 간혹 방언으로 기도하는 것이 주변 사람들에게 간접적으로 영향을 끼칠 수 있으며, 방언의 은사를 받지 못한 다른 성도들에게 긍정적인 자극과 도전을 줄 수도 있다. 이처럼 방언을 체험한 개인의 신앙이 성장하면서 교회 성장에도 기여한다면, 방언의 목적이 꼭 개인의 유익을 위해서만 있는 것이 아니라는 것을 알 수 있다.

교회 내에 방언 통역을 하는 사람이 있을 경우, 질서와 순서에 따라서 방언 통변을 받으면 다른 교인들과 교회의 덕을 세울 수 있다. 누군가로부터 방언 통변을 받으면 방언을 말하는 자는 영혼의 기도 내용을 알게 되어서 유익하고, 주변 사람들도 방언의 내용을 한국말로 알아들을 수 있어서 서로에게 유익이 된다(고전 14:26~27). 이로 미루어 볼 때, 방언은 주로 개인의 영적 성장을 위해서 존재하기도 하지만, 교회 전체의 유익을 위해서 봉사할 수 있는 공적 은사로도 해석할 수 있을 것이다.

성령 세례 받으면 방언하나요?

방언 내용은 영적 상태의 지표이다

한번은 이제 갓 예수님을 영접하고 방언의 은사를 받은 사람이 방언 통역하는 것을 들은 적이 있다. 방언 통역자는 잠시 동안 듣고만 있다가 '응애'라고만 통역해 주었다. 이는 마치 아기가 엄마 뱃속에서 태어나는 과정과 동일했다. 갓 태어난 아기가 말은 하지 못하고 울음으로 자신의 탄생을 알리듯이, 이 초신자의 경우에도 이제 막 믿음 생활을 시작한지라, 그 영적 상태가 하나님 안에서 갓 태어난 아기였던 것이다. 방언은 영혼이 기도하는 것이므로 이제 막 주님 안에서 태어난 그 영혼의 경우 애기 울음소리 외에는 낼 수가 없었던 것이다.

이제 갓 예수 그리스도를 구주로 영접하고 신앙생활을 시작한 사람에게 대표 기도를 시켜 보면 어떻게 기도해야 할지 몰라서 당황해한다. 그러나 신앙이 성장함에 따라 점차 기도도 늘어 간다. 그리고 처음에는 자신만을 위해서 기도하다가, 점차 가족을 위해서, 주변 사람들을 위해서, 교회를 위해서, 결국은 선교사와 세계 선교를 위해서 기도하게 된다. 방언도 신앙의 정도에 따라서 그 내용이 다르다. 방언 통역 내용을 분석해 보면, 신앙의 경륜에 따라서 방언의 내용도 달라지는 것을 볼 수 있다.

　한 대학생이 전도를 받아 교회에 출석하고 기도하는 가운데 방언의 은사를 받았다. 그러나 믿음의 뿌리가 약한지라 그만 세상의 유혹과 쾌락에 빠져서 한동안 교회를 나오지 않았다. 그는 몇 개월 만에 처음으로 교회를 나왔고, 마침 공교롭게도 예배 후 방언 통변의 시간이 있었다. 다행스럽게도 이 대학생은 성령 세례의 체험이 있고 방언의 은사를 받은 터라 방언 통역을 받게 되었다. 그는 겉으로 보기에는 몸도 좋아 보였고 마음도 편해 보였다. 그런데 방언 통역을 시작하자마자 미소를 짓던 그의 얼굴과는 전혀 다른 내용이 나왔다. 그 영혼은 통곡을 하고 있었다. '하나님 아버지, 제 영혼이 말씀이 없어서 죽어 가고 있습니다. 아버지, 제 영혼이 말라 죽어 갑니다' 라는 내용만 반복해서 나왔다. 몇 개월 동안 교회에 나오지 않으며 하나님으로부터 동떨어져 있는 동안 영혼은 말씀을 들을 기회도, 읽을 기회도 없음으로 서서히 메말라 가고 있었던 것이다. 방언은 영혼의 기도이기에, 그 사람의 영적 상태가 고스란히 방언을 통해 나오게 된다. 그래서 방언 내용을 듣고 분석해 보면, 그 신자의 영적 상태를 진단해 볼 수 있다.

방언에 대한 오해 및 주의점

한번은 마늘의 효능에 대한 책을 읽은 적이 있다. 이전부터 마늘이 몸에 좋다는 사실을 상식처럼 알고는 있었지만, 마늘 속에 들어 있는 성분들이 어떻게 몸에 좋은지에 대한 과학적인 사실을 알고 나니 마늘을 꾸준히 복용해야겠다는 생각이 들었다. 마늘에 들어 있는 알리신이란 성분은 콜레스테롤 분해를 도와주고 인슐린 분비를 촉진시켜 준다고 한다. 또한 항암력이 뛰어나 암을 예방해 주고 스태미나를 키워 준다고 한다. 그러나 마늘이 몸에 좋다고 해서 밥 대신 마늘을 먹고, 물 대신 마늘 즙을 내어서 마실 수는 없는 노릇이다. 아무리 좋은 것도 도가 지나치면 해가 된다. 적절한 표현일지 모르겠지만, 방언도 마늘처럼 사용해야 한다고 생각한다. 마늘이 좋은 식품 중의 하나이듯이, 방언도 신앙생활의 요소들 중 하나이다. 방언에 좋은 유익이 있지만, 이것을 너무 절대시하여 모든 신앙생활의 중심에 놓는 것은 무리라고 생각된다. 또한 좋은 것일수록 조심하고 주의해서 사용해야 한다.

고린도전서 11장은 성만찬의 주의사항에 대해서 다루고 있다. 성찬식에 참여하는 사람은 자신을 살펴보아야 하는데, 우선 충분한 회개를 해야 한다. 회개 없이 성찬에 참여하면 자신의 죄를 마시는 결과를 가져온다. 고린도교회의 성만찬 시 포도주를 지나치게 많이 마셔서 취하는 사건이 발생했다. 성만찬은 예수님께서 교회 안에 명하신 성례전으로 반드시 실시해야 한다. 하나님께서 교회에 명하신 성만찬에 문제가 있다고 해서 이를 제지하거나 폐기처분시킬 수는 없다. 문제가 발생하면 해결점 내지는 개선점을 찾으면 된다. 그래서 바울은 성찬식에서 적당히 마실 것을 권면하고 있다. 그는 교인들에게 올바른 성찬식 참여에 대해서 가르쳐 준 것이다.

고린도전서 14장에서는 방언이 잘못된 방법 또는 목적을 가지고 사용되고 있음을 지적한다. 바울은 방언 오용의 위험성을 꼬집고 방언의 바른 사용에 관해 설명하고 있다. 수많은 은사들 가운데 방언에 대한 지나친 강조나 방언에 대한 완전한 무시의 두 태도는 모두 문제가 될 수 있다. 우리가 주의를 기울여야 할 것은 적당하고 올바른 사용이다. 방언이 교회에서 잘못 사용되는 일이 없도록 주의해야 할 것이다.

1. 극단적 감정주의를 조심해야 한다

방언을 부정적으로 해석하거나 비판하는 사람들이 방언의 문제점에 대해서 주로 지적하는 것은 극단적 감정주의이다. 방언에 대한 가장 보편적인 오해는 방언을 받고 기도하면 극도의 불안정한 감정 상태에 이르거나 혹은 황홀경에 빠질 수 있다는 것이다.

방언을 하면서 비이성적 존재로 돌변해 마치 미치광이같이 이상한 행동을 하고 성경에도 없는 신비주의에 빠질 수 있다고 생각한다. 방언이란 현상이 교회 내에 광기를 불러일으키는 게 아닌지 두려워하거나 의심하는 그리스도인들도 있다. 마약 상습자가 극도의 쾌락에 빠져 정신을 잃거나 무당들이 신들림 상태에서 환상이나 환청을 경험하듯이, 방언하는 사람들도 그와 유사한 경험을 한다고 해석한다. 방언을 처음 목격한 사람들은 충분히 그렇게 해석할 수 있다고 생각한다.

나의 경우, 방언이 무엇인지도 모르는 상태에서 방언을 받았다. 하나님을 만나기 위해 열심히 기도하던 중, 내 의지와는 관계없이 갑자기 혀가 꼬이면서 알 수 없는 이상한 소리가 쏟아져 나왔다. 무엇을 보거나 들은 것도 없었기에 생각이나 감정 등에 눈에 띨 만한 변화도 없었다. 한국말로 기도해야 하는데 자꾸 이상한 소리만 나와서 약간 혼동을 느끼기는 했지만 아무런 변화도 없었다. 나중에 내가 기도하는 것을 들은 한 사람이 내가 방언을 한다고 알려 주어서 겨우 방언을 한다는 사실을 알게 되었다. 그 경험이 너무도 싱거워(?) 적잖은 실망까지 했다.

나는 성경을 너무도 몰랐기 때문에, 성령 세례를 받는다는 것을 하나님께서 내게로 진격해 오시는 것으로 생각했다. 성령께서 나에게 오실 때는 나의 영적인 눈이 열려서 영적 세계를 보게 되며, 이때 하늘 문이 열리고 예수님께서 천사들의 호위를 받으면서 내게로 직접 내려와 안수할 때에 성령을 받는다는 거룩한 착각(?)

까지 했었다. 그러나 성령 세례를 받고 방언을 받았음에도 불구하고 나에게는 특별한 아무런 일도 일어나지 않았다. 현재에도 방언으로 기도하고 싶을 때는 한국말로 기도하는 것과 똑같이 입을 열고 방언으로 기도한다. 그러나 한국말로 기도할 때나 방언으로 기도할 때, 특별한 이성적 또는 감정적인 차이를 느끼지 못한다. 한국말로 기도할 때 간혹 성령의 감동에 의해서 회개하면서 울기도 하듯, 방언 기도를 하면서도 간혹 감정적 변화를 일으켜 울면서 회개하기도 한다.

방언의 은사를 받을 때 일어나는 반응은 각 사람의 성격과 인격에 따라 매우 다양하다. 그리고 우리가 한국말로 기도할 때와 전혀 다르지 않다. 한국말로 기도할 때 쉽게 흥분하는 사람은 방언으로 기도해도 비슷한 반응을 보인다. 그러기에 사람에 따라 감정적 흥분 상태를 동반하기도 하고 그렇지 않은 경우도 있다. 사도행전 2장의 오순절 사건을 보면, 방언 기도를 하고 있는 제자들의 모습을 보고 주변 사람들이 대낮부터 술이 취했다고 비난했다. 제자들은 흥분했고 소리를 지르며 들떠 있었다. 이는 제자들의 방언하는 모습이 술 취한 사람들이 하는 행동과 별다른 차이가 없었음을 보여 주고 있다.

나는 감정적 표현을 그렇게 비판적으로만 볼 필요는 없다고 생각한다. 사람은 이성, 감정, 의지가 있는 존재로 이 모든 요소가 복합적으로 반응한다. 간혹 지나치게 이성적이고 원칙적인 사람을 메마른 사람이라고 평가하기도 한다. 코미디 드라마나 영화를 보면서 많은 사람들이 신나게 웃는다면 우리는 이를 성공적이라고 생각한다. 비극적 영화를 보면서 관중들이 운다면 감동적인 영화라고 극찬을 한다. 작년에 사망한 마이클 잭슨의 경우, 그가 공연하는 곳에서 수많은 사람들이 온몸을 떨면서 열광하고 울기도 하며 심지어는 기절까지 해 응급차에 실려 가는 것을 본 적이 있다. 그렇다고 해서 이 콘서트를 지나친 감정주의에 매몰되었다느니 샤머니즘적이라고 비난하는 기사를 본 적은 없다. 오히려 20세기 최대의 공연 중 하나였다고 평가한다. 훌륭한 운동 경기를 보면서 소리를 지르며 흥분의 도가니에 빠진다면 훌륭한 경기라고 칭송한다.

그런데 교회만이 이러한 감정적 표현을 비난하고 있다. 하나님의 말씀이 강력하게 선포되는 곳에서 사람들이 성령을 받고 방언을 하면서 춤을 추고 박수를 치는 현상을 감정주의 내지는 샤머니즘적이라고 비난한다.[68] 그렇다면 은혜를 충만히 받고 있는데 조용히 가만있는 것이 더 정상적인 것일까? 한국 교회에서 이성적 반응은 존중되는 데 반해 감정적 반응은 무식한 사람들의 신앙 형태로 해석하는 이중 잣대는 문제가 있다고 생각한다.

감정적 열정주의는 부흥 운동에서 자주 나타난다. 미국의 부흥 운동에서도 열정적 감정의 표현들이 나타났다. 1801년 켄터키에서 열린 케인 리지 캠프 모임에는 만 명 이상이 모였는데, 사람들

---

[68] Nicky Gumbel, Alpha, 146. Boo-Woong Yoo, Korean Pentecostalism.

이 고함을 지르고 바닥에 넘어지고 개와 같이 짖고 황홀경에 빠져서 뒤로 넘어가며 웃음이 터져 나오는 현상이 보고되고 있다. 그들이 고함을 지르며 기도하는 동안 방언이 터져 나오기도 했다.[69] 한국 교회의 경우, 1907년 평양 대 부흥 운동에서 비슷한 현상이 나타났다. 미국 장로교 이길함 선교사의 '함께 소리 내어 기도하자' 는 요구에 장대현교회에 모였던 사람들은 미친 듯이 기도하기 시작했다. 죄에 대한 깊은 인식으로 온몸을 부들부들 떨기도 하고, 경련을 일으키며, 신음 소리와 비명을 지르면서 울부짖고, 박수를 치면서 손을 열광적으로 흔들기도 했다. 어떤 사람은 기절했으며, 어떤 사람은 바닥을 뒹굴거나 손이나 머리로 바닥을 치는 등의 행동이 나타났다.[70] 이 부흥 운동에서는 성령 세례나 방언이 터졌다는 기록은 찾아볼 수 없다. 그러나 일반 통성기도 중에도 이렇듯 감정적 표현들이 나타났다. 특히 성령께서 강하게 임재하면서 회개 운동이 일어날 때 이런 극도의 감정적 현상들이 나타날 수 있다. 그러니 감정적·열광적 현상이 성령 세례 및 방언이 터질 때에만 나타난다는 것은 오해이다.

방언을 인정하는 대부분의 교인들이나 교회에서는 메마른 교리주의와 통제되지 않는 열정주의를 동시에 경계한다. 방언을 말하는 사람은 자신의 감정이나 이성을 통제할 수 있고 한국말로 기

---

69) Paul Conkin, CaneRidge: America's Pentecost (Madison, WI, 1989), 55~63.
70) William Blair & Bruce Hunt, The Korean Pentecost&Sufferings Which Followed (Carlisle, PA: The Banner of Truth Trust, 1977), 72~4.

도할 때와 비슷한 정도의 감정적 표현을 나타낸다. 그러하기에 방언으로 기도하는 사람이 한국말로 기도하는 사람들보다 통제 불가능한 극도의 황홀경에 빠진다든가 감정적으로 격해진다고 해석하는 것은 오해이다. 물론 방언을 하는 사람들은 방언이 지나친 감정주의 내지는 신비주의로 변질되는 것에 대해서는 조심해야 한다.

2. 사랑에 기초해야 한다

사랑이야말로 모든 성령의 은사들과 열매 중 가장 위대하고 귀한 은사로, 모든 은사를 받고 사용함에 기본적인 동기가 되어야 한다. 성령께서는 우리에 대한 예수 그리스도의 사랑을 좀 더 효과적이고 구체적으로 보여 주기 위해서 성령의 은사들을 부어 주신다. 그러므로 우리는 사랑에 기초해 신령한 영적 은사들을 사모해야 한다. 성령의 은사는 교회의 덕을 세우고 서로를 유익하게 하기 위해 주어졌다. 은사는 교회를 지탱하고 부흥시키기 위해서 존재하는 것이다. 만약 우리가 주님에 대한 사랑, 교회에 대한 사랑, 영혼에 대한 사랑에 기초하지 않고 이 은사들을 개인의 덕을 위해서 오용한다면, 오히려 은사들이 교회의 질서를 깨뜨리고 교회 화합에 걸림돌이 될 수 있다. 만약 영혼에 대한 사랑이 없이 개인의 사사로운 목적을 위해서 은사가 남용된다면 차라리 사용을 자제시키는 것이 낫다. 사랑에 근거하지 않는 은사는 무용지물이다. 그래서 사도 바울은 은사들을 구하되 "사랑을 따라 구하라"

(고전 14:1)고 충고하고 있다.

고린도교회는 각종 영적인 은사로 충만한 교회였다. 그러나 서로를 사랑하고 존중하지 못하고, 자신이 받은 은사만이 최고라며 다른 은사를 가진 자나 은사가 없는 사람들을 얕보고 멸시했다. 만약 고린도교회에 사랑이 넘치고 있었다면, 바울이 고린도전서 13장을 쓸 필요가 없었을 것이다. 바울은 사랑에 기초하지 않은 하나님의 은사에 대하여 경고하고 있다(13:1). 사랑이 없는 상태에서 아무리 방언으로 많이 기도한다 할지라도 이는 아무것도 아니며 소음에 불과하다. 방언의 은사를 받았다 하더라도 다른 사람들을 무시하거나 사랑의 행동을 하지 못한다면, 이는 무용지물에 불과할 것이다. 모든 하나님의 은사는 좋은 것이기에 은사를 받은 사람은 이 은사를 자신의 영적인 유익뿐 아니라 교회와 주변 사람들을 사랑하고 돕는 용도로 사용해야 한다.[71]

사랑이 중요한 은사라고 해서 사랑만 강조하고 아예 다른 은사들을 무시하고 쓸데없다고 주장하는 것도 문제가 된다. 바울은 사랑이 방언보다 절대적으로 우선시 되어야 한다는 사실을 강조하지만 그렇다고 해서 사랑만 강조하고 방언을 무시하라고 가르치지는 않는다: "사랑을 따라 구하라 신령한 것을 사모하되"(고전 14:1). 성령의 은사들이 사랑보다 더 격이 낮은 대체물은 아니다. 성령의 은사들도 사랑만큼 중요하다. 그러기에 영적 은사는 완전

---

[71] Donald W. Burdick, Tongues, 52.

히 무시하고 사랑만을 간구해서는 안 된다. 영적 은사를 구하되 사랑에 기반이 되는 것이 가장 이상적인 은사의 사용법이다.

3. '할렐루야' 따라 하기는 비성경적이다

간혹 방언의 은사를 받기 위해서 기도하다가 방언이 나오지 않을 때 '할렐루야'를 따라 하면 방언이 터진다고 가르치는 경우가 있다. 따라서 해 보라며 직접 시범을 보이기도 한다. '할렐루야'를 혀를 감아서 빠르게 몇 십 번 반복하다 보면 방언을 할 수 있다고 가르친다. 혹자는 입과 혀에 힘을 뺀 상태에서 무슨 말을 의식적으로 하려고 하지 말고 그냥 아무 소리나 내어 보라고 지시하기도 한다. 일정 시간이 지나면 혀가 풀리기 시작하고 알아듣지 못하는 소리를 낼 수 있다고 가르친다. 혹자는 방언을 직접 시연해 보이면서 자신을 따라서 소리를 내다 보면 방언을 습득하게 된다고 가르친다.

그러나 성경 그 어디를 보더라도 성령 세례가 내리면서 방언이 터져 나왔지, 다른 사람의 방언을 따라 하거나 '할렐루야'를 반복해서 방언을 받았다는 기록은 없다. 나는 그 어떤 인간적인 방법에 의해서 방언하는 방법을 제시하거나 이를 배워서 하는 학습 행위에 대해 반대한다. 방언을 받기 위해 훈련을 하거나 연습하는 것 자체가 바람직하지 않다고 생각한다. 간혹 '할렐루야'를 따라서 하거나 방언 세미나에 참석해서 교육을 받다가 방언을 따라 하는 중에 받았다고 좋아하는 사람들을 본 적이 있다. 그러나 얼마 후, 그들은 자신이 하고 있는 방언이 가짜가 아닌지를 의심하고 고민하다가 결국은 방언을 중단하게 되었다. 이처럼 행위적인 학습이나 모방에 의해서 하는 방언은 가짜 방언으로, 모든 사람들에게 무익하다.

우리는 새신자에게 믿음과 새생명을 얻는 방법 등에 대해서 가르치고 충고해 줄 수 있다. 그러나 성령 세례 및 방언은 가르친다고 해서 되는 것이 아니다. 오직 예수 그리스도를 믿고 영접한 후 믿음으로 기도할 때 성령 세례와 방언을 받을 수 있다. 성령 세례를 통해 하나님의 성령이 우리 영혼에 임하신 후, 그 증거로 영혼의 입을 열어 주셔야지 할 수 있는 것이 방언이다. 오직 하나님만이 기도와 찬양의 언어인 방언을 주시고 그 소리를 빚어 주신다. 그러므로 성령 세례를 받지 않고 '할렐루야' 따라 하기로 방언을 하는 것은 큰 문제가 된다. 자신이 성령 세례를 받았는지 아닌지도 모르는 상태에서 무조건 '할렐루야'를 따라 하게 하거나 다른 인간적인 방법을 통해서 방언하는 행위는 조심해야 한다. 성령이 말하게 하심을 따라 방언하는 것은 학습된 반응이 아니며, 또한 연습이나 노력으로 습득되는 것이 아니다.

가장 좋은 것은 간절히 사모하면서 성령 세례와 방언의 은사를 받기 위해서 기도하는 가운데 자신이 아닌 성령께서 강력히 혀를 붙잡으심을 느끼면서 갑자기 터져 나오는 방언이다. 물론 성령 세례를 확실히 받고 방언의 은사를 받았음에도 방언이 잘 터지지 않는 경우도 있다. 이때는 턱과 혀에 힘을 빼고 나오는 소리를 제한

하려 하지 말라고 충고해 줄 수 있다.

4. 은사로 사람을 차별하면 안 된다

간혹 기도원이나 다른 교회의 부흥회에 참석해서 방언의 은사를 받은 후 본 교회로 돌아와 방언을 하지 못하는 담임목사나 장로, 기타 교인들을 무시하고 업신여기는 경우가 있다. 이들은 교회의 질서를 어지럽히며, 교역자들에게 순종하기보다 오히려 가르치려 들기도 한다. 더 나아가 방언을 체험하지 못한 사람은 아직 거듭나지 않은 사람으로 의심하기도 한다. 교회 내에 분파를 조성해 방언을 옹호하는 파와 반대하는 파로 나누어 서로를 비난하고 공격하는 경우도 있다. 심지어는 담임목사가 방언 기도를 하지 못한다고 무시하고, 담임목사가 방언을 인정하지 않을 경우 사람들을 선동해서 바로 옆 동네에 새로운 교회를 개척하는 경우도 있다.

고린도교회가 그러했다. 이 교회 교인들은 신령한 은사들을 많이 가지고 있었던 반면에 이로 인해 많은 혼란을 경험했다. 심지어는 은사 자체도 차별을 해서 은사의 조화를 이루지 못하고 어느 특정 은사가 낫다고 강조했다. 서로를 섬기라고 주신 은사의 본질을 망각하고 각 은사에 대한 우열 논쟁을 일으켰다. 특히 방언의 은사를 다른 은사들보다 지나치게 강조하고 높이면서 이를 받았다고 자랑하고 과시하는 데 급급했다. 방언의 은사를 받은 자들이 하나님과 소위 직통계시를 받는다는 영적 우월감 내지는 교만함으로 방언을 경험하지 못한 자들을 영적 세계에 대해서 잘 알지 못하는 한 단계 낮은 신앙인으로 업신여겨졌다.[72] 자신의 영적 성결과 덕을 과시하기 위해서 여러 사람이 모여 공동 예배를 드릴 때에도 방언으로 기도하는 자들이 있었다. 이렇게 되자 방언에 대해서 이해하지 못하거나 그 은사를 받지 못한 사람들과 오해와 분쟁이 생겨났다.

그러나 성령 세례나 방언은 우리가 하나님이 요구하시는 어느 정도의 거룩이나 영성에 도달했기 때문에 주시는 것이 아니다. 구원과 마찬가지로, 하나님께서는 받을 자격이 없는 자들에게도 성령을 통하여 은혜와 은사를 값없이 나누어 주신다. 방언도 신자들의 믿음의 상태나 행위를 보고 주시는 것이 아니다. 때로는 신앙의 기초도 잘 모르고 방언의 존재와 중요성도 모르는 나 같은 사람에게도 하나님의 은혜를 체험하도록 주시기도 한다. 반면 상당한 믿음의 경지에 올랐던 장로교의 창시자인 칼빈이나 감리교의 창시자인 웨슬리(John Wesley)가 방언을 했다는 기록은 없다. 방언을 주고 주지 않고는 오직 하나님의 주권에 달린 것이지, 그 사람의 신앙 성숙도와는 전혀 관계가 없다. 따라서 방언을 하면 우등한 그리스도인, 방언을 못하면 열등한 그리스도인으로 분류하는 것 자체가 신앙에 등급을 매기는 위험한 발상이 아닐 수 없다. 그러므로 방언을 한다고 어깨에 힘줄 것도 없고, 방언을 하지 못한

---

72) Donald W. Burdick, Tongues, 45~7.

다고 해서 기죽을 하등의 이유도 없다. 우리는 자칫 하나님께서 선물로 주신 것을 자신의 공로로 이해해서 교만해질 수 있다.

우리는 한 성령으로 세례를 받아 한 몸이 되었고 한 성령을 마신다(고전 12:12~13). 그러므로 성령의 은사들 중 하나라도 소홀히 여겨서는 안 된다. 모든 은사는 동등하게 취급되어야 한다. 성령의 은사들 가운데 등급을 매기는 것도 문제가 있다. '이 은사는 저 은사보다 더 중요하다'라는 생각은 잘못된 것이다. 은사는 한 성령으로부터 오는 선물이기에 그리스도 안에서 일류 은사, 이류 은사로 구분할 수 없다. 은사들의 관계에서 등급이 있는 것이 아니기 때문에, 고급 은사, 중급 은사, 저급 은사로 나눌 수 없다.[73] 모든 성령의 은사들은 동급이다. 방언을 비롯하여 다른 모든 은사들도 존중되어야 한다. 고린도교회에서는 방언을 우등 은사 중 하나로 해석하고 다른 은사자들을 멸시했다. 그러나 방언은 은사들 중 중심적인 것이 아닌, 많은 은사 중 하나에 불과하다. 방언의 은사를 받았다고 다른 은사들을 무시하며 영적 우월감을 가져서는 안 된다.

그렇다고 해서 방언을 최저 은사로 생각하는 것도 문제이다. 혹자는 "은사 중 가장 중요한 은사는 지혜의 말씀이고 맨 나중에 오는 방언은 그 가치가 낮다"라고 주장한다.[74] 그래서 방언을 다른 은사들과 비교해 열등한 은사로 취급하기도 한다. 방언은 가치

---

73) Nicky Gumbel, Alpha, 137.
74) 옥성호, 방언, 정말 하늘의 언어인가?, 126.

가 낮기 때문에 아무 소용이 없다는 주장은 매우 위험한 발상이다. 교회 내에서 방언의 은사 하나를 가지고 그 사람의 신앙생활 전체를 평가하고 차별해서는 안 된다.

은사로 인해 교회에 분란이 일어난다는 것은 이 은사를 잘못 이해한 결과이다. 성령께서는 교회에 질서를 부여하시고 서로 하나 되게 하신다.[75] 다양한 영적 은사들은 하나님의 몸인 교회 전체의 화합을 위해서 주어진 것이지, 분열을 위해서 주어진 것이 아니다. 은사의 유무와 관계없이, 은사 사이의 차등이 없이 교회의 각 멤버들이 서로를 존중하고 의지해야 한다. 은사에 대한 무지로 교회를 혼란에 빠뜨리고 교회 내에 분란을 일으키는 것은 사탄의 교란 작전임을 깨달아야 한다. 성령의 은사는 교회 전체의 덕을 위해서 존재하는 것이다. 은사를 받은 자는 받은 은사로 교회와 이웃을 위해서 봉사해야 하며, 나보다 남을 낮게 여길 줄 알아야 한다.

5. 방언을 강요하지 말자

간혹 세례나 성찬식에 대한 준비가 제대로 되어 있지 않음에도 불구하고 은근히 분위기로 사람을 강요할 때가 있다. 나는 대학 시절 선배에 의해 반 강제(?)에 가까운 전도로 교회에 끌려갔다. 예배 후 세례 받을 사람들을 초청하여 앞으로 불러내는 시간이 있

---

75) Norma Dearing, The Healing Touch, 51.

었다. 나를 데려간 선배가 많은 사람들 앞에서, "얘, 아직 세례 안 받았대요" 하며 나를 가리키는 바람에 아직 예수님에 대해서 모르는 상황임에도 불구하고 끌려 나가 세례를 받게 되었다. 나중에 예수님을 체험하고 회심의 경험을 한 후 세례를 받아야겠다는 생각에 목사님께 가서 상담을 받았더니, 세례는 평생에 한 번만 받는 것이기 때문에 두 번의 세례는 줄 수 없다고 하셨다. 제대로 준비되어 믿는 상태에서 세례를 받았어야 했는데 하는 후회가 천추의 한(?)으로 남아 있다. 이렇듯 세례, 성찬식, 방언 등을 분위기에 의해 은근히 강요하는 것은 바람직하지 못하다고 생각한다.

방언 등의 은사도 지나치게 강조하면서 강요하거나 부담감을 주어서는 안 된다. 하나님의 진리를 가르치고 주장해야 하지만, 인간적인 부담감 때문이 아닌 자신이 준비되어 있고 원해서 나갈 때에야 비로소 성령의 감동을 받을 수 있다. 교인들에게 방언에 대해 강요하거나 지나친 부담감을 주어서는 안 된다. 부담감을 주게 되면 억지로라도 꾸며서 가짜 방언이라도 하려고 애쓰게 될 것이다.

6. 더 큰 자극을 구하지 말자

사람의 성격과 생각에 따라서 차이가 있긴 하지만, 방언을 처음 경험한 사람들은 대개 이 은사로 인해 충만한 기쁨과 은혜를 경험하기도 한다. 방언을 처음 받게 되면 받은 감격으로 인해 신기해하고 흥분하며 기뻐하게 된다. 그러나 시간이 지날수록 점점

담담해지면서 방언 경험에 대한 감격, 기쁨, 열정이 시들해져 간다. 기쁨이 점점 사라지는 것이 신앙적으로 무엇인가를 잃어 가는 것을 의미하지는 않는다. 그러나 많은 사람들은 문제의식을 느끼게 되는데, 이때 두 가지 극단적인 반응을 보일 수 있다. 하나는 방언 기도를 통한 더 이상의 기쁨도 없고 그 의미를 알 수도 없기 때문에 중단하는 것이다: "방언이 더 이상 지속적인 감동을 주지 않아서 방언 기도를 그만 하려고 해요." 이는 잘못된 태도이다. 하나님께서 방언의 은사를 주신 것은 우리의 평생 동안 그를 찬양하고 기도하라는 데 그 목적이 있다. 하나님의 말씀을 붙들어야지, 자신의 감정을 의지해서 신앙생활해서는 안 된다.

또 다른 반응은 더 큰 영적 자극을 구하는 방향으로 나아가는 것이다. 구원에 대한 체험을 제1의 축복이라 한다면, 성령 세례를 통한 체험을 제2의 축복이라고 구분할 수 있다. 그런데 혹자는 더 큰 영적 자극을 추구하면서 제3의 축복 내지는 제4의 축복을 주장하기도 한다. 어떤 이는 한 손에 연필을 잡고 성령에 의지해서 손이 가는 대로 낙서와 같은 글씨를 쓰고 이를 읽으면서 해석한다. 어떤 경우에는 찬양하는 형태로 방언이 터져 나와 음정을 가진 방언으로 노래하기도 한다.

성령 운동하는 사람들 가운데 계속적으로 성령 체험이나 신비 체험, 기적만을 추구하는 자들이 있다. 예수 그리스도를 단순한 신앙 체험으로 격하시키면서 환상, 환청, 방언, 예언, 복, 병 낫는 것만을 강조하고 거기에 몰두한다. 이런 자들은 큰 영적 유혹에 빠질 가능성이 높다. 우리는 지나친 경험지상주의 혹은 은사중심주의를 경계해야 한다. 개인적 영성과 신비적 체험에만 몰두해서 성경공부나 기도, 교회 봉사 등을 소홀히 하고 말씀을 떠난 경험지상주의를 조심해야 한다. 성경을 제쳐두고 감정 이입에만 몰두하다가 무당이 된 그리스도인도 있다. 절대로 신비 경험이 말씀을 압도해서는 안 된다.[76]

7. 받은 방언을 의심하지 말자

간혹 부흥회나 기도원에 가서 열광적인 분위기 속에서 방언의 은사를 받고 나서 집으로 돌아와 자신이 받은 방언이 가짜가 아닌지 의심하는 경우가 있다. 방언을 하면서도 자꾸 의심이 나서 자신이 지금 하고 있는 방언이 스스로 작위적으로 소리를 내고 있는 것은 아닌지 궁금해 한다. '내가 받은 것이 진짜 방언인가?', '다른 사람들이 하고 있는 것과 다른데?' 등의 의심을 하게 된다. 이런 반응은 자연스러운 것이다.

마귀는 사람에게 의심을 심어 준다. 하나님의 말씀을 의심하게 만들고 성령께서 주신 은사도 의심하게 만든다. 그래서 결국은 받은 은사를 부정하게 만들고 방언을 그만두게 한다. 그러나 하나님께 진정으로 구한 것이 맞다면, 그 방언은 진짜이다: "너희가 악한 자라도 좋은 것으로 자식에게 줄줄 알거든 하물며 하늘에

---

76) Donald W. Burdick, Tongues, 84.

계신 너희 아버지께서 구하는 자에게 좋은 것으로 주시지 않겠느냐"(마 7:11). 그래도 의심이 들 경우에는, 이 방언이 맞는 방언인지 아닌지를 확증해 달라고 기도한다. 혹은 방언 통역자를 찾아가 방언 통역을 받아 보는 것도 하나의 방법이라고 생각한다.

8. 지속적으로 해야 한다

운동은 몸에 좋다. 그렇다고 해서 하루 종일 열심히 운동을 하고 난 후 당장 몸에 아무런 변화가 없다고 그만두어서는 운동의 진정한 효과를 볼 수 없다. 운동은 꾸준히 해야 그 효과를 볼 수 있다. 방언도 마찬가지다. 방언을 처음 받았을 땐 주님의 은혜를 입었다는 사실에 감격하고 열심히 하게 된다. 그런데 시간이 지날수록 계속해도 아무런 유익이 없는 것 같고, 그저 의미 없는 단조로운 소리만 내는 것이 무슨 의미가 있을까 하는 생각에 회의가 들기 시작한다. 그러다 보면 결국 방언에 큰 의미를 가지지 못하게 되고 중도에서 그만두게 된다. 성령의 극적인 임재하심 가운데 방언을 받은 이들 중에 무슨 말을 하는 것인지 몰라 방언하는 것을 잊어버렸다는 이들도 많다.

대부분의 사람들이 방언 기도를 지속하지 않는 이유는 당장 방언의 유익을 경험하지 못했거나, 경험하면서도 이것이 방언으로 인해서 오는 유익이라는 사실을 모르기 때문이다. 이러한 오해 때문에 과거에 방언을 체험했음에도 불구하고 현재 하지 않거나 결국 못하는 사람들을 많이 보게 된다. 성령의 은사도 계속해서 사용하지 않으면 도태된다.

그러나 성령의 은사를 받은 경우, 자신이 받은 은사가 얼마나 큰 영광인지를 알아야 한다. 성령 세례와 은사는 하나님께서 우리의 믿음을 인정해 주신 증표로 선물로 주신 것이다. 성경은 "성령을 소멸하지 말라"고 강조한다(살전 5:19). 비록 방언 기도를 하는 가운데 당장 큰 유익이 느껴지지 않는다 할지라도 지속적으로 계속하다 보면 영적 건강에 큰 도움이 된다. 무엇보다도 하나님께서는 아무 쓸모없는 은사를 그의 자녀들에게 선물로 주시지는 않는다. 하나님께서 계속 방언을 주시는 한, 방언을 중단할 아무런 이유가 없다. 성경에는 방언에 대한 주의 사항은 있지만 하나님께서 방언 자체를 금하는 말씀을 하신 적은 없다. 오히려 영으로 계속 기도하라고 말씀하신다. 방언으로 오랫동안 정기적으로 기도할 때 영적 생활이 윤택해지고 신앙의 성숙에 이를 수 있다. 결국 영혼이 힘을 얻는 것을 느끼게 되고, 기쁨, 평안, 치유를 경험하게 될 것이며, 성령의 인도하심을 받게 될 것이다. 사용하면 할수록 더 깊어지고 강해지는 것이 하나님의 은사이다.

유명한 요리사가 칼을 잡으면 맛있고 훌륭한 음식이 나온다. 그런데 살인마가 그 칼을 잡으면 사람을 해치는 흉기가 된다. 칼에 대한 오용이 있다고 해서 이 세상에서 칼을 영구히 없애자고 주장하는 사람은 없다. 항상 올바른 사용이 중요하다. 방언에 대한 주의점도 마찬가지다. 하나님께서 허락하신 성령의 은사인 방언 자체에는 많은 영적인 유익들이 있다. 물론 방언 사용으로 인한 문제점도 있다. 그러나 문제점이 있기 때문에 사용해서는 안 된다고 주장하기보다는, 성도들에게 올바른 사용법과 주의점에 대해서 가르치는 것이 급선무이다. 교회 내에서 방언 사용에 대한 오용을 지적하고 주의하여 방언을 지혜롭게 사용해서 교회의 덕과 질서를 세워야 할 것이다.

방언에 대한 기타 질문들

1. "방언을 받아야 구원받는 건가요?"

어떤 사람은 방언을 지나치게 강조하다가 극단적인 주장을 하기도 한다. 심지어는 방언을 구원의 필수 조건으로 해석해 '방언의 은사를 체험한 사람만 구원받는다'라고 가르치기도 한다. 미국의 프랭크 이와트(Frank Ewart)는 완전한 구원을 받으려면 반드시 방언을 해야 한다고 주장한다.[77] 몇몇 급진적 교회에서는 '방언 받은 것이 곧 구원받은 것'이라고 해석한다. 이는 명백히 잘못된 교리이다. 성경의 어느 구절도 성령의 은사와 구원을 연결시켜 말한 부분이 없다. 방언이 구원의 조건이 될 수 없기에, 구원받는 데 있어 방언은 불필요하다. 우리의 구원은 방언의 유무에 의해서 결정되지 않는다.

죄, 형벌 및 사망과 사탄의 권세로부터 자유함을 얻고 해방되기 위한, 구원에 이르기 위한 조건은 회개와 믿음이다: "네가 만일 네 입으로 예수를 주로 시인하며 또 하나님께서 그를 죽은 자

---

77) David Reed, "Aspects of the Origins of Oneness Pentecostalism," in Vinson Synan, ed., Aspects of Pentecostal-Charismatic Origins (Plainfield, NJ, 1975), 143~168.

가운데서 살리신 것을 네 마음에 믿으면 구원을 얻으리니"(롬 10:9). 우리의 구원은 교리나 은사에 근거하는 것이 아니라, 오직 예수 그리스도의 보혈의 능력에 있다. 방언은 우리를 죄와 심판으로부터 구원하지 못한다. 아무리 성령의 은사인 방언을 한다고 해도 기독교의 기본적인 진리를 무시해서는 안 된다. 비록 성령의 은사가 중요하나, 기독교 구원의 본질적 요소는 아니다.

그런데 질문을 거꾸로 해서 "방언의 은사를 받은 사람은 구원 받은 사람인가?"라고 묻는다면 여기에 대한 대답은 "그렇다"이다. 앞의 '누가 방언을 받을 수 있는가?'에서 밝혔듯이, 성령께서는 예수 그리스도를 구주로 믿고 영접한 신자들에게만 임하신다. 예수님을 영접하지 않고서는 방언의 은사를 받을 수 없다. 교회 밖이나 불신자에게는 성령께서 임하신 적이 없다: "성령이 친히 우리 영으로 더불어 우리가 하나님의 자녀인 것을 증거하시나니"(롬 8:16). 믿음을 확증하신 하나님께서 우리 영혼 속에 성령으로 임재하시고 우리가 구원받은 하나님의 자녀임을 보증해 주신다. 그러므로 성령 받고 방언을 말하는 자는 구원을 받은 하나님의 자녀이다. 하나님을 알지 못하고 예수 그리스도를 영접하지 않았는데 성령께서 임하셨고 방언을 했다는 기록은 찾아볼 수 없다. 결국 방언하는 사람들이란 예수 그리스도를 영접한 자들을 말한다. 하나님께서 믿음을 인정하셔서 성령으로 인치시고 방언을 주신 것이다. 그러므로 방언을 하는 사람들이 비록 부족하고 성결하지 못한 삶을 산다 하더라도, 하나님께서 그의 믿음을 보증하신 것이기에 그 사람의 믿음을 인정해 주어야 한다. 어떤 의미로 방언하는 그리스도인들을 가짜 혹은 이단이라고 비난하는 것은 곧 그 사람의 믿음을 인정하셔서 성령 세례를 주신 하나님을 모독하는 결과가 될 수 있으므로 조심해야 한다.

2. "우리 교회는 방언을 인정하지 않습니다. 어떻게 해야 하나요?"

어머니가 다니시는 교회는 한국에서 가장 보수적인 교단에 속해 있다. 방언 자체를 전혀 인정하지 않을 뿐 아니라, 현대 방언은 마귀 방언이라 가르치고 있다. 교회에서 방언을 인정하지 않는다면 어떻게 해야 할까? 나는 어머니에게, 담임목사님이 원하지 않고 다른 교인들에게도 덕이 되지 않는다면 교회 안에서 방언을 하지 마실 것을 충고했다. 정말 방언으로 기도하고 싶으시거든 기도원을 가시든지 아니면 집에서 하실 것을 차선으로 설명했다(고전 14:28). 만약 교회가 방언에 대해 부정적이라면, 일단 교회 내에서는 잠잠하고, 개인적인 장소와 시간을 택해서 방언 기도를 하는 것이 좋다. 교회가 방언을 인정하지 않는데도 무리하게 방언을 주장하다 보면 이로 인해 주님의 몸 된 교회에 분란이 일어나고 깨어질 수 있으므로 이것이 더 큰 문제이다. 다시 말하지만, 성령의 은사는 주님의 몸 된 교회를 사랑하고 덕을 세우기 위해서 존재해야지, 교회가 은사를 위해서 존재해서는 안 된다.

직장이나 이사 등으로 인해 교회를 옮길 때가 있다. 마침 새로

나간 교회가 방언을 인정하지 않는다. 그럼에도 불구하고 큰소리로 방언을 하여 교회로부터 제재가 있을 경우, 오히려 성령의 역사를 부정하는 교회라고 비판하며 담임목사에게 성령 사역을 훼방하고 있다고 주장하면서 가르치려 드는 경우가 있다. 이는 영적 교만이다. 오늘날 방언을 하는 교회들이 성도들에게 이러한 규범을 가르치지 않아서 타 교회로 가 큰 물의를 일으킨 경우도 있다.

사도 바울이 방언을 포함한 은사들을 설명할 때 강조하는 것은 적절한 사용과 교회 전체의 덕과 질서이다.[78] 무엇을 하든지 혼란스럽게 하지 말고 질서 있고 순차적으로 해야 온 교회에 은혜가 된다. 만약 방언을 인정하지 않는 교회라면, 자신이 하고 있는 방언을 자제하는 것이 현명하다. 만약 영적으로 답답함을 느낀다면, 교회 전체의 성령 충만을 위해서 기도하고, 개인적으로 자신의 경험을 교회 내에 있는 현명하고 믿을 수 있는 믿음의 친구들과 나누면 된다.

나는 방언을 전혀 인정하지 않는 교회에서는 방언으로 기도하지 않는다. 특히 담임목사님이 이를 부정할 경우, 교회 재임 기간 동안 공식적인 자리에서는 방언을 하지도 않고 가르치지도 않는다. 그러나 담임목사님이 은사에 대해서 열려 있고 방언을 인정하면, 마음 놓고(?) 방언 기도를 하며 영혼들에게 적극적으로 방언의 유익에 대해서 가르친다.

---

78) Nicky Gumbel, Alpha, 137.

3. "오랫동안 기도했는데 받지 못했습니다."

간혹 방언의 은사를 받기 위해서 오랫동안 갈망하면서 기도했는데 받지 못한 사람들이 있다. 은사를 갈망했지만 받지 못해서 실망에 빠진 사람들이 있다. 성령 사역의 깊은 경지에 있었던 예수원의 대천덕 신부도 이 은사를 구한 지 20년이 흐른 후에야 받았다고 한다. 방언을 하지 못한다고 신앙에 문제가 있는 것은 아니다. 그러니 이 은사가 주어지지 않았다 하더라도 실망하거나 시험에 들 필요가 전혀 없다. 방언을 하지 못한다고 해서 방언을 하는 사람들보다 신앙이나 믿음이 열등한 것은 아니다. 그러니 방언의 은사를 부정할 필요도 없고 주눅이 들 필요도 없다. 방언을 못한다 하더라도 하나님을 향한 마음으로 기도할 때 살아 계신 하나님과의 깊은 교제가 가능하다.

사도 바울은 육체의 가시를 제거해 달라고 하나님께 여러 번 기도했다. 그러나 육체의 가시는 떠나지 않았고 그대로 있었다. 이에 바울은 실망하지 않고 오히려 하나님의 주권을 인정하고 '하나님의 은혜가 제게 족합니다' 라며 받아들였다. 기도 응답을 하고 하지 않고는 오직 하나님의 주권에 달려 있다. 성령 세례 및 방언의 은사도 인간이 노력하고 바란다고 해서 받을 수 있는 것이 아니다. 이를 받고 받지 않고는 절대적으로 하나님의 주권에 달려 있다. 하나님께서 방언을 허락해 주셨으면 좋겠으나 가끔 "안 돼"라고 응답하실 때가 있다: "다 병 고치는 은사를 가진 자겠느냐 다 방언을 말하는 자겠느냐 다 통역하는 자겠느냐"(고전 12:30). 그러므로 받지 못했다고 해서 실망할 필요가 전혀 없다. 오히려 하나님의 절대적 주권을 인정하고 감사해야 한다.

성령 세례와 함께 수많은 은사들이 존재한다. 방언은 성령의 은사들 중 하나이다. 비록 방언을 하지 못한다 하더라도 다른 성령의 은사나 열매가 있을 수 있기에, 이를 확인해 보는 것이 좋다.[79]

사도 바울은 "나는 너희가 다 방언 말하기를 원하나"라고 고백한다(고전 14:5). 방언의 은사는 모든 신자들에게 주어진 우주적 특권이다.[80] 그러니 포기하지 말고 계속 사모하면서 기도하기를 권고하고 싶다. 하나님께서 가장 적당한 때에 허락하실 것이다. 간혹 방언을 받았는데도 잘 터지지 않는 것은 하나님의 뜻이라기보다 악한 영이 막고 있을 경우가 있다. 이때에는 "나사렛 예수 이름으로 명하노니, 입을 막고 있는 악한 영아, 떠나라"라고 명하고 다시 기도해야 한다.

4. "가짜 방언 혹은 마귀 방언이 있나요?"

간혹 방언을 받고 난 후, 자신이 받은 방언이 가짜 방언이거나 마귀 방언이지 않을까 불안해하는 경우를 보았다. 그리고 실제로 이러한 질문을 받은 적이 있다. 만약 성령 세례를 받지 않았는데

---

79) Larry Christenson, Speaking in Tongues, 89.
80) John Bertone, "The Experience of Glossolalia and the Spirit's Empathy: Romans 8:26 Revisited," in Pneuma, 60.

도 방언을 한다면, 그 방언은 심리적 반응에 의해 생긴 가짜이거나 마귀로부터 왔다고 생각할 수 있을 것이다. 특히 보수적인 교단에서는 현대의 방언을 인정하지 않기에, 방언은 마귀로부터 온다고 생각한다. 그렇다면 정말 가짜 방언 내지는 마귀 방언이 있는 것일까?

1) 가짜 방언

교회 내에 가짜 방언이 존재할 수 있을까? 솔직히 방언이란 매우 주관적인 현상이어서 진짜 방언인지 가짜 방언인지 검증할 방법이 없다. 한번은 한 성결교 목사가 부목사를 구하고 있는 교회에 이력서를 제출하고 인터뷰를 하게 되었다. 인터뷰가 끝날 때쯤 그 교회 담임목사님이 이 성결교 목사에게 방언의 은사를 받았는지를 물어보았다. 순간적으로 당황한 성결교 목사는 방언을 하지 못함에도 불구하고 거짓말로 "받았다"고 대답했다. 그랬더니 담임목사님이 방언 기도를 한번 해 보라고 요청했다. 마음속으로 '큰일났다'라고 생각한 성결교 목사는 할 수 없이 아무 소리나 나오는 대로 지껄였다고 했다. 그랬더니 그 담임목사님이 이를 통변하기 시작했다고 한다. 나중에 그 성결교 목사는 자신은 방언의 은사를 받은 적이 없고 어쩔 수 없이 아무 소리나 내었는데, 그것을 통역했다면, 과연 방언은 무엇이며 방언 통역 은사는 무엇인지 많은 의문점을 가지게 되었다고 말했다.

드물기는 하지만, 이처럼 가짜 방언이 존재한다고 생각한다.

어떤 사람들은 다른 교인들이 방언하는 것을 보면서, 자기도 질 수 없다는 생각에 받지도 않은 방언을 해 보려고 스스로 이상한 말을 만들어서 중얼거리기도 한다. 옥성호 씨의 책에 보면, 자신도 심방을 온 목사님 앞에서 가짜 방언을 했더니 진짜 방언을 받은 것으로 알더라고 기록하고 있다. 이처럼 억지로 하거나 인위적인 방법으로 가짜 방언을 만들어서 하는 경우가 존재할 수 있다. 그러나 이런 가짜 방언은 성령 세례를 통해 받은 방언이 아닌, 흉내만 낸 일종의 거짓 소리에 불과하다.

2) 타 종교의 방언

다른 종교에도 방언이 있는 것일까? 굉장히 어려운 질문이 아닐 수 없다. 방언을 인간의 영혼이 말하는 언어로 규정한다면, 타 종교에서도 기독교의 방언과 비슷한 현상들이 나타난다고 볼 수 있다. 방언이란 종교적 현상으로 힌두교, 아프리카 토착 종교, 불교, 천주교 등 거의 모든 종교에서 행해지고 있다. 예를 든다면, 미국 인디언들은 '페이요우티' 라는 환각제를 마시고 둥글게 앉아서 몇 시간 동안 드럼 소리에 맞춰 종교적인 노래를 부른다고 한다. 시간이 지나면 몇몇 인디언들이 발작적으로 입을 열면서 이상한 소리로 중얼거리는데, 이들은 자신들이 믿는 신의 능력에 압도되어 자신도 알지 못하는 말을 중얼거리는 것이다.

심리학자들은 주로 영매와 관련된 사례를 연구해 왔다. 신접한 무당이나 제사장이 예식 도중에 황홀경에 빠지면서 초자연적 언어를 말하는 경우가 있다. 그들이 자신의 몸을 그들이 섬기는 신에게 넘겨주면 신이 그들 속에 들어오게 된다. 그러면 그들은 신의 대리자가 되어서 신이 원하는 말을 한다. 예식이 끝나고 나면 그 자신은 어떤 말을 했는지 전혀 기억하지 못하는 경우도 있다. 신이 들어간 무당은 곧 황홀경에 빠지며 신을 대변해서 말하는데, 이를 '공수'라 한다. 무당들은 주변 사람들이 알아들을 수 있는 말로 신의 뜻을 전한다.[81] 방언이 영혼의 언어이며 자신이 아닌 신이 말하는 언어라면, 타 종교에서도 기독교의 방언과 비슷한 현상이 있다고 말할 수 있다.

3) 기독교 방언과 타 종교 방언의 차이

기독교 외 다른 종교에서도 방언과 비슷한 현상이 나타난다면, 기독교의 방언과 다른 종교에서 나타나는 방언에는 어떤 차이가 있는 것일까? 일단 둘 다 신이 몸속에 들어와 자신이 알지 못하는 언어로 말한다는 공통점이 있다. 그러나 그 방언을 말하게 하는 영적 존재, 즉 어떤 신이 방언의 근원이 되는가가 가장 큰 차이라 할 수 있겠다. 기독교 교회 안에서 행해지는 방언은 하나님의 성령이 우리 영혼 속에 내주하셔서 우리의 영혼이 기도하는 것이다. 똑같은 의미로 타 종교의 방언도 그들의 신이 임한 결과로 그들의 영혼이 말을 하는 것이다. 그리스도인의 관점에서 본다면, 그들의

---

81) Donald W. Burdick, Tongues, 66~7.

신은 마귀, 악한 영 혹은 귀신이라고 해석할 수 있다. 무당 속에 귀신이 들어오면, 자신의 생각과 소리가 아닌 귀신의 것을 표현한다. 이렇듯 타 종교에서의 방언 현상은 성령이 아닌 다른 영적 존재이기에, 기독교와는 본질과 출처가 완전히 다르다. 귀신이 사람을 미혹하기 위해 하나님의 능력을 모방하듯이, 성령의 은사를 모방하여 방언을 흉내 낸다. 방언과 비슷한 현상이 타 종교에도 있으나, 그들의 방언은 사탄에 그 근원을 둔다.

그러면 성령께서 주시는 방언과 귀신 들림에 의한 방언을 어떻게 분별할 수 있을까? 방언의 은사가 진짜인지 가짜인지, 마귀 방언인지를 소리만 듣고 확인할 수 있는 방법은 없는 듯하다. 그래서 성경은 "영들을 분별할 수 있어야 한다"고 말한다. 교회 내에서 영적 현상들이 일어날 때, 이 현상이 성령으로부터 오는 것인지, 아니면 귀신으로부터 오는 것인지를 영적으로 구별할 수 있는 능력이 있어야 한다.

우선 그 사람의 방언이 성령의 은사인지에 대한 여부는 그 사람의 신앙과 열매로 판단할 수 있다. 어떤 사람이 접신하면 그 사람은 자신의 인격과 의식을 완전히 잃어버리고 귀신에게 완전히 억압당한다. 이러한 경우, 그 사람은 불안해하며 신경질적이 되고, 교회를 맹렬히 비판하게 된다. 그러나 성령이 오시면 그 사람의 의식은 그대로 유지되고 스스로를 통제할 수 있다. 신앙생활에서도 거룩하게 변화되어 가며 겸손과 사랑으로 교회를 섬기고 봉사하게 된다. 자신이 하는 방언이 하나님의 은사인지 아니면 따라 하기 방언이거나 마귀 방언인지를 분별하려면, 방언 통역을 받게 하는 것도 현명한 방법이다. 방언 통역 과정에서 남을 비판하거나 욕설이 나오거나 뱀 소리 등을 낸다면 귀신 방언일 가능성이 높다.

보수적 신학자들은 교회 내에서 방언이 나타날 때의 현상과 샤머니즘의 강신술에서 나타나는 현상이 동일하다며 방언의 마귀적 기원을 주장한다. 그리고 원시 종교 및 타 종교에서 방언과 비슷한 현상이 나타나는데, 이것이 교회에 들어와 영향을 준 것이기 때문에 기독교는 방언을 거절해야 한다고 주장한다. 기독교의 방언은 역사 속에서 사라졌고, 현대 교회에 있는 방언은 이방 종교의 마귀 방언들이 기독교 안으로 들어와 기독교 흉내를 내며 교회에 혼란을 가져온다고 주장한다. 그래서 현대 교회는 방언을 금지시켜야 한다고 주장한다. 더 나아가, 귀신을 쫓고 병을 고치는 것은 무당이 하는 일이기 때문에 교회에서는 무당 흉내를 내지 말아야 한다고 주장한다. 교회에서 귀신을 쫓고 병을 고치면, "교회가 무슨 병원이냐?", "무당 푸닥거리를 교회에서 왜 하느냐?"고 반문하면서 이것을 행하는 교회나 목사를 이단이라고 규정하기도 한다. 교회가 말씀의 원리에 서 있어야지 이런 신비주의 경험에 빠지면 타락하게 된다고 주장한다.

그런데 나는 거꾸로 질문하고 싶다. 그럼 예수님도 무당이냐고. 귀신 들린 자, 문둥병자, 귀머거리 등의 병자들이 나아왔을 때, 예수님은 그들을 의원에게나 병원에 보내지 않고 직접 그들을 고쳐 주셨다. 예수님께서 하신 일이 무당이 한 것과 비슷하기에 예수님의 축사와 신유를 샤머니즘적이며 사탄적이라고 주장할 수 있을까? 그리고 또 하나. 무당도 귀신을 쫓고 병을 고치는데, 교회는 왜 그런 능력도 없냐고 묻고 싶다. 모세가 지팡이를 던져 뱀으로 만들자 애굽의 마술사들도 모세를 흉내 내어 똑같은 이적을 행했다. 그러나 모세의 뱀이 마술사들의 뱀을 잡아먹어 버렸다. 하나님의 능력은 사탄의 능력을 능가한다. 무당이 하나님의 능력을 흉내 낸다면, 그리스도인들은 더 큰 능력을 행할 수 있어야 할 것이다. 교회 내에서의 방언이 강신술과 동일한 것이라고 주장하는 것은 이를 허락하신 예수님과 성령, 그리고 성경에 대한 모독이 될 수 있다.

5. "교회에서 기도할 때 마귀 방언을 받을 수도 있나요?"

성경적 관점에서 본다면, 방언은 교회에게만 주시는 하나님의 은사이다. 그리고 성령을 구할 때 성령 대신 악한 영이 들어올 수는 없다. 구원받은 하나님의 자녀가 하나님께 방언의 은사를 달라고 간절히 기도하는데 어떻게 마귀가 기도 응답을 할 수 있겠는가? 하나님께서도 떡을 달라는 자녀에게 뱀을 주시지 않으신다. 오히려 성령 충만하게 기도할 때, 성령의 빛이 임함으로 우리의 혼과 육을 묶고 있던 어두움의 영이 드러날 때가 있다.[82] 성경 어

---

82) 손기철, 고맙습니다 성령님, 205.

디에도 방언의 은사를 받기 위해서 기도했는데 마귀 방언을 받았다는 기록은 없다.

많은 사람들이 성령 세례를 받도록 기도해 준 사람의 증언에 의하면, 사람들이 방언으로 말하는 것은 목격했으나 마귀 방언을 하는 것은 본 적이 없다고 대답했다. 나도 이제까지 방언의 은사를 받기 위해서 다른 사람들과 함께 기도하던 중 마귀 방언을 받은 경우를 목격한 적이 없다. 이처럼 교회 내에서 성령 세례를 위해서 기도하는 가운데 마귀 방언을 받을 가능성은 거의 없다고 본다. 손기철 장로도 성령 세례를 구할 때 악령을 받게 되는 일은 절대 없다고 단언한다.[83]

그래도 영적 안전을 위해서 한마디 덧붙인다면, 성령 세례 및 방언의 은사를 받기 위해서 기도할 때, 혼자 산에 가서 기도하는 것보다는 많은 그리스도인들이 함께 모여서 기도하는 교회나 기도원에서 할 것을 추천한다. 괜히 혼자서 깊은 산속에 들어가 기도하다 보면 영적 공격을 받을 가능성이 있기 때문이다. 그리고 아무에게나 함부로 안수 기도 받지 말고, 덕망 있는 목사님이나 교회 지도자들에게 안수를 요청하는 것이 현명하다.

6. "방언이 처음 나올 때 어떻게 해야 하나요?"

한번은 학생부 여름 수련회에 가서 성령 세례와 방언의 은사를

---

83) 손기철, 고맙습니다 성령님, 203.

받기 위해 철야 기도하는 시간을 가졌다. 기도하던 중, 은사를 사모하고 있던 대학생 성경 교사 중 한 명이 갑자기 온몸을 떨면서 방언을 하기 시작했다. 그 교사는 폭포수와 같은 큰 소리로 쉬지 않고 온몸이 탈진할 정도로 방언 기도를 계속했다. 동시에 회개의 영이 임해서 그가 지었던 많은 죄와 상처들을 쏟아 내기 시작했다. 그의 얼굴에서는 눈물, 콧물이 주체할 수 없을 정도로 흘러내렸다. 한번 터졌던 그의 방언 기도는 거의 두 시간이 지나서야 진정되었다. 나중에 상담을 해 보니 이전에 그렇게 답답하기만 했던 가슴이 이제는 뻥 뚫려서 너무도 시원하고 상쾌하며, 그렇게 기쁨으로 충만할 수 없다는 것이었다.

이렇듯 방언은 본인의 의지와는 관계없이 갑자기 터져 나오는 것이 좋다. 방언이 처음 터졌을 때, 받은 것에 감사하고 짧은 시간에 끝낼 것이 아니라, 한 시간 정도 쉬지 않고 간절히 방언으로 기도하는 것이 좋다. 나는 방언을 받는 것이 병아리가 달걀을 깨고 나오는 과정과 비슷하다고 생각한다. 병아리가 달걀을 깨고 나오는 과정은 매우 힘들고 처절해 보인다. 그렇다고 껍데기를 깨서 병아리를 도와준다면, 당장은 도와준 것처럼 보이지만 그 병아리는 병치레를 많이 하게 된다고 한다. 그러나 힘들더라도 자신의 힘으로 껍데기를 깨고 나온 병아리는 튼튼하다고 한다. 그동안 잠들어 있던 영혼이 이제 깨어나서 기지개를 켤 때, 처음에는 힘들더라도 방언으로 한 시간 정도 열심히 기도하고 나면 방언 기도의 내성이 생겨서 그 다음부터는 잊어버리지 않고 할 수 있게 된다.

방언 기도를 하는 동안 영혼에 덕지덕지 붙어 있던 더러운 생각이나 걱정들, 부정적인 사고방식들, 하나님께서 좋아하지 않으시는 것들이 다 떨어져 나가기 때문이다. 우리의 영혼은 그동안 온갖 상한 감정과 상처, 쓴 뿌리, 아픔 등으로 뒤범벅되어 있기 때문에, 그것을 벗겨 내는 작업을 해 주어야 한다. 처음 방언을 받고 방언으로 한참을 기도하면, 처음에는 힘들고 머릿속도 복잡하고 혼미하더라도, 나중에는 영혼이 깨끗이 청소되는 것 같은 느낌을 받는다.[84] 방언 기도를 통해서 우리 안에 쌓여 있던 불순물들이 사라질 때, 성령께서 은혜와 사랑으로 우리 안을 채우신다. 그러면 영이 맑아지고 강화되어 성령님이 공급해 주시는 생수의 강이 흘러나오는 것을 경험하게 된다.[85]

7. "방언 소리를 바꿀 수 있나요?"

방언을 반복 훈련을 통해 배울 수 있다고 주장하는 사람들은 방언 소리가 모방 가능하기에 주로 인도자의 방언 소리와 비슷하다고 주장한다.[86] 그러나 이는 사실이 아니다. 사람의 얼굴이 다르고 성품이나 개성이 다르듯이, 방언도 사람마다 그 소리가 다르다. 어떤 사람은 단순한 한두 가지 소리만 반복하기도 하고, 어떤 사람은 마치 웅변을 하듯이 터져 나오기도 한다. 주로 첫 방언 소

---

84) 손기철, 고맙습니다 성령님, 100, 107.
85) 김우현, 하늘의 언어, 109.
86) Felicitas D. Goodman, Speaking in Tongues, A Cross-Cultural Study of Glossolalia (Chicago: University of Chicago Press, 1972), 58.

리는 개구리 울음 소리와 비슷하거나 단순히 '랄랄라' 혹은 '쌀라 쌀라'와 같은 단순 반복이 많다.

간혹 자신의 입을 통해 나오는 방언 소리가 너무 원색적(?)이어서 다른 소리로 바꾸기를 원할 때가 있다. 이때 하나님께 다른 소리로 바꿔 달라고 기도하면 방언 소리가 바뀔 수 있다. 단순한 음절만 반복하던 신자가 하나님께 소리를 바꾸어 달라고 기도했을 때 유창한 연설을 하는 듯한 방언 기도를 하는 경우를 보았다. 물론 방언 소리에 전혀 개의치 않는다면, 그냥 계속해서 사용할 수도 있다.

하나님께서는 우리의 방언 기도 소리와 언어를 빚으시고 정립해 주신다. 방언은 일생 동안 조금씩 변해 간다. 처음에는 주로 단순한 소리를 반복하다가 점차 복합적인 음성으로 바뀌어 간다. 방언 기도를 오랫동안 계속하다 보면, 그때마다 소리가 바뀌는 것을 경험하기도 한다. 한 가지 분명한 사실은, 방언도 일종의 영적 언어로 가정한다면, 완전한 자신만의 언어로 정착될 때까지 시간이 걸릴 수 있다는 사실이다.

방언의 은사는 지속되어야 한다

　요즘 신세대들, 특히 젊은이들이 교회를 이탈하고 있다. 교회마다 장년과 아동들은 많은데 허리 역할을 하는 청년들이 교회를 나가고 있다. 유럽의 대형 교회를 방문해 본 적이 있는데, 그야말로 경로당처럼 할머니, 할아버지들만 몇 십 명 앉아 있었다. 한국 교회도 젊은이들을 위한 선교에 집중하지 않는다면 유럽의 교회처럼 되지 말라는 보장이 없다. 교회를 떠나고 떠나려고 하는 그들에게 무엇을 줄 것인가? 살아 계신 하나님의 말씀이다. 그들에게 살아 있고 운동력 있는 하나님의 말씀을 딱딱한 교리로 주입시키려 하지 말고 신앙생활 속에서 말씀을 체험하게 해야 한다. 백문이 불여일견이다.

　방언은 인간이 만든 산물일까? 만약 사람에게서 나온 것이라면 폐해야 할 것이다. 그러나 성경은 방언을 지지하고 있으며, 성령의 선물이라고 칭하고 있다. 살아 계신 하나님의 말씀을 체험할 수 있는 가장 보편적인 증거들 중의 하나가 방언이다. 교회의 책임 중 하나는 교인들에게 성경에 나와 있는 이적들 중의 하나인 방언을 성경적 지식으로 가르치고 이를 개인과 교회 생활에서 경험시키는 것이다. 그리 한다면 하나님의 말씀이 성경의 문자 속에만 갇혀 있는 것이 아니라 체험될 수 있는 말씀으로 다가갈 것이다. 하나님의 말씀을 체험하게 하자. 하나님의 말씀을 체험한 자는 교회를 떠날 수 없다.

교회는 이성적이고 과학적인 해석을 뛰어넘어 초자연적인 하나님의 이적을 믿는 곳이다. 현대의 이성적이고 과학적인 견해로는 받아들일 수 없는 수많은 초자연적 사건들이 성경에 기록되어 있다. 방언도 그중의 하나로, 성령께서 내 영혼을 인치시고 그 증거로써 내 영혼이 하나님께 기도하는 것이다. 2천 년 전에 기록된 하나님의 말씀을 오늘날 우리가 반복해서 체험할 수 있는 이적들 중 하나가 방언이다. 하나님의 말씀은 오래전에 쓰인 전설 내지는 신화가 아니라, 현재에도 역사하시고 계시는 하나님의 말씀이라는 사실을 방언을 체험함으로 경험할 수 있다. 우리가 지금이라도 마음의 문을 열고 하나님께 간구한다면, 예수님의 제자들이 오순절에 경험했던 그 방언, 사도 바울이 경험했던 그 방언, 고넬료 집안이 경험했던 그 방언, 에베소 교인들이 말했던 그 방언을 우리 또한 체험할 수 있다.

방언이 사도 시대 이후로 중지되었다며 현대 방언을 부정하는 교회 내에서도 방언의 은사를 받은 성도들이 늘어나고 있다. 한 부흥 강사가 방언을 인정하지 않는 교회의 부흥회에 초청을 받게 되었다. 성령에 대한 설교를 하다가 담임목사와 전 성도들의 눈을 감게 하고, "여기서 방언의 은사를 받은 사람들, 손들어 보세요"

라고 했더니 반 정도가 손을 들더라는 이야기를 들은 적이 있다.

성도들은 영적 갈급을 해소하기 위하여 다른 교회의 부흥회나 기도원을 방문해서 신유 및 방언의 은사를 받기 위해 기도한다. 그런데 방언의 은사를 받고 본 교회로 돌아와도 담임목사나 교회가 방언을 인정하지 않기 때문에 이를 드러내 놓고 하지 못한다. 담임목사는 교인들 중에서 이러한 경험을 한 성도들이 늘어 가고 있다는 사실을 주지해야 한다. 그리고 주의 종으로서 교단의 신학과 교리를 떠나 성경을 읽고 묵상해서 그들에게 목회적 충고를 해 줄 수 있어야 한다.

"구더기 무서워서 장 못 담그랴"라는 속담이 있다. 방언의 부정적인 측면만 강조하다 보면 방언의 유익과 장점을 전혀 체험할 수 없게 된다. 우리가 주의해야 할 것은 방언을 잘못 사용하는 것이지, 성경은 방언의 정당한 사용을 지지한다: "내 형제들아 예언하기를 사모하며 방언 말하기를 금하지 말라"(고전 14:39). 중요한 것은 폐지가 아니라 올바른 사용에 대한 가르침이다: "모든 것을 적당하게 하고 질서대로 하라"(고전 14:40). 그러하기에 방언에 대한 문제점이 있다고 해서 방언을 폐할 수는 없다. 방언은 교회 내에서 중지되어서는 안 되고, 경홀히 여겨져서도 안 된다.

하나님께서 방언이란 은사를 그의 몸 되신 교회에 주신 이유는 크고 특별한 목적이 있어서이다. 만약 이 은사가 교회와 성도들에게 전혀 필요가 없다면, 하나님께서는 이 은사를 성경에 기록하지 않으셨거나 교회 내에서 폐지시키셨을 것이다. 그러나 하나님께서는 오늘날에도 이 은사를 교회에 부어 주고 계신다. 하나님의 은사를 교단의 교리나 담임목사의 권한으로 제지할 수는 없다. 담임목사는 비록 방언에 대한 의문점이 있고 완전히 동의하지 못하는 면이 있다 하더라도, 교인들의 영적 유익을 위해서 방언의 은사가 교회 내에서 용납될 수 있도록 문을 열어 놓아야 한다. 교리나 신학보다 우선시 되어야 할 것은 하나님의 말씀이다. 인간적인 생각과 판단으로 성령의 선물인 방언을 폐지시킬 수는 없다. 예수님은 그의 몸 된 교회가 성령으로 세례 받고 방언을 체험하며 예수의 증인 되기를 간절히 사모하신다.

제2부

성령 세례란 무엇인가?

....

이 책은 방언에 관한 책이다. 제1부에서는 방언에 대한 전반적인 것을 다루었다. 그러면 1부에서 끝나야 할 것이다. 그런데 제2부에 '성령 세례'에 대한 부분을 넣는다. 그 이유는 방언은 성령 세례와 불가분의 관계에 있기 때문이다. 특히 중생과 성령 세례가 동시에 일어나는 같은 경험인지 다른 경험인지에 대한 논의와 성령 세례를 받으면 방언을 하는 것인지에 대한 논의는 교회와 신학계의 뜨거운 감자이다. '성령님은 누구신가?' '성령 세례란 무엇인가?' 라는 주제로 많은 책들과 소논문, 간증들이 나와 있다. 성령에 대한 전반에 대해 다루는 것은 또 하나의 책이 될 수 있는 주제이기에, 여기서는 성령 세례와 방언과의 관계만 국한해서 다루고자 한다.

....

성령님은 누구신가?

하나님은 한 분이시다. 그러나 삼위로 계시는데, 성부 하나님, 성자 하나님, 성령 하나님이시다. 기독교에서는 이를 삼위일체라 부른다. 아버지 하나님은 인간의 구원을 계획하셨고, 그 구원 계획을 이 땅에 직접 오셔서 십자가에서 죽으심으로 완성하신 분은 성자 하나님, 곧 예수 그리스도이시며, 신자들의 삶 속에서 예수님이 이루신 구원 사역을 증거하고 적용하시는 분은 성령 하나님이시다. 아버지는 뜻을 세우시고, 아들은 아버지의 뜻을 이루며, 성령은 아버지의 뜻을 성취하신 아들을 보증하신다. 하나님의 삼위는 각각 독립적인 인격체로 존재하시나 하나이시다.

성령은 영원하신 하나님으로, 전지하고 전능하시며 무소부재하신 분이시다. 성령은 창세전부터 하나님과 함께 계신 하나님의 영으로, 누구보다도 하나님의 사정을 잘 아신다: "오직 하나님이 성령으로 이것을 우리에게 보이셨으니 성령은 모든 것 곧 하나님의 깊은 것이라도 통달하시느니라"(고전 2:10).

성령은 하나님의 일을 하신다. 성령께서는 천지를 창조하셨으며(창 1:2), 죽은 자를 살리고(롬 8:11), 사람을 중생시키며(요 3:5~7),

죄와 의와 심판에 대해서 세상을 책망하신다(요 16:3).[87] 특히 예수님의 사역은 성령의 역사와 함께 시작하였다. 예수님은 성령으로 잉태되셨고, 예수님이 요단강에서 세례 요한으로부터 세례를 받고 공생애를 시작하실 때에 성령께서 비둘기처럼 임하셨다. 예수님은 이 세상에 성령을 소개하셨다. 그리고 성령을 힘입어 귀신을 쫓아내셨다.

예수님은 성령 세례를 주시는 분이시다. 세례 요한은 예수님을 소개할 때 성령과 불로 세례를 주실 것이라고 선포했다(마 3:11). 예수님은 그가 가셔야 이 세상에 성령께서 오신다고 설명하셨고, 부활하신 후 제자들에게 나타나셔서 "성령을 받으라"고 명하셨다. 예수님께서 승천하신 후 열흘이 지났을 때 성령께서 강림하셨다. 그 성령은 2천 년이 지난 지금도 우리 안에서 역사하신다. 예수님은 현재에도 하늘에서 성령을 보내 주시도록 하나님께 간구하고 계신다. 성령은 하늘에만 계시는 분이 아니라, 우리 심령 속에 임재하시는 분이시다.

성령은 이 세상에 오셔서 예수가 하나님의 아들이며 죄인 된 인간의 구주가 되심을 변호하신다. 성령은 사람들을 그리스도께로 인도하며, 믿는 속에 내주하셔서 우리의 구원을 이루어 가고, 예수님을 잘 믿도록 인도하시며, 예수님을 능력 있게 증거할 수 있도록 돕는 분이시다. 모든 것을 가르치시고 도와주시며, 믿는

---

87) 국제신학연구소, 여의도순복음교회의 신앙과 신학 I (서울: 서울말씀사, 1993), 59.

자들을 보호해 주시는 변호자이시다. 성령은 죄와 심판과 의에 대하여 세상을 책망하신다. 죄를 용납하지 아니하시나 동시에 사랑이 충만하신 하나님이시다.

성령을 지칭하는 말에는 보혜사, 그리스도의 영(롬 8:9), 진리의 영 등이 있다: "그가 또 다른 보혜사를 너희에게 주사 영원토록 너희와 함께 있게 하시리니 저는 진리의 영이라"(요 14:16). 보혜사는 그리스어로 'parakletos'로 변호사, 위로자, 격려자라는 뜻이 있다. 성령은 진리의 영으로 우리의 선생님이 되셔서, 선하고 순결하며 진실하고 거룩한 것이 무엇인지를 가르쳐 주신다. 하나님께서 은혜로 주신 것들을 가르치시며 알게 하신다: "진리의 성령이 오시면 그가 너희를 모든 진리 가운데로 인도하시리니"(요 16:13). 성령은 죄인의 편에 선 변호사가 되셔서 죄인인 우리를 마귀의 공격으로부터 변호해 주신다. 우리에게 성령의 은사들과 열매 등을 공급하시며 성령의 도움과 능력으로 살아갈 수 있도록 도와주신다.

간혹 성령을 일종의 능력 내지는 경험으로 이해하는 사람들이 있다. 그러나 성령은 능력이나 경험이 아닌 인격자이시다.[88] 성령은 지성, 감정, 의지를 가지고 계신다. 그래서 생각하시고(행 15:28), 슬퍼하시며(엡 4:30), 그의 뜻대로 인도하신다(롬 8:14).

성령은 삼위일체 하나님의 한 분이시나 안타깝게도 오랫동안

---

88) 조용기, 나의 교회성장 이야기 (서울: 서울말씀사, 2005), 83.

기독교 역사에서 무시되고 잊힌 존재가 되셨다. 오순절에 이르러 성령 하나님께서 교회와 신자 속에 내주하시기 시작하셨다. 그러나 성부 하나님과 성자 하나님에 대한 연구는 지속되었으나, 성령 하나님에 대한 논의는 사라지게 되었다. 옷장 속에 숨겨져 있던 성령께서 20세기 초반에 들어서 오순절 운동의 대두와 함께 '신데렐라' 처럼 나타나셨다. 현대 교회는 성령과 성령의 사역에 대하여 재조명해야 한다.

성령 세례란 무엇인가?

요엘서를 보면, 세상 마지막 날에 하나님께서 그의 백성들에게 하나님의 영을 부어 주시겠다는 약속이 나온다: "그 후에 내가 내 신을 만민에게 부어 주리니 너희 자녀들이 장래 일을 말할 것이며 너희 늙은이는 꿈을 꾸며 너희 젊은이는 이상을 볼 것이며"(욜 2:28). 대부분의 성경학자들은 믿는 자에게 성령이 임하신다는 이 예언이 이미 오순절 사건을 통해서 이루어졌다고 해석한다. 베드로도 성령 세례가 구약 예언의 성취라고 설명한다: "이는 곧 선지자 요엘로 말씀하신 것이니"(행 2:16). 성령 세례는 구약 말씀의 성취이다.

성령 세례란 하나님이신 성령께서 우리 영혼 속에 직접 들어오시고 내주하시는 영적 사건이다. 성령께서 내주하실 때, 간혹 외적 현상으로 방언을 하거나 예언을 하기도 한다. 성령이 우리에게 임하고 충만하면, 우리를 통제하고 언어를 지배하신다. 성령 세례를 의미하는 다른 표현으로는 '부어 주심'이 있다: "말세에 내가 내 영으로 모든 육체에게 부어 주리니"(행 2:17). 혹은 '성령의 내리심'으로 표현하기도 한다: "이는 아직 한 사람에게도 성령 내리신 일이 없고"(행 8:16). '성령 세례'란 말 대신에 '성령 충만'(filling)을 사용하기도 한다: "성령으로 충만하게 하신다"(행 9:17). 성령 세례가 성령 안에 완전히 침수됨을 의미하는 반면, 성령 충만은 성령의 내적 침입을 의미한다. 예를 들어 설명하자면, 스펀지가 물속에 들어가는 현상을 성령 세례라 하며, 스펀지 속에 물이 들어가는 현상을 성령 충만으로 표현한다.[89] 우리가 성령 세례를 받을 때, 우리의 전 인격이 성령의 실체 안에 완전히 잠기게 된다. 성령 세례를 통해 우리 안에 내주하시는 성령 하나님과 교제하게 된다.

보통 한국 교회에서는 중생과 성령 세례를 동일한 것으로 해석한다. 그래서 예수님을 구주로 믿고 영접할 때 성령 세례도 동시에 받은 것으로 가르친다. 즉 우리가 예수 그리스도를 영접하는 순간 구원을 받으며, 동시에 성령께서 우리 속에 내주하신다고 가르친다. 왜냐하면 회개하고 예수 그리스도를 구주로 영접하는 것 자체가 성령의 역사이며, 이것이 곧 성령 세례라는 것이다.[90] 거듭나게 하는 일은 인간의 이성과 의지로 할 수 있는 일이 아닌 성령의 일이다. 성령의 역사 없이는 예수님을 믿을 수도, 그리스도를 주라 시인할 수도 없다.

합동신학원의 박형룡 교수에 의하면, "성령 세례는 중생과 함께 받는 것이다. 이렇게 볼 때 성령 세례는 성도의 구원 경험에서

---

89) Nicky Gumbel, Alpha, 121. J. R. Williams, "Baptism in the Holy Spirit," 355.
90) James D. G. Dunn, "Spirit-Baptism and Pentecostalism," SJT 23 (1970): 397~407.

단회적인 경험이요, 예수를 믿을 때 발생하는 경험인 것이다"라고 주장한다.[91] 홍정길 목사의 경우에도 성령 세례는 예수 그리스도를 영접할 때 받는 것이라 강조한다.[92] 중생과 성령 세례 받은 것은 같은 것이며 동시에 일어난다는 것이다. 모든 신자들은 이미 믿을 때에 성령을 받았기 때문에 새로운 성령 세례 및 체험을 강조할 필요가 없다는 것이다. 대다수의 그리스도인들은 예수 믿고 구원받는 것이 곧 성령 세례라고 믿고 있다.

1. 중생에서의 성령의 역사

구원이란 회개를 통해 죄 사함을 받고 믿음으로 의롭게 되는 것이다. 구원은 인간의 행위나 노력 혹은 교회의 승인과 전혀 상관없이 예수 그리스도를 통한 하나님의 은혜로 값없이 주어지는 것이다. 예수께서는 십자가의 고난을 통해 인간의 모든 죄를 완전히 청산하심으로 구원의 터전을 마련해 놓으셨다. 예수님의 십자가 보혈로 하나님과 우리를 가로막고 있던 죄의 문제가 해결되었으며, 우리는 회심을 통해 죄 사함을 받는다. 예수 그리스도를 믿는 순간 우리는 죄 용서함을 받고 그리스도의 몸에 접붙임을 받아 주의 생명을 받아들이게 된다.

불신자가 예수님을 영접하는 과정 가운데 성령께서 역사하신다. 우리의 영이 구원에 이르는 과정은 인간의 지·정·의의 작용

---

91) 박형룡, 교회와 성령 (서울: 합동신학교, 1993), 15.
92) 박용규, 한국교회를 깨운 복음주의운동 (서울: 두란노, 1998), 216.

이 아니라 성령의 역사에 의한 것이다: "사람이 물과 성령으로 나지 아니하면 하나님 나라에 들어갈 수 없느니라"(요 3:5). 예수 그리스도의 복음을 듣고 죄인임을 고백하고 예수님의 십자가 구원 사건을 믿는 과정에서 성령께서 간여하신다. 성령의 은혜로운 인도하심이 없으면 그 누구도 예수님을 믿을 수 없다. 성령은 우리의 죄를 책망하시고 회개하게 하신다.

나의 경우, 예배와 성경공부를 통해 죄가 무엇인지 배우면서 머리로는 이해를 했으나 그것이 가슴으로는 전혀 다가오지 않았다. '내가 무엇을 그리 잘못했단 말인가?' '내가 왜 죄인인가?' '난 법 없이도 살 수 있는데….' 도무지 내가 왜 죄인인지 납득이 되지 않았다. 그러던 중 하루는 기도하는 가운데 갑자기 내가 죄인인 것이 깨달아졌다. 그동안 예수님 없이, 믿음 없이 스스로 살아온 모든 삶들이 죄였다는 것이 한순간에 체험으로 다가왔다. 그동안 전혀 죄가 아니라고 생각해 왔던 모든 것들이, 흔히 말하듯, 영화 필름처럼 눈앞을 지나갔다. 눈물, 콧물을 흘리면서 회개가 쏟아져 나왔다. 결국 이 사건은 예수님을 나의 구주로 영접하는 계기가 되었다. 성령께서는 내가 이해할 수 없는 것을 깨닫게 하시고, 죄인임을 가르치시며, 결국 예수 그리스도를 믿고 영접하는 과정으로 인도하신다.

이처럼 성령께서는 마음의 문을 여사 진리를 깨닫게 하시고 예수를 믿는 믿음으로 인도하셔서 하나님과의 새로운 관계로 우리를 인도하신다(요 16:7~15). 예수 그리스도가 나의 구주라고 믿는 믿음은 성령의 감화 감동이 아니고서는 불가능하다: "성령으로 아니하고는 누구든지 예수를 주시라 할 수 없느니라"(고전 12:3).

우리가 예수님을 구세주로 영접하면 성령이 우리 속에 들어오셔서 구원을 이루고 성결의 삶을 사는 것을 도와주신다. 죄인의 신분에서 의인의 신분으로, 마귀의 자녀에서 하나님의 자녀로, 지옥 자식에서 천국 자식으로 우리의 신분을 바꿔 주신다. 이러한 영적 변화는 경험적, 감정적, 의식적으로 알 수 있어야 한다. 요한 웨슬리의 경우, 성공회 목사로 안수를 받고 미국의 조지아 주까지 선교를 다녀왔지만 회심의 경험이 없었다. 그러던 중 주 중 모임에 참석해서 마틴 루터의 로마서 서문을 읽는 동안 그의 마음이 뜨거워지는 것을 경험했다. 이처럼 우리 속에 들어오셔서 일하시는 성령의 사역이 없이는 구원의 역사를 이해할 수 없고 받을 수도 없다. 이런 의미로 예수 믿고 구원받는 것을 곧 성령 세례라고 말할 수 있다.

예수를 처음 믿을 때 하나님의 자녀가 된 증거로 우리 안에 성령께서 임재하신다: "만일 너희 속에 하나님의 영이 거하시면 너희가 육신에 있지 아니하고 영에 있나니 누구든지 그리스도의 영이 없으면 그리스도의 사람이 아니라"(롬 8:9), "성령이 친히 우리 영으로 더불어 우리가 하나님의 자녀인 것을 증거하시나니"(롬 8:16).

자신이 그리스도인임을 선언하는 증표로 물세례를 받는다. 물세례는 회개를 통해 죄 사함을 받았으며, 예수 그리스도를 영접함으로 구원받았다는 것을 회중들 앞에서 선포하는 것이다.[93] 성령께서는 물세례를 통해 새신자를 주님의 몸인 교회로 접붙이신다. 예수님은 제자들에게 나가서 복음을 전하고 믿는 자들에게 물세례 베풀 것을 명하셨다(마 28:19). 예수님의 이름으로 구원받고 물세례를 받는 모든 과정에서 성령은 역사하신다.

2. 중생 이후에 다시 성령 세례를 받아야 하는가?

믿는 순간 성령 세례를 받은 것이라면 구원받는다는 것과 성령 세례를 받는 것은 같은 개념이 될 것이다. 그러면 과연 중생과 성령 세례는 같은 경험일까? 아니면 다른 경험일까? 예수 그리스도를 영접하여 그리스도인이 된 사람이 굳이 다시 성령 세례를 받아야 할 이유가 있을까? "저는 예수님을 믿을 때 성령을 받았습니다. 그런데 다시 성령 세례를 받아야 하나요?" 어떤 그리스도인은 "예수 믿고 구원받았으면 됐지, 뭐가 또 필요해?"라고 질문하기도 한다.

앞에서 살펴보았듯이, 대부분의 장로교회에서는 영접했을 때에 성령 세례를 받았다고 주장한다. 그런데 성경을 보면 물세례와 성령 세례를 구분한 것을 알 수 있다. 만약 믿고 영접한 결과로 받는 물세례와 성령 세례가 같은 것이라면, 두 단어를 구별해서 사용할 필요가 없을 것이다. 사복음서에서 예수의 이름으로 물세례

---

93) 하용조, 변화받은 사람들, 159.

를 받았던 사람들이 사도행전에 들어와서는 성령 세례를 받았다. 과연 이 두 사건은 아무런 차이가 없는 동일한 것일까?

3. 예수님과 성령 세례

예수께서는 성령으로 잉태되셨다: "저에게 잉태된 자는 성령으로 된 것이라"(마 1:20). 공생애를 시작하실 때 성령의 적극적인 동참이 나타났다. 성령으로 기름부으심을 받으신 후에야 공생애를 시작하셨다. 예수님은 비록 죄가 없으시나 세례 요한에게 물세례를 받으심으로 하나님의 뜻에 순종하셨다. 예수께서 요단강에서 세례 요한에게 물세례를 받고 물 위로 올라오실 때, 하늘이 열리고 하나님의 성령이 비둘기 같이 그 위에 임하셨다(눅 3:22). 예수님의 성령 세례는 공생애 사역을 위한 인침과 능력을 부여받는 사건이었다. 이처럼 예수님의 공생애는 성령을 인정하고 환영하는 성령 세례로 시작되었다. 물세례와 성령 세례를 받으신 예수님은 "주의 성령이 내게 임하셨으니"(눅 4:18)라고 공포하셨다. 예수님은 그의 순종을 통해서, 앞으로 그리스도인들이 받아야 할 성령 세례를 미리 보여 주고 계신다. 예수님께서 물세례와 성령 세례를 받으신 것처럼, 사람도 물세례뿐 아니라 성령 세례도 필요함을 직접 보여 주신 것이다.

그 이후로 예수님은 성령과 동행하는 삶을 사셨다. 마귀에게 시험을 받으러 가실 때에도 성령께 이끌림을 받으셨다. 기적과 이적을 행할 때, 예수께서는 전적으로 성령을 통해 하나님 아버지의 인도하심과 능력에 의존하셨다. 그의 공생애를 통해 성령의 능력으로 귀신을 쫓으시고 병자들을 고치시며 하나님 나라를 선포하셨다.

세례 요한은 자신의 세례와 앞으로 예수님께서 주실 세례를 구분한다: "나는 물로 너희에게 세례를 주거니와 나보다 능력이 많으신 이가 오시나니 나는 그 신들메를 풀기도 감당치 못하겠노라 그는 성령과 불로 너희에게 세례를 주실 것이요"(눅 3:16). 세례 요한이 베푼 물세례는 죄 사함을 위한 회개를 촉구하는 세례였다: "세례 요한이 이르러 광야에서 죄 사함을 받게 하는 회개의 세례를 전파하니"(막 1:4). 많은 사람들이 죄를 회개하고 물세례를 받았다. 이는 분명 성령 세례와는 다른 것이었다: "나는 너희에게 물로 세례를 주었거니와 그는 성령으로 너희에게 세례를 주시리라"(막 1:8). 세례 요한은 물로 세례를 베풀 뿐, 자신에게는 성령 세례를 베풀 수 있는 권한이 없음을 명백히 밝히고 있다. 하나님은 이 세상의 그 어떤 사람에게도 성령으로 세례를 집행할 권한이나 임무를 주신 적이 없으시다.

세례 요한 이후로는 예수님의 제자들이 세례를 베풀었다. 예수님은 물세례를 주신 적이 없으시다(요 4:2). 그가 직접 집행하신 세례는 성령 세례였다: "예수께서 대답하시되 진실로 진실로 네게 이르노니 사람이 물과 성령으로 나지 아니하면 하나님 나라에 들어갈 수 없느니라"(요 3:5). 예수님은 자신을 소개하실 때 성령으로 세례를 주시는 분이라고 소개하신다. 교회는 물세례를 예수님의 죽으심과 부활하심을 상징하는 의미를 가진 예식으로 여기고 있는데, 예수께서는 진정한 세례란 바로 성령 세례라고 말씀하신다.

예수님은 승천하시기 전 성령 세례에 대하여 세례 요한과 동일한 말씀을 하신다: "요한은 물로 세례를 베풀었으나 너희는 몇 날이 못되어 성령으로 세례를 받으리라"(행 1:5). 우리는 여기서 물세례와 성령 세례가 다르며 시간상에도 간격이 있음을 알 수 있다.[94] 세례 요한은 물로 세례를 주었고, 그 이후로는 제자들이 물세례를 베풀었다. 예수께서 부활 승천하신 후 열흘이 지났을 때 성령 세례가 주어졌다. 이런 의미에서 성령 세례는 예수 그리스도의 살아계심과 하늘에 계심을 알 수 있는 중요한 경험이 된다. 죽으시고 부활하신 예수님을 볼 수는 없지만, 그분은 하늘로 올라가셨고, 현재에도 살아 계셔서 성령 세례를 부어 주고 계신다.

4. 제자들과 성령 세례

한때 ○○교회를 다닌 적이 있다. 보통 큰 교회로 가게 되면 이전 교회에서의 직분과는 관계없이 새신자 교육부터 받아야 되었다. 새신자 교육을 받은 후 다음 단계로 일대일 양육을 받게 되었다. 나를 인도해 주신 분은 S대를 나오신 분으로 매우 지적인 분이셨다. 하루는 그분이 성경공부 중, "예수 그리스도를 영접하는 순간 성령께서 우리 안에 임재하시기 때문에 성령 세례를 받은

---

94) Mark Lee, "An Evangelical Dialogue on Luke, Salvation, and Spirit Baptism," in Pneuma, 86.

것"이라고 설명을 했다. 즉 믿는다는 것과 성령을 받는 것은 같은 것이라는 것이었다.

나는 사도행전을 펴서 다음과 같은 부분들을 가리키며 질문하기 시작했다: 만약 믿을 때에 성령을 받은 것이라면, 왜 예수님께서 죽으시고 부활하신 후 제자들에게 나타나셔서 그들에게 그의 손과 옆구리를 보이신 후, "나의 부활을 믿으라"라는 말 대신에 저희를 향해 "성령을 받으라"(요 20:22)라고 명령하셨을까? 또한 예수님께서 구름을 타시고 승천하실 때에, 이미 제자들과 수많은 성도들은 예수님의 죽으심과 부활하심을 직접 목격하고 믿고 있었다. 그런데 예수께서는 "이제 내가 하늘나라로 올라가는 것을 보았으니, 믿음을 가졌을 것이다. 이제는 세상에 나가서 나의 죽음과 부활을 증거하라"는 말 대신, "예루살렘을 떠나지 말고 내게 들은바 아버지의 약속하신 것을 기다리라 요한은 물로 세례를 베풀었으나 너희는 몇 날이 못되어 성령으로 세례를 받으리라"(행 1:4~5)는 명령을 내리셨을까?

이 세상에서 예수님의 마지막 지상명령은 "오직 성령이 너희에게 임하시면 너희가 권능을 받고 예루살렘과 온 유대와 사마리아와 땅 끝까지 이르러 내 증인이 되리라"(행 1:8)이다. 예수님은 예수님의 죽으심과 부활하심, 그리고 승천을 목격한 제자들에게 여전히 성령 강림을 기다리라고 명하신다. 예수님은 무엇 때문에 이미 구원받은 제자들을 향하여 "성령을 받으라. 예루살렘을 떠나지 말고 아버지의 약속하신 성령을 받으라"고 명하셨을까? 예수님의 명령에 오류가 있는 것일까?

　예수님의 열두 제자들은 예수님으로부터 직접 택함을 받았고, 예수님과 3년 동안 동행하고 함께 먹고 자면서 예수님의 기사와 이적 등을 직접 목격했던 사람들이다. 그들은 예수님의 십자가에서의 죽으심과 3일 후 부활하신 주님을 직접 만나고 만져 봤던 사람들이었다. 예수님께서 하나님의 아들이심을 믿어 이미 중생을 체험하고 영생을 얻은 사람들이었다. 그러면 이미 성령 세례를 받았을 것이다. 그러나 그들에게 필요한 것이 또 하나 있었는데, 바로 성령 세례였다.

　결국 예수님의 승천을 목격한 제자들과 성도들은 마가의 다락방에 모여서 기도하기 시작했고, 예수께서 승천하신 지 열흘이 지난 후 성령 세례를 체험하게 된다. 이날 성령을 받은 제자들은 오순절 성령 강림 사건을 통해서 예수님을 영접한 자들이 아니었다. 그들은 이미 예수님을 믿고 구원받은 사람들이었다. 여기서 알 수 있는 사실은 중생이 먼저 있고 그 이후에 성령 세례가 온다는 사실이다.

　예수님은 3년 동안 제자들을 훈련시키셨으나 제자들이 본격적인 사역을 시작하기 전에 위로부터 오는 능력, 즉 성령을 받은 후에야 움직일 수 있다고 말씀하셨다. 예수님은 그들이 성령을 받기 전까지는 예루살렘에서 한 발자국도 뗄 수 없음을 밝히신다. 이는 예수 그리스도를 믿고 영접하는 것 이외에, 전도를 위한, 증인이 되기 위한 또 다른 능력이 필요함을 의미한다. 그것이 다름 아닌 성령 세례이다. 이처럼 예수를 믿고 구원받은 성도들이 사모하고 추구해야 할 것은 성령 세례이다.

사도행전 8장의 사마리아 이야기, 9장의 사도 바울의 회심, 19장의 에베소교회의 사건들에서 발견할 수 있는 사실도 예수님을 구주로 영접하여 받아들이는 것과 별도의 다른 체험이 있다는 것이다. 빌립이 전도했을 때 사마리아 사람들은 믿고 예수의 이름으로 세례를 받았다(행 8:12). 사마리아인들이 하나님의 말씀을 받고 예수 그리스도를 영접했다는 사실을 들은 사도들은 사마리아로 갔고, 그들 위에 손을 얹고 기도할 때에 성령께서 강림하셨다. 그들은 빌립이 말씀을 전할 때 하나님의 말씀을 받고 예수님을 믿고 세례를 받았으나 아직 성령 세례를 받지는 못했다. 이 사건을 통해서 알 수 있는 것은, 구원을 넘어선 성령 세례가 있다는 점이다.

바울의 경우, 다메섹 선상에서 예수님의 부르심을 듣고 그리스도인이 된다. 그는 그때 회심을 했다. 심한 충격을 받은 그는 3일 동안 보지 못하고 식음을 전폐한다. 후에 아나니아가 가서 그에게 안수할 때, 바울은 성령의 충만함을 받고 앞을 보게 되었다. 에베소교회에서 비슷한 일이 발생했다. 에베소 교인들에게 바울이 물었다: "너희가 믿을 때에 성령을 받았느냐"(행 19:2). 킹제임스 버전은 "믿은 후에 성령을 받았느뇨?"로 해석되어 있다. 그들은 예수님을 구주로 영접하였으나 성령이 계시다는 이야기를 들어 본 적이 없었다: "아니라 우리는 성령이 있음도 듣지 못하였노라." 에베소 교인들은 예수님을 믿고 영접했으나 성령이란 단어조차도 들어 본 적이 없었다. 이에 바울이 안수하니 그들이 성령 세례를 받았다.

우리가 이 사건들로부터 발견할 수 있는 사실은, 회심과 성령 세례를 받는 이중 과정이 있다는 점이다. 이처럼 믿는다는 것과 성령 세례를 받는다는 것은 시간적 간격이 있는 다른 경험들이다. 한 가지 분명한 것은 성령 세례는 늘 회심을 전제로 하며, 중생 없이는 성령 세례가 일어날 수 없다는 것이다.[95]

5. 중생(십자가 사건)과 성령 세례(오순절 사건)

예수님은 인간의 죄악을 속하기 위하여 십자가에서 피 흘려 돌아가셨다. 십자가 사건을 통해 우리는 죄 사함을 받으며 구원받을 자격을 얻게 되었다. 십자가 사건을 통하여 우리의 구원이 완성되었다. 그래서 예수께서도 마지막 숨을 거두시면서 "다 이루었다"고 선포하셨다. 십자가 사건을 통해서 우리는 중생을 경험할 수 있다. 이 과정 가운데 우리는 성령의 인도함을 받아 죄를 회개하고 예수님을 구주로 모시게 된다. 그러나 이것은 엄격한 의미에서 성령께서 내주하시는 성령 세례가 아니라 성령의 감화 감동이다.

세례에는 두 가지 종류가 있는데, 물세례와 성령 세례이다.[96] 우리는 예수 그리스도를 영접한 후 물세례를 받는다. 첫 번째 축

---

95) 홍영기, 조용기 목사의 영성과 리더십 (서울: 교회성장연구소, 2003), 84~5.
96) Donald Dayton, Theological Roots of Pentecostalism (Peaboy, MA: Hendrickson, 1987), 24.

복인 회심 이후에 두 번째 축복이 있다는 주장은 가톨릭과 성공회의 전통에서 시작된다. 요한 웨슬리는 회심의 경험이 있고 그 후에 제2의 축복인 내재된 죄를 깨끗하게 하는 성화의 경험이 있다고 주장하였다. 성결론자들은 웨슬리의 제2의 축복인 성화의 개념을 계승 및 발전시켜 성령 세례를 통한 순간적 성화가 가능하다고 주장하였다. 19세기의 웨슬리안들은 성령 세례를 성결로 해석했다. 급진적 성결론자들은 내재된 죄로부터의 성화와 복음 전파를 위한 능력 부여를 강조하게 된다: "성령 세례는 신자들을 성결하게 하고 봉사를 위한 능력을 부여한다."[97]

개혁주의에 영향을 받은 찰스 피니(Charles G. Finney), 무디(Dwight L. Moody), 토레이(R. A. Torrey)는 성화는 평생 동안 추구해야 할 과정으로 해석하고, 성령 세례는 능력 부여와 관련이 있다고 해석하였다. "성령이 너희에게 임하시면 너희가 권능을 받고"(행 1:8)에 근거해 성령 세례는 복음 전파 및 봉사를 위한 능력에 초점을 맞추게 된다.[98] 이들 모두는 회심의 경험과는 분리된, 회심 이후의 단계가 성령 세례라고 강조한다.

여의도순복음교회의 조용기 목사는 중생과 성령 세례를 분명히 다른 별개의 체험으로 해석한다. 물론 중생과 성령 세례의 체험은 동시에 일어날 수도 있다. 그러나 대부분의 경우에는 일정한

---

97) H. C. Morrison, The Baptism with the Holy Ghost (Louisville: Pentecostal Herald Press, 1900), 31.
98) Donald Dayton, Theological Roots of Pentecostalism, 90, 101.

기간을 두고 별개의 체험으로 나타난다.[99] 나도 중생과 성령 세례, 이 두 가지 체험이 동시에 일어날 수도 있다고 생각한다. 고넬료 집안의 경우, 말씀을 듣는 가운데 성령이 임하셨다(행 11:15). 고넬료가 그날 처음으로 복음을 들었다고 해석한다면, 말씀을 듣던 가운데 믿음이 생겼고 동시에 성령 세례를 받은 것이라 추정할 수도 있다. 그러나 대부분의 경우는 시간적 차이를 두고 일어나는 분명히 다른 체험이다.

온누리교회의 하용조 목사도 물세례는 성령 세례와 다르다고 해석한다. 물세례는 예수님을 영접하지 않아도 일정의 세례 교육을 이수하면 받을 수 있다. 그러나 성령 세례는 예수님을 진정으로 믿는 사람만 받을 수 있다. 또 다른 차이로, 물세례는 사람이 주지만 성령 세례는 예수님이 주신다. 물세례는 구원을 위한 세례이며, 성령 세례는 능력을 위한 세례로 설명한다.[100] 성령 사역으로 유명한 대천덕 신부의 할아버지는 무디성서학원의 원장이었던 토레이이다. 토레이도 중생과 성령 세례는 다른 별개의 체험으로 구별한다: "성령 세례는 성령의 중생케 하는 사역과는 분리된 다른 성령의 역사이다."[101] 성령께서는 우리가 죄를 회개하고 예수 그리스도를 영접하여 구원받는 중생으로 이끄신다. 또한 중생

---

99) 국제신학연구원, 여의도순복음교회의 신앙과 신학 I, 67~68.
100) 하용조, 변화받은 사람들, 160~1. 하용조, 바람처럼 불처럼, 49. Norma Dearing, The Healing Touch, 46.
101) R. A. Torrey, The Baptism With the Holy Spirit (New York and Toronto: Fleming H. Revell Company, 1897), 14.

이후 사역을 감당하기 위한 능력을 부어 주시는데, 이를 성령 세례라 부른다.

하용조 목사가 지적한 대로, 성령은 오직 믿는 자들 위에 강림하신다. 믿지 않는 자들에게는 절대로 강림하지 않으신다. 예수님을 믿는 믿음이 없이는 절대로 성령 세례를 받을 수 없다. 신자의 몸은 성령의 전이다. 그래서 성령께서 우리 속에 들어오기를 원하신다: "너희 몸은 너희가 하나님께로부터 받은바 너희 가운데 계신 성령의 전인 줄을 알지 못하느냐"(고전 6:19). 성령 세례를 받으면 능력 있는 그리스도인이 된다. 방언과 예언을 하며, 지혜와 지식의 말씀을 얻는다. 사랑의 은사, 섬기는 은사, 상담하는 은사, 가르치는 은사 등 교회와 하나님의 일을 하기 위해 특별히 주어지는 은사들이 나타나기 시작한다.

성령 세례를 왜 받아야 하나?

　유럽의 교회들이 문을 닫기 시작한 것은 오래전의 일이다. 교회에서 이성과 과학적 사실에 근거한 교리 중심의 신학을 가르치고 말씀에 대한 경험은 무시하다 보니 점차 교인들이 교회를 떠나는 것이다. 니키 검블(Nicky Gumbel)이 교회에 끝까지 남아 있는 사람들을 대상으로 조사를 해 보았다. "다들 교회를 떠나는데 당신은 왜 끝까지 교회에 남아 있는가?"라는 질문을 가지고 물어본 것이었다. 그들의 신앙을 조사해 보았더니 하나님 말씀에 대한 경험 내지는 성령 세례에 대한 경험이 있었다. 그러하기에 어떤 환난과 시련이 닥쳐와도 믿음을 저버리지 않았던 것이다. 성령 세례를 받은 사람들은 누가 뭐라고 해도 예수님을 믿는 믿음이 흔들리지 않는다. 교회에서는 시험 들 일들이 많은데, 특히 다른 사람들이 말하는 것 때문에 시험에 들 수 있다. 그러나 성령 체험이 있는 사람은 어떤 일이 생기더라도 예수님을 떠나지 않는다.

　근본적으로 인간은 연약한 존재이다. 뱀이 아담과 하와를 유혹했을 때 그들은 넘어가고 말았다. 베드로는 죽더라도 예수님을 부인하지 않겠다고 굳게 맹세했지만, 죽음 앞에 너무도 연약하여 예수님을 세 번 부인하고 말았다. 우리는 연약하기 때문에 스스로 신앙생활을 할 수 없다. 그래서 성령의 도움이 필요하다. 성령 세례를 받으면 하나님의 자녀로 능력 있는 삶을 살 수 있다. 성령께서는 연약한 우리들에게 성령 세례와 방언을 주심으로 우리의 영혼을 강하게 하신다. 내주하신 성령은 말할 수 없는 탄식으로 신자들의 연약함을 위해서 기도하신다.[102] 성령이 임하실 때 권능이 함께 따라온다. 능력이 없으면 죄와 싸워서 이길 힘도 없으며, 전도할 수도 없고, 마귀를 대적할 수도 없다.[103]

1. 증인이 되라

성령 체험이 있는 자들은 다른 사람들에게 예수 그리스도를 전하고자 하는 강한 열망이 타오르게 된다. 나의 경우에도 성령 세례를 경험한 후 전하고 싶은 욕망에 사로잡혔다. 하루는 버스를 타고 가는데 성령의 음성이 들렸다: "말씀을 전해라." 그런데 무슨 말씀을 어떻게 전해야 할지, 내성적인 나로서는 도저히 용기가 나지 않았다. 좌석에서 일어나 운전사 옆으로 가서 승객들을 바라보고 섰다. 그런데 얼굴만 빨개지고 한마디 말도 못한 채 다음 정거장에서 내려 버렸다. 그러기를 여러 번, 성령께서는 말씀을 전하라고 재촉하셨다. 하루는 용기를 내어서 말씀을 전했다. 무슨 말을 어떻게 했는지 잘 기억이 나지 않는다. 그러나 말씀을 전하

---

102) Edmund J. Rybarczyk, "Reframing Tongues," 92~3.
103) 하용조, 성령 받은 사람들, 520, 531. 하용조, 바람처럼 불처럼, 49.

고자 하는 강한 욕망이 멈추지 않았다. 과 친구들을 한 명씩 앉혀 놓고 전도하기도 했다.

예수님을 영접하지 않았을 때 예수 믿는 사람들에 대한 나쁜 기억을 가지고 있었다. 특히 버스나 지하철에서 "예수 천국, 불신 지옥"이라고 외치던 사람들에 대한 반감이 있었다. 할일이 없으면 집에나 들어가지, 왜 길거리에 나와서 다른 사람들에게 혐오감을 불러일으키는 말을 하는지 이해가 되지 않았다. 그러나 성령을 받은 후 내가 그 사람이 되어 버렸다. 물론 전도 방법에는 문제가 있다고 생각한다. 그러나 전도는 인간의 능력이나 힘에 의해서 되는 것이 아니다. 성령께서 예수님을 전하고자 하는 열망을 주신다. 성령 세례를 받으면 영혼 사랑에 대한 열정이 강해져서 전도하게 된다.

예수님께서 우리에게 성령 세례를 주시는 이유는 우리로 하여금 예수 그리스도를 체험하여 구원 사역의 효과적인 증인이 되라는 것에 있다. 성령 세례에 대한 예수님의 가르침은 거의 복음을 전파하는 증인의 역할을 감당하라는 것에 초점을 맞추고 계시다. 예수님은 부활하신 후 40일 동안 이 땅에 거하시면서 다음과 같이 제자들을 가르치셨다: "너희는 가서 모든 족속으로 제자를 삼아"(마 28:19~20), "너희는 온 천하에 다니며 만민에게 복음을 전파하라"(막 16:15), "너희는 이 모든 일의 증인이라"(눅 24:48), "너희는 온 천하에 다니며 만민에게 복음을 전파하라"(막 16:15).

예수님의 부활과 승천을 목격한 제자들은 당장 나가서 예수님의 중인이 될 수 있었다. 그러나 예수님은 승천하시기 직전까지도 성령을 받기 전까지 움직이지 말고 예루살렘에 머물 것을 명하신다: "예루살렘을 떠나지 말고 내게 들은바 아버지의 약속하신 것을 기다리라 요한은 물로 세례를 베풀었으나 너희는 몇 날이 못되어 성령으로 세례를 받으리라 … 오직 성령이 너희에게 임하시면 너희가 권능을 받고 예루살렘과 온 유대와 사마리아와 땅 끝까지 이르러 내 증인이 되리라"(행 1:4~8). 성령은 복음을 전파하는 욕망과 능력을 부여하시면서 문화적, 인종적, 지역적 장벽을 넘어 모든 사람에게 복음을 전하게 하신다.

성령은 사역의 영이며 선교의 영이다. 성령은 예수를 변호하고 증거하러 오신 보혜사이다. 그러므로 성령을 받은 자만이 권능을 받고 진정한 예수의 증인이 될 수 있다:[104] "내가 아버지께로서 너희에게 보낼 보혜사 곧 아버지께로서 나오시는 진리의 성령이 오실 때에 그가 나를 증거하실 것이요"(요 15:26). 증인이란 법정 용어로, 증인은 자신이 보고 들은 것, 알고 있는 것을 정직하게 증언하는 임무를 가지고 있다. 성령 세례의 목적은 증인이 되는 데에 있다. 우리가 해야 할 일은 예수님의 죽으심과 부활을 다른 사람들에게 증거하는 것이다. 증인이 되기 위한 조건은 성령 세례를 받는 것이다.

베드로의 경우, 예수께서 잡히시던 밤에 예수님을 저주하면서

---

104) Norma Dearing, The Healing Touch, 55.

예수님을 세 번 부인했다. 그러나 성령 세례를 받고 방언을 체험한 후 완전히 달라진 모습을 보여 준다. 성령이 불의 혀 같이 갈라지면서 내리는 현상을 보고 모여든 수많은 사람들을 보고, 베드로는 담대하게 복음을 전파했다(행 2:14). 그의 단 한 번의 설교로 3천 명이 주님께로 돌아왔다. 예수님의 제자들은 오순절 사건 이전에는 언제 잡힐지 모르는 공포 속에 숨어 있었다. 그러나 성령 세례를 받은 후에는 완전히 새롭게 변화되어 예루살렘과 세계를 그리스도의 복음으로 변화시켰다. 결국 예수님의 죽으심과 부활을 목격한 제자들도 오순절 경험을 통해서야 전도와 선교에 대한 능력을 소유하게 되었고, 진정한 증인이 될 수 있었다.

예수님을 핍박했던 사울은 다메섹 선상에서 예수님을 만나게 된다. 그리고 아나니아의 안수를 받고 성령의 충만함을 받게 된다. 그러자 회심한 지 얼마 되지 않았음에도 불구하고 증인이 되어 복음을 전하기 시작했다: "즉시로 각 회당에서 예수의 하나님의 아들이심을 전파하니 듣는 사람이 다 놀라 말하되 이 사람이 예루살렘에서 이 이름 부르는 사람을 잔해하던 자가 아니냐"(행 9:20~21).

20세기 초, 오순절 운동이 미국 로스앤젤레스 아주사 거리에서 폭발적으로 일어났을 때, 사람들은 성령 세례를 받고 방언을 체험하였다. 그들은 성령 체험을 세계 곳곳에 복음을 전파하라는 하나님의 명령으로 받아들이고 곧 미국 전역과 전 세계로 복음을 전하기 위해서 출발하기 시작했다. 그들은 성령 세례가 주님께서 곧 재림하시는 신호로 해석했기 때문이다. 주님께서 오시기 전에 나라를 복음화시키고 전 세계에 복음을 전해야 했다.[105]

예수님은 성령을 보내 주심으로 우리를 증인으로 불러 주셨다. 당신은 성령 세례를 받았는가? 그러면 당신도 증인이 된 것이다. 성령 세례를 받은 자는 전도와 선교를 위한 권능을 받은 자이기 때문에 전도 및 선교의 사명을 받은 자들이다. 당신이 만약 성령 세례를 받은 자라면, 시간과 물질을 드려 가까이는 이웃 전도부터 시작해 세계 선교에 헌신해야 할 것이다.

2. 능력을 받으라

예수님을 영접한 후 가장 먼저 떠올랐던 사람은 부모님이었다. 평생 동안 교회를 다니신 적이 없던 분들이셨기에 예수님을 소개해도 이해하지 못하셨다. 아무리 전도를 해도 먹혀 들어가지 않았다. 하루는 전화를 드렸더니 어머니께서 앓아누워 계셨다. 서울에서 시골까지 4시간 이상이 걸리는 길을 한걸음에 내려갔다. 그리고 하나님의 말씀에 의지해 어머니의 몸에 손을 얹고 기도하기 시작했다. 나 자신도 초신자였던지라 어떻게 기도해야 할지도 몰랐다. 기도 후 어머니는 병 고침을 경험하셨고 교회를 나가기 시작하셨다. 나의 경우처럼, 몇 십 번의 전도보다 한 번의 능력 행함이 복음을 전할 수 있는 좋은 수단이 될 수 있다.

---

105) William Faupel, The Everlasting Gospel (Sheffield: Sheffield Academic Press, 1996), 21.

성령 세례의 주목적은 예수 그리스도의 복음을 전하기 위한 영적 능력을 받는 데에 있다.[106] 성경에 나오는 모든 영적 권능은 성령으로부터 온다: "오직 성령이 너희에게 임하시면 너희가 권능을 받고"(행 1:8). 성령께서는 우리에게 능력을 주시는데, 이 능력에는 병 고치는 능력, 귀신 쫓는 능력, 독을 마실지라도 해를 받지 않는 능력(막 16:17~18)이 포함된다.[107] 예수님의 공생애도 성령께서 함께 사역하실 때 많은 이적과 기사가 나타났다: "병을 고치는 주의 능력이 예수와 함께하더라"(눅 5:17), "내가 하나님의 성령을 힘입어 귀신을 쫓아내는 것이면 하나님의 나라가 이미 너희에게 임하였느니라"(마 12:28).

땅을 팔 때는 손으로 파는 것보다 삽으로 파는 것이 훨씬 더 능률적이다. 집을 짓기 위해서 땅을 팔 때는 삽으로 파는 것보다 포클레인으로 파는 것이 더 능률적이다. 성령께서는 복음을 전하는 데 필요한 능력을 주신다. 사도행전에서도 하나님의 말씀이 전파되는 곳마다 성령의 능력과 기적이 일어났다고 기록하고 있다. 사도들이 성령 세례를 받자 성령께서 주신 큰 능력으로 기적을 행하고 병을 고치며 귀신을 쫓아내는 능력이 나타났다: "사도들로 인하여 기사와 표적이 많이 나타나니"(행 2:43), "많은 사람에게 붙었던 더러운 귀신들이 크게 소리를 지르며 나가고 또 많은 중풍병자와 앉은뱅이가 나으니"(행 8:7). 예수를 증거하는 사역은 영적 싸움

---

106) Gary B. McGee, "The New World of Realities in Which We Live?," 114.
107) 하용조, 성령 받은 사람들, 45.

이므로 영적 권능이 많이 나타날수록 효과적으로 복음을 전할 수 있다. 하나님 나라는 말에 있지 아니하고 능력에 있다. 성령의 아홉 가지 은사가 주어진 이유도 증인으로서 능력을 가지고 복음을 전파하라는 하나님의 뜻이 담겨져 있다.

중생은 믿는 자에게 영생을 준다. 그러나 성령 세례는 중생한 성도들에게 그리스도를 전할 수 있는 하나님의 권능을 준다. 중생(십자가 사건)은 자신의 구원을 위해서 존재하지만, 성령 세례(오순절 사건)는 교회를 위해서 봉사하고 다른 사람들에게 복음을 전하기 위해서 받는 것이다. 구원을 받았다고 해서 자동적으로 영적 권능이 생기는 것이 아니다. 오순절 사건을 통해 우리는 구원의 확신을 넘어서는 능력 부여를 선물로 받게 된다. 구원받은 사람이 능력 있고 충만하게 그리스도를 증거할 수 있는 능력의 세례가 성령 세례이다. 예수 그리스도를 믿고 구원을 받았어도 예수님의 증인이 되고 하나님의 사역을 감당하려면 권능을 주시는 성령의 능력을 받아야 한다.

19세기 말, 부흥사 무디는 구원에 대한 확신과는 다른 복음 전파를 위한 초자연적 능력이 필요함을 깨달았다. 그는 성령 사역에 초점을 맞추고 성령 세례에서 얻어지는 영적 능력을 간구하였다.[108] 영적 능력을 행하는 사람들 가운데 방언을 못하는 사람은 거의 없다고 한다. 100퍼센트 동의하지는 않지만, 이 사실은 능력

---

108) W. H. Daniels, ed., Moody: His Words, Work, and Workers (New York: Nelsonand Philips, 1877), 396~403.

행하는 일과 성령 세례는 깊은 연관이 있음을 보여 준다. 왜냐하면 방언은 성령 세례의 대표적인 은사이기 때문이다. 군인이 총 없이 전쟁터에 나갈 수는 없다. 성령 세례를 받지 않았다면 하나님의 군사로 영적 무장이 안 된 것이다. 하용조 목사의 경우, "성령 세례를 안 받은 사람은 교회에 남아 있어야 한다"고 강력하게 주장한다.[109] 이처럼 능력 있는 증인이 되기 위한 전제 조건은 성령 세례를 받고 능력을 받는 것이다.

예수님은 믿는 자와 성령 간의 새롭고 역동적인 관계에 대해서 설명하신다. 우리가 성공적인 신앙생활을 하기 위해서는 중생의 체험 외에 성령 세례를 체험해야 한다. 믿을 때에 이미 성령을 받았다는 자기변명을 버리고, 성경이 분명히 가르치고 명령하고 있는 성령의 충만한 세례를 받아야 한다. 이 성령 세례는―주의 종에게는 능력 있는 목회 사역을 위해, 평신도에게는 신앙생활의 승리와 전도를 위해―모든 성도가 꼭 받아야 하는 체험이다.

3. 찬양과 경배

성령 세례의 또 다른 목적은 하나님을 찬양하고 경배하는 데에 있다. 우리는 성령으로 충만할 때 하나님을 사랑하고 예배하며 경배한다. 오순절에 성령의 충만함을 받은 제자들은 하나님을 찬양하기 시작했다. 끊임없이 솟아나오는 찬양은 하나님을 경험하여

---

109) 하용조, 성령 받은 사람들, 26.

감격하고 감동받은 사람들의 언어이다: "내가 영으로 찬미하고 또 마음으로 찬미하리라"(고전 14:15). 방언의 주 내용도 하나님의 위대하심을 찬양하는 것이다: "이는 방언을 말하며 하나님 높임을 들음이러라"(행 10:46). 우리는 방언을 통해 하나님을 높이는 기도를 한다.

하나님을 경배함에 있어서 이 땅의 언어가 아닌 하늘의 언어로 새로운 차원의 예배 형식을 제공받는다. 방언은 영혼의 기도이자 찬양과 예배의 언어이기도 하다. 우리가 찬양을 통해서 하나님을 경배하듯이, 방언을 통해서도 하나님께 예배하고 경배할 수 있다.

성령 체험은 예수님 체험이다

성령 운동에 비판적인 사람들은 성령 운동이 지나치게 성령과 성령의 사역을 강조하다 보니 체험 지상주의에 빠질 수 있다고 경고한다. 즉 성령의 역할을 강조하다 보니 하나님 아버지와 예수 그리스도를 무시한다고 경고하면서 성령 운동은 위험하다고 주장한다. 십자가에서 돌아가신 예수님보다 성령을 더 의지하게 되고, 하나님의 말씀보다는 체험을 더 중요하게 생각하게 된다는 것이다.

그러나 내 생각은 다르다. 성령을 주시는 성령 세례자가 누구신가? 바로 예수님이시다. 우리가 성령 세례를 받고 방언의 은사를 받을 때의 경험 자체도 중요하지만, 우리는 이를 허락해 주신 예수님을 바라보게 된다. 우리가 성령 세례를 받는다는 것은 성령을 보내신 예수님을 만나는 것이다. 성령을 받음으로 살아 계신 예수 그리스도를 체험할 수 있다.

나도 성령 세례를 경험한 후에야 비로소 예수님이 누구신지를 깨닫게 되었다. 예수께서 이스라엘에 육체로 오셨을 때에는 육체라는 한계로 인해서 특정한 시간, 특정한 장소에서만 소수의 사람들이 예수님을 보고, 믿고, 체험할 수 있었다. 그러나 하늘로 올라가신 예수께서 성령을 보내 주시자, 영이신 성령을 통해 우리는 시간과 장소의 구애를 받지 않고 살아 계신 예수님을 체험할 수 있게 되었다. 성령은 2천 년 전 이 땅에 육체로 오셨던 예수님을 지금 여기에서 체험할 수 있게 하신다. 성령을 모셨다는 것은 곧 성령을 보내신 예수님을 체험한 것이 된다.

성령의 가장 큰 사명 중 하나는 바로 예수님을 세상에 드러내며 그분께 영광 돌리는 일이다. 성령께서는 자신을 숨기시고 예수 그리스도를 증거하신다. 성령 세례를 통해 하나님의 DNA, 즉 예수 그리스도의 비밀과 능력이 우리 속에 심겨진다. 방언을 통해 기도하는 내용의 가장 큰 비밀도 예수 그리스도이시다.[110] 따라서 성령을 강조하는 것은 세례를 주시는 예수님을 강조하는 것이다. 성령 세례를 간구하는 자들은 단편적 경험도 중요하지만 예수님과 그의 사역에 관심의 초점을 맞추어야 한다. 예수님만이 우리를 죄에서 구원하시며 성령 세례를 베푸시는 분이시기 때문이다. 우리가 성령 세례를 통해 능력을 받고 증인이 되어 하는 일이 무엇인가? 바로 예수 그리스도를 전하는 일이다.[111]

예수님은 그의 공생애를 통해 성령과 동행하는 삶을 사셨다.[112] 승천하시기 전 제자들에게 "성령 세례를 받으라"고 명령하

---

110) 김우현, 하늘의 언어, 132.
111) Gary B. McGee, 122~4.
112) 하용조, 바람처럼 불처럼, 31.

셨다. 예수께서 승천하시기 전에는 성령이 강림하지 않으셨다: "예수께서 아직 영광을 받지 못하신 고로 성령이 아직 저희에게 계시지 아니하시더라"(요 7:39). 예수께서 승천하신 지 열흘이 지난 후 성령께서 신자들에게 임하셨고, 성령께서 이 땅에 오심으로 교회가 탄생하였다. 예수께서 하늘로 가신 이유 중 하나는 우리에게 성령을 보내 주시기 위해서였다. 성령 사건의 주체는 예수님으로, 예수께서 우리의 믿음을 확증하신 후 우리에게 성령을 허락하신다.

성령은 예수 그리스도를 증거하기 위해서 오시기 때문에, 성령 충만한 삶이란 곧 예수님으로 충만한 삶을 가리킨다. 내가 사는 것이 아니라 예수께서 내 안에 사신다. 진정한 성령 운동은 그리스도를 높이는 데 그 목적이 있다. 따라서 성령과 예수 그리스도를 구분할 수는 없다. 예수 그리스도가 없는 성령은 존재하지 않는다. 진정한 성령 세례란 그리스도의 삶이 우리 안에 임하는 것이다.[113] 성령이 일하실 때, 실제로 영광을 받으시는 분은 예수님이시다. 성령은 예수님의 뜻을 100퍼센트 그대로 우리에게 전해 주시는 분이시다. 성령은 자기 뜻대로 말씀하지 않고 오직 하나님께로부터 보고 들은 것을 말씀하시며, 예수님의 영광을 위해서 일하신다(요 16:12~14). 성부, 성자, 성령 하나님은 함께 계시며 함께 사역하신다. 그러하기에 성령 세례는 삼위일체이신 하나님과의

---

113) 하용조, 성령을 받은 사람들, 133.

인격적 만남이다.

성령 세례는 명확한 체험이다

간혹 "목사님, 저는 구원을 받았는지 아닌지 잘 모르겠어요"라고 말하는 신자들이 있다. '하나님을 안다'라는 말의 어원을 찾아보면, 남녀가 만나서 합방을 했다는 의미가 있다. 자신이 결혼을 했는지 안 했는지 모르는 사람은 없다. 그만큼 구원은 확실한 경험이라는 의미이다. 자신이 구원받았는지 안 받았는지를 모르면 하나님도 모르신다. 성령 체험도 마찬가지다. "성령 체험을 했는지 안 했는지 모르겠어요"라고 말하는 사람은 성령 세례를 받지 않은 사람이다. 성령 세례의 경험은 특정한 순간 특정한 사람에게 일어나는 실제적이고 의식적인 경험이다. 그러므로 본인이 이를 받았는지 아닌지를 명확하게 알 수 있는 체험 사건이다.[114]

성경에 나오는 성령 세례는 성령 세례를 받은 사람과 그 주변 사람들도 알 수 있는 명확한 사건으로 기록하고 있다. 사도행전에 의하면, 성령 세례가 내리던 장소에서 외적인 현상들이 나타났다. 하늘로부터 급하고 강한 바람 같은 소리가 들렸고, 불의 혀 같이 갈라지는 것이 보였다. 마가의 다락방에서 기도하던 사람들은 성령님의 강한 임재를 느꼈고, 성령이 말하게 하심을 따라 다른 방언으로 말하기 시작했다. 이처럼 성령은 시각, 청각 그리고 전 인

---

114) R. A. Torrey, The Baptism With the Holy Spirit, 9~14. Adam Wallace, ed., A Modern Pentecost (Salem, Ohio: Convention Book Store, 1970), 83.

격적으로 우리에게 다가오셨다. 여기서 알 수 있듯이 성령 세례 경험은 모호하거나 추상적이지 않다.

조용기 목사는 성령 세례를 받을 때에 성령의 임재를 명확한 체험으로 받아야 한다고 주장한다. 중생의 체험이 부인할 수 없는 거듭남의 사건이듯이, 성령 세례도 언제 어디서 어떻게 받았는가를 확실히 알 수 있다고 강조한다. 성령 세례의 증거로 방언을 하거나 복음을 능력 있게 증거하게 된다고 한다.[115] 성령 체험을 통해 자신이 하나님의 자녀가 된 것을 알 수 있어야 한다.

하나님의 말씀은 그저 머릿속에 담겨 있거나 우리의 삶과 동떨어져 있지 않다. 하나님의 말씀은 살아 있고 운동력이 있어 우리의 신앙생활을 통해 체험할 수 있다. 참된 신앙은 말씀을 믿고 또한 체험할 수 있어야 한다. 하나님을 체험하는 것이 몇 년간 형식적으로 교회를 다닌 것보다 효과적일 때가 있다. 성령에 대해서 백 번 설교를 듣는 것보다 한 번 체험하는 것이 낫다.[116] 성령의 역사란 이론이나 관념이 아니라 하나님의 말씀이 자신에게 이루어짐을 체험할 수 있는 사건이다. 성령은 받은 자만이 안다. 성령을 받지 않은 사람은 성령 받은 사람을 이해할 수도 없고, 성령 세례의 의미를 알 수도 없다. 성령 세례는 설교나 성경공부를 통해 지식으로 받는 것이 아니며, 분석하고 논쟁해야 할 신학적 주제가 아닌 신앙 경험 그 자체이다.

---

115) 국제 신학 연구원, 여의도 순복음 교회의 신앙과 신학 I, 69.
116) 하용조, 성령 받은 사람들, 77.

사람의 얼굴이나 성격이 서로 다른 것처럼, 성령 세례 체험에도 많은 다양성이 있다. 성령은 인격이시기에 강요하지 않으시고 기계처럼 동일하게 역사하시는 것이 아니라, 받아들이는 개개인의 믿음과 성격, 인격에 따라서 역사하시는 양상이 다르다. 어떤 사람은 갑자기 혀가 말리면서 자신도 모르는 사이에 혀가 진동하면서 방언을 하기도 한다. 갑자기 회개가 터져 나오면서 환상을 보거나 환청을 듣기도 한다. 안수 기도를 받자마자 뒤로 쓰러져 온몸을 떨기도 한다. 내부의 상처와 아픔들이 터져 나오면서 눈물과 콧물이 주체할 수 없을 만큼 쏟아져 나오기도 한다. 죄악, 질병, 귀신들이 소리를 지르며 나가기도 한다. 손기철 장로가 이끄는 헤븐리터치(HTM)에는 성령 세례에 대한 많은 간증들이 올라와 있다. 손기철 장로의 경우 성령 체험을 할 때 머리 주위에 형광등을 달아 놓은 것과 같은 따뜻한 느낌이 감돌았고, 특히 팔이 전기에 감전된 것 같은 전율을 느꼈다고 한다.[117] 그러나 성령 세례를 강하게 체험하는 사람들이 있는 반면, 나처럼 특별한 변화가 없는 경우도 있다. 차분한 성격일 경우 큰 감정 변화 없이 성령 세례를 체험하기도 한다.

또 성령 체험의 유형은 담임목사나 교회의 분위기와도 많은 연관이 있다. 만약 교회가 성령 세례에 대해 환영하고 열려 있는 분위기라면 좀 더 쉽게 많은 신도들이 이를 경험할 수 있다. 감정을

---

117) 손기철, 기름 부으심, 140.

자연스럽고 열정적으로 표현할 수 있는 곳이라면 교인들이 열정적으로 성령 세례를 경험하게 된다. 만약 다니는 교회의 분위기가 조용하고 정적이라면, 그 교인들은 조용한 양상으로 성령 체험을 할 것이다. 특히 교회 내에서 방언 기도를 금지하는 교회일 경우, 자신의 방언의 은사를 숨기려 하다 보니 매우 조용한 형태로 성령 세례를 경험하게 된다.

성령 세례 받으면 방언하나요?

성령의 은사와 열매

1. 성령의 은사들

성령께서는 신자들의 영혼 속에 임재하기를 원하시며, 내주하신 증거로 다양한 은사들을 부어 주신다. 은사들은 성령의 임재의 결과이며 하나님의 선물이다: "이 모든 일은 같은 한 성령이 행하사 그 뜻대로 각 사람에게 나눠 주시느니라"(고전 12:11). 성령께서는 그의 몸인 교회에게 가장 적당한 때에 가장 적당한 은사를 주신다.

바울은 고린도전서 12장 8~11절에서 성령의 아홉 가지 은사들을 열거하고 있다. 이 아홉 가지 은사들 중에는 구약에서 나타난 것도 있다. 이 은사들은 지혜, 지식, 믿음, 치유, 능력 행함, 예언, 영들 분별함, 방언 말함 그리고 방언 통역이다. 이 은사들은 크게 세 부류로 나뉘는데, 지혜, 지식, 영분별의 은사는 계시의 은사로, 방언, 방언 통역, 예언의 은사는 발성 은사로 구분하며, 믿음, 치유, 능력 행함의 은사는 권능의 은사에 포함시킨다.[118]

지혜의 은사란 어렵거나 복잡하고 위험한 상황에 부딪혔을 때

---

118) 국제신학연구원, 여의도순복음교회의 신앙과 신학 I, 285.

그 문제를 해결할 수 있는 능력의 은사이다. 솔로몬이 아이의 친어머니를 찾기 위해 내린 판결은 지혜가 하나님께 속한 것임을 보여 준다. 지식의 은사란 주로 성경을 해석하고 변증하는 은사를 가리킨다. 믿음의 은사란 기적을 행할 수 있는 믿음을 가리키며, 불가능을 가능하게 하는 믿음을 의미한다. 병 고치는 은사를 가진 사람은 병을 고치는 기적을 행하고 육체적 허약함도 치유할 수 있다. 능력 행함이란 예수님을 증거하는 데 나타나는 모든 능력을 일컫는다. 치유의 은사와 구별한다면, 병 고치는 것 이외의 여러 가지 이적을 일으키는 은사를 말한다. 예언함이란 하나님의 말씀을 받아서 그 말씀을 전하는 능력이다. 예언자들은 교회에 중요한 하나님의 말씀을 전하고, 특수한 환경에서 교회가 알아야 할 것과 행해야 할 것을 알게 해 준다. 그리고 주로 낙담한 자들을 격려하고 위로하는 말씀을 전한다. 그래서 미래의 일을 점치는 것을 예언의 은사로 혼동해서는 안 된다. 영분별 은사는 성령의 생각과 인간의 생각과 사탄의 생각을 구분할 수 있는 능력을 의미한다. 간혹 악한 영들도 성령의 흉내를 내며 사람들로 하여금 거짓 예언과 이적을 행하게 한다. 영들을 분별하고 성령을 힘입어 귀신을 쫓아낼 수 있어야 한다. 예수님은 귀신을 제압하시고 쫓아내셨는데, 그 능력은 하나님의 성령으로부터 나온 것이다: "그러나 내가 하나님의 성령을 힘입어 귀신을 쫓아내는 것이면"(마 12:28).[119] 방

---

119) 하용조, 바람처럼 불처럼, 47.

언도 성령의 은사이며, 방언하는 자들은 방언을 통역할 수 있는 은사를 받기 위해 기도해야 한다.[120] 이들 아홉 가지 성령의 은사들을 분석해 보면 대부분이 언어 및 발성적 은사와 관련이 있고, 신유와 능력 행함만이 행위와 관련된 은사임을 알 수 있다.[121]

혹자는 하나님의 말씀만 의지하는 신앙생활을 해야지, 체험하는 영적 은사를 구하는 것은 영적 미성숙을 의미한다고 주장한다. 그러나 성령의 은사는 인간의 노력이나 능력으로 소유할 수 없고, 오직 성령께서 주권적으로 각 성도들의 필요에 따라 나눠 주시는 것이다. 이 은사들은 오늘날 우리들을 위해 주어진 것이다. 우리가 성령의 은사들에 대해서 취해야 할 태도는 각 은사에 대한 하나님의 의도를 알고 이 은사들을 사모하고 간구하는 것이다: "너희는 더욱 큰 은사를 사모하라"(고전 12:31). 성령 세례 이후, 성령의 은사를 받기 위해서 기도해야 한다. 은사를 받은 후에는 이 은사를 개인적 유용이 아닌 교회 전체의 유익을 위해서 사용해야 한다. 그리고 지속적으로 은사를 개발해 나가야 한다. 군인이 좋은 무기를 가졌다고 해서 그 순간에 좋은 군인이 되는 것은 아니다. 피나는 훈련이 필요하다. 은사도 일종의 영적 무기이므로 끊임없는 자기 혁신, 훈련, 개발을 통해 은사를 지속, 발전시켜야 한다.

은사의 또 다른 유익은 교회를 넘어서 사회와 자기 삶의 영역

---

120) Larry Christenson, Speaking in Tongues, 115~6.
121) J. R. Michaels, "Gifts of the Spirit," in The New International Dictionary of Pentecostal and Charismatic Movements, 664~7.

에서 주님의 권세와 능력으로 살도록 하기 위함이다. 예수 그리스도의 사랑을 좀 더 효과적이고 구체적으로 세상 사람들에게 나타내라는 하나님의 뜻이 담겨져 있다. 그리스도 예수의 사랑과 마음을 이 세상에 나타내고 나누기 위해 필요한 능력이다.

사도 바울은 우리에게 묻는다: "다 사도겠느냐 다 선지자겠느냐 다 교사겠느냐 다 능력을 행하는 자겠느냐 다 병 고치는 은사를 가진 자겠느냐 다 방언을 말하는 자겠느냐 다 통역하는 자겠느냐"(고전 12:29~30). 이 말씀은 교회라는 그리스도의 한 몸에 다양한 지체 및 은사가 필요하며, 그중 하나라도 소홀히 취급하면 안 된다는 것이다. 오케스트라의 각각의 악기가 모여서 아름다운 화음을 만들어 내듯이, 다양한 영적 은사가 교회 전체의 단합을 위해서 사용되어진다면 이보다 아름다운 모습은 없을 것이다.

다시 말하지만, 은사는 개인의 명예나 세상의 유익 도모를 위해서 주신 것이 아니다. 만약 은사가 교회를 돕는 일에 쓰일 수 없다면, 그 은사는 나무에서 떨어진 나뭇가지와 같은 것이 되고 만다. 은사는 오직 그리스도의 몸 되신 교회를 위해서 주신 것이기 때문에, 교회에 봉사하기 위해, 다른 성도들을 섬기기 위해 사용되어야 한다. 성령께서 우리에게 각양 은사를 주심은 "성도를 온전케 하며 봉사의 일을 하게 하며 그리스도의 몸을 세우"시려는 데 그 목적이 있다(엡 4:12). "그리스도의 몸이요 지체의 각 부분"인 우리에게 교회를 섬기라고 주시는 것이다(고전 12:27).

2. 성령의 열매

성령의 은사가 주로 외적으로 나타나는 능력인 데 반해, 성령의 열매는 신앙이 성숙되어 예수 그리스도의 성품을 닮아 가는 것을 의미한다. 누구든지 예수님을 믿고 영접하면 순간적인 신분 변화를 경험하지만, 개인이 가지고 있는 성품은 성령 안에서 일생을 통해 성화되어 간다.

성령의 열매는 사랑, 희락, 화평, 오래 참음, 자비, 양선, 충성, 온유, 절제이다(갈 5:22). 성령의 첫 번째 열매는 사랑으로, 하나님과 이웃을 사랑하는 것을 의미한다. 자비란 불친절한 상대에게도 친절할 수 있는 능력을 의미하며, 양선은 모든 사람들에게 선한 마음으로 대할 수 있는 능력이다. 성도 개인의 인격이 성령에 사로잡혀 예수 그리스도의 형상으로 닮아 가는 과정이 성결인데, 성결은 성령의 열매와 긴밀한 관련을 가지고 있다. 우리가 성령으로 충만할 때, 우리의 일상생활을 통해 성령의 열매가 맺힐 것이다. 성령의 열매가 많은 사람일수록 그의 말과 행동을 통해서 예수 그리스도의 은은한 향기가 나타날 것이다.

3. 예언의 은사에 대한 고찰

예언의 은사는 성령의 감동을 받은 사람이 하나님으로부터 말씀을 받아서 신자들에게 전달하는 은사이다. 주 내용으로는 죄를 지은 자를 책망하거나 회개를 촉구하며, 큰 충격과 슬픔에 빠져 있는 자에게는 위로하고 격려한다.

"사랑을 따라 구하라 신령한 것을 사모하되 특별히 예언을 하려고 하라 방언을 말하는 자는 사람에게 하지 아니하고 하나님께 하나니 이는 알아 듣는 자가 없고 그 영으로 비밀을 말함이니라 그러나 예언하는 자는 사람에게 말하여 덕을 세우며 권면하며 안위하는 것이요 방언을 말하는 자는 자기의 덕을 세우고 예언하는 자는 교회의 덕을 세우나니 나는 너희가 다 방언 말하기를 원하나 특별히 예언하기를 원하노라 방언을 말하는 자가 만일 교회의 덕을 세우기 위하여 통역하지 아니하면 예언하는 자만 못하니라"(고전 14:1~5).

즉 방언의 은사는 주로 방언 기도하는 자신에게만 도움이 되는 은사인 데 반해, 예언은 교회 전체의 유익이 되는 은사이다. 통역되지 않는 방언은 다른 신자에게 아무런 유익을 주지 못하고 교회에도 아무런 덕을 줄 수 없기에 효과 면에서 예언보다 못하다. 이에 근거해서 혹자는 바울이 방언의 은사를 예언의 은사보다 열등한 은사로 보았다고 주장한다. 그러나 은사는 우등한 은사 내지는 열등한 은사로 나눌 수 없기에 이러한 해석은 부당하다. 다만 예언이 용도에 있어서 방언보다 교회 전체에 덕을 끼치는 것은 사실이다.

방언 통역 은사자에 대한 검증이 필요하듯이, 예언의 은사를 가진 사람에 대한 검증 및 예언 내용에 대한 분별이 필요하다. 간혹 교회 내에서 무당이 점을 치듯이 사람들의 직업이나 배우자, 결혼 등에 대해서 예언하는 사람들이 있다. 개인적으로 나는 예언에 대해 많은 부정적 경험을 했다. 예언의 은사는 오용되거나 왜곡될 수 있는 가능성이 매우 높다고 생각한다. 우리는 1992년 다미 선교회 사건을 기억하고 있다. 이장림 목사가 1992년 10월 28일에 주님이 재림하신다고 예언을 했고, 수많은 사람들이 이에 미혹되어 가정을 버리고 직장을 그만두기도 했다. 주님의 재림과 관련해서 날짜를 말하는 것은 100퍼센트 가짜 예언이다.

주변에 예언의 은사를 받았다고 주장하는 사람들이 있었다. 하루는 한 자매가 환상 중에 내가 어떤 자매와 같이 사는 것을 보았다고 했다. 그 자매가 하나님이 정해 주신 배우자이니 사귀라고 종용했다. 그러나 나는 그 자매에 대해 호감을 가지고 있지 않았고 그 이후로도 생기지 않았다. 결국 그 자매는 다른 형제와 결혼을 했다.

한번은 기도원을 방문했는데, 우연히 한 예언 은사자에게서 예언을 받게 되었다. 하나님께서 나를 하나님의 종으로 부르신다고 예언해 주어서 매우 심각하게 받아들였다. 며칠 동안 고민한 끝에 다시 찾아가서 그 예언자에게서 예언을 받았는데, 이번에는 돈 잘 버는 장로가 되어서 교회의 선교를 위해서 헌신하라는 내용이 나왔다. 이렇듯 예언하는 사람의 영적 상태나 감정에 따라서 예언 내용이 완전히 달라지는 것을 본 후 예언에 대한 믿음이 사라지게 되었다.

한 자매는 결혼을 무척 하고 싶어 하는데, 예언을 받아 보니 독신의 은사가 나왔다고 고민하였다. 나는 상담을 통해 결혼하는 것이 하나님의 섭리이고 결혼하고 싶은 생각을 하나님께서 막으실 리 없다며 맞선이 들어오면 언제든지 나가라고 충고해 주었다. 나의 경우에도 큰 실수를 저지른 경험이 있다. 한 고등학생이 특정 대학 이름을 대면서 그곳에 합격하게 해 달라고 기도 부탁을 해서 열심히 기도해 주었다. 그런데 기도만 하면 그 학생이 그 대학에 합격한 것 같은 강한 느낌을 받았다. 고민 끝에 그 학생에게 말해 주었더니 굉장히 좋아했다. 그러나 그 학생은 그 대학에 불합격했고 다른 대학을 가게 되었다. 이 경험 뒤로는 기도하던 중 마음에 어떤 생각이 든다고 해서 함부로 말하지 않게 되었다.

이렇듯 다른 사람을 위해서 기도하던 중 마음속에 생각나는 바를 예언이라 여기고 여과 없이 그대로 발설하는 경우가 있다. 때문에 예언이 사람의 생각에서 나오는 것인지, 귀신의 생각에 영향을 받은 것인지, 아니면 정말 성령의 감동하심에 의해서 나오는지에 대한 영적 분별이 필요하다(히 1:21). 그리고 예언자에 대한 검증도 필요하다고 생각한다. 신실하지 못한 사람이 예언에 참여하는 것은 그 자신에게도 유익이 되지 못하고 다른 성도들에게도 시험거리를 제공하게 된다. 예언자와 예언 내용을 신중히 검증하고 영적으로 분별할 수 있어야 예언의 은사에 대한 유익이 있다. 개인적으로 교회 내에서 개인사를 점치는 행위는 금지되어야 한다고 생각한다.

성령 세례와 방언의 관계

성령 세례는 중생한 자가 주의 사역을 감당하고 승리하는 삶을 살 수 있도록 성령께서 신자에게 내주하시는 영적 체험이다. 그러면 성령 세례를 받았다는 사실을 어떻게 알 수 있을까? 성령 세례와 방언과의 관계는 무엇인가? 성령 세례를 받으면 반드시 방언을 하는 것일까?

1. 방언은 성령 세례의 첫 번째 증거인가?

우리는 성령 세례를 받을 때 성령의 은사도 함께 받는다. 성령 세례의 외적 증거는 다양한데, 대표적인 증거 중 하나가 방언이다. 성령은 믿는 자들에게 방언을 말할 수 있는 능력을 주신다. 성경에 나와 있는 방언 사건들을 잘 조사해 보면 성령 세례와 깊은 관련이 있음을 알 수 있다. 사도행전 2장 4절의 오순절, 10장 45~46절의 고넬료 가정, 19장 6절의 에베소교회에서 이러한 연관성을 찾을 수 있다. 이 세 경우를 보면 방언이 성령 세례의 첫 번째 물리적 증거로 나타난다. 성령이 우리 영혼 안에 강림하시고 그 성령의 인도하심에 따라 방언이 함께 나타났다.

오순절 사건에서는 성령 세례가 임했고 사도들이 방언을 했다고 기록하고 있다. 이후 사건에서도 성령 세례가 임한 중요한 증거로 방언을 언급하고 있다. 이방인이었던 고넬료의 초청을 받고 베드로는 그 집을 방문하여 하나님의 말씀을 전했다: "베드로가 이 말 할때에 성령이 말씀 듣는 모든 사람에게 내려오시니 베드로와 함께 온 할례 받은 신자들이 이방인들에게도 성령 부어 주심을 인하여 놀라니 이는 방언을 말하며 하나님 높임을 들음이러라"(행 10:44~46). 베드로는 고넬료 가정에 성령이 임하셨다는 사실을 추측하지 않았다. 그는 그들이 방언하는 것을 들음으로 성령 세례 사건을 알았다.

이렇듯 성령 세례를 받았다는 대표적인 물리적 표적이 방언이다. 방언은 성령으로 세례 주시는 예수님을 만난 증거 중 하나이다. 오직 성령께서 우리 영혼에 임재하심으로 신자들은 이전에 결코 배워 본 적이 없는 새 방언으로 기도할 수 있게 되었다(행 2:5~8). 그러므로 방언은 하나님께서 영으로 믿는 자들 안에 거하고 계신다는 초자연적 증거가 된다. 문봉주 장로의 경우, 방언 기도만큼 성령의 임재를 강렬하게 체험할 수 있는 기도는 없다고 확신한다.[122] 이렇듯 방언은 성령 세례 받은 것을 입증하는 외적 증거가 된다.

그렇다면 방언은 성령 세례의 첫 번째 육체적 증거인가? 성령

---

122) 문봉주, 성경의 맥을 잡아라, 562.

세례를 받으면 반드시 방언을 하는가? 방언을 하지 못하면 성령 세례를 받지 않은 것인가? 여의도순복음교회를 포함한 전통적 오순절주의에서는 방언이 성령 세례의 첫 번째 물리적 증거라고 주장한다. 즉 성령 세례를 받으면 예외 없이 모든 사람들이 방언을 할 수 있다고 주장한다. 그러나 사도행전이나 고린도전서의 성령 세례 받는 사건에서 방언이 반드시 동반되는 것은 아니다. 성령 세례의 객관적 외적 증거가 방언이라는 공식을 언급하지 않는다.

사도행전에는 성령 세례 받는 사건이 다섯 번 나온다. 그중 세 번의 사건에 성령 세례가 임할 때 방언이 함께 터졌다고 기록하고 있다. 사마리아의 경우, 성령 세례에 대한 기록은 있지만 방언에 대한 언급은 없다(행 8장). 베드로와 요한이 사마리아 교인들을 위하여 안수할 때 성령께서 강림하셨다. 그러나 방언에 대한 기록은 없다. 사도 바울의 경우, 다메섹 선상에서 예수님을 만나고 충격에 빠져 있었다. 아나니아가 가서 안수했을 때 그는 성령으로 충만해졌다. 그러나 방언에 대해서는 기록하지 않고 있다(행 9장). 물론 방언 현상이 나타났으나 기록하지 않았을 수도 있다. 그렇다고 성령 세례를 받았다고 해서 100퍼센트 방언을 했다고 단정 지을 수는 없다.

고린도전서도 방언이 유일한 성령 세례의 증거라고 말하지 않는다. 성령 세례의 외적·내적 증거들은 다양하다: "다 사도겠느냐 다 선지자겠느냐 다 교사겠느냐 다 능력을 행하는 자겠느냐 다 병 고치는 은사를 가진 자겠느냐 다 방언을 말하는 자겠느냐 다 통역하는 자겠느냐"(고전 12:29~30). 성령의 은사를 보더라도 아홉 가지가 있다. 성령 세례의 증거로 꼭 방언이 아니더라도 이들 중 하나가 나타날 수 있다. 그러므로 방언을 잣대로 해서 방언하는 사람은 성령 세례를 받은 것이고, 방언하지 못하는 사람은 성령 세례를 받지 못한 것이라고 단정 지을 수는 없다. 극단적으로 성령 세례를 받은 것은 곧 방언을 하는 것이라는 주장은 억지이다.

방언이 성령 세례를 받은 결과로 흔히 나타나긴 하지만 그것이 정석화 된 것은 아니다. 성령 세례를 받으면 반드시 방언을 한다는 공식은 없다. 그러므로 방언이 유일무이한 성령 세례의 첫 번째 육체적·물리적 증거라는 교리는 받아들일 수 없다. "성령 세례를 받은 결과 외적·내적 증거가 나타날 수 있는데, 그들 중 하나가 방언이다"라고 말하는 것이 바른 표현이다.[123] 비록 방언을 하지 못한다 하더라도 성령 세례를 받은 경우가 있을 수 있다. 방언이 아닌 다른 성령의 은사를 받은 자들 중에도 성령 세례를 받은 자들이 있다. 찰스 피니와 같은 성령 충만한 부흥사도 방언을 말하지 못했다.[124] 그러므로 성령 세례를 받은 것이 꼭 방언하는 것을 보증하는 것은 아니다.

---

123) Edmund J. Rybarczyk, "Reframing Tongues," 83.
124) G. B. McGee, "Initial Evidence," in The New International Dictionary of Pentecostal and Charismatic Movements, 789.

2. 방언은 성령 세례의 대표적 증거

비록 성령 세례의 일차적 증거가 방언은 아니지만, 그럼에도 불구하고 방언이 중요한 것은, 성령 세례의 가장 대표적인 외적 표적이 방언이기 때문이다. 예수 그리스도를 영접한 사람만이 성령 세례를 받는다. 성령 충만함을 받으면 성령이 말하게 하심을 따라 그 증거로 방언을 한다. 이를 뒤집어서 말하자면, 방언의 은사를 받은 자는 성령께서 우리 속에 들어와 거하신다는 강력한 증거를 받은 자로, 성령 세례를 받은 것으로 단정 지을 수 있다. 성령 세례를 받은 자는 예수 그리스도를 믿는 자이다. 그래서 방언을 하는 사람은 성령 세례 받은 자이며, 예수님을 믿는 하나님의 자녀라는 확실한 증거를 가지게 된다.

많은 경우, 성령 세례와 방언은 직접적인 관련이 있다. 방언을 강조하는 그룹에서는, '만일 성령 세례의 독특한 초자연적인 증거가 없다면, 이 체험에 대해서 어떻게 확신할 수 있겠는가?'라고 질문하면서, 성령 세례를 받은 최초의 증거로 방언을 제시한다. 방언은 성령의 내주를 증거하는 가장 대표적인 표적이다. 손기철 장로의 경우, 방언을 성령의 역사에서 가장 기초적인 능력이라고 표현한다.[125]

---

125) 김우현, 하늘의 언어, 107.

성령 세례 받으면 방언하나요?

성령 세례 받은 사람이 왜 그러나?

　성령 세례와 방언의 은사를 받으면 그 사람의 신앙생활이나 언행 등을 포함해 변화가 일어나는가? 어떻게 보면 이 질문은 "예수님을 믿고 영접하면 그 순간부터 그 사람의 성품과 인격이 변하는가?"라는 질문과 유사하다. 성령은 신자를 예수께로 이끄는 역할을 하며 우리가 예수를 닮도록 인도하신다. 성령 세례 받은 자는 내주하시는 성령의 현존과 능력을 생생하게 체험할 수 있다. 성령 충만이란 외적으로는 예수님처럼 능력 있는 삶을 살아가야 할 뿐 아니라, 내적으로도 예수 그리스도의 성품을 닮아 가는 과정을 뜻한다. 우리의 영·혼·육이 완전히 성령께 사로잡히고 그분의 음성을 듣고 삶을 인도함 받게 된다.[126]

　성령 세례 경험이 진짜라면, 그 순간부터 성령의 실재를 느끼게 될 것이고 삶에서도 큰 변화와 증거가 나타날 것이다. 성령 세례를 통한 방언의 은사를 받은 후 삶이 180도 달라졌다는 간증들을 많이 들을 수 있다.

　그런데 많은 경우, 예수님을 믿기 이전과 이후의 삶에서 뚜렷

---

126) 손기철, 기름부으심, 28.

한 삶의 변화 내지는 인격의 변화를 보지 못하는 경우가 많다. 예수 믿고 나서도 아무런 변화가 없어서 종종 "예수 믿는 사람이 왜 저래?" 혹은 "성령 받은 사람이 왜 저래?"라는 질책을 듣기도 한다. 교회를 다니지 않는 주변 사람들이 그리스도인과 교회를 주시하고 있다. 그래서 교회나 그리스도인들에게 문제가 있으면 '개독교', '먹사'라고 신랄한 비판을 가하고 있다. 이는 그들이 기대하는 만큼 그리스도인들이 온전하게 살지 못할 뿐 아니라 사회에서 빛과 소금의 역할을 감당하지 못하고 있기 때문이다.

거듭나더라도 육체의 성품까지 자동적으로 변하는 것은 아니다. 중생의 체험을 통해 거듭난 사람이나 성령 체험을 한 사람일지라도 그 속에 거하는 죄의 문제는 계속 남겨둔 채 죄악에 물든 삶을 그대로 사는 경우가 있다. 성령 세례를 받고 은사를 체험했다고 해서 그 사람이 즉시 성령의 사람이 되어 도덕적으로 완전한 수준에 오르거나 하루아침에 인격이 좋아지는 것은 아니다. 그래서 성령 세례 받은 사람이라 할지라도 성질을 부리고 남을 비난하며 하지 말아야 할 말을 함부로 입에 담게 된다.

새벽 기도를 빠지지 않고 나오고 성령 충만하여 방언으로 열심히 기도하는 사람들의 신앙생활이 모범이 될 것이라고 기대할 수 있을 것이다. 그런데 내가 경험한 바로는 이런 사람들이 교회에 더 많은 문제를 일으키고 다른 사람을 비난했다. 오히려 새벽 기도에 참석하고 성령 체험한 것이 일종의 영적 교만 내지는 계급장이 되어서 과시의 수단으로 사용되는 경우도 보았다. 방언 체험을 했다고 해서 이것이 자동적으로 신앙의 성숙을 의미하지는 않는다.

그러나 분명한 한 가지 사실은, 우리 심령 속에 성령께서 거하신다면 성화의 과정이 시작되어야 한다는 점이다. 하나님 앞에서 모든 죄악을 회개하고 삶의 변화가 나타나야 하며, 예수 그리스도의 향기가 흘러나와야 함이 마땅하다. 왜냐하면 성령의 임재는 긍정적 변화의 능력을 주시기 때문이다. 변화가 일어나야 정상인 것이다. 성령은 하나님의 자녀인 우리가 하나님을 닮도록 이끄신다. 하나님께서 거룩하시듯, 우리도 하나님의 거룩을 향해서 변화되어야 한다: "너희가 육신대로 살면 반드시 죽을 것이로되 영으로써 몸의 행실을 죽이면 살리니"(롬 8:13). 성령 세례를 받고 성령의 은사가 외적으로 나타나야 하며, 동시에 우리의 내적 성품이 그리스도의 형상을 닮아 가면서 성령의 열매를 맺어야 한다.

성령 세례를 받았다 할지라도 우리 속에는 옛사람과 새사람이 양존하기에 성령의 능력으로 옛사람을 이겨내는 과정이 필요하다. 그리고 지속적인 성령 충만의 상태를 유지해야 한다. 우리의 삶이 죄로 점철되어 있을 때에는 성령 충만을 맛보기 힘들다. 우리는 매일매일 하나님과 우리 사이를 가로막고 있는 죄를 용서해 달라고 회개해야 한다. 그리고 우리 삶에서 잘못된 것이 있다면 당장 그 자리에서 수정하고자 하는 결단이 있어야 한다. 마음에 상처나 쓴 뿌리가 있다면 성령의 생수의 강이 잘 흐르지 못한다. 두려움과 의심이 성령 충만을 방해한다. 말씀을 읽고 순종해야 하는데, 하나님의 말씀에 대한 의심이 있다면 성령 충만을 받기 힘들어진다.

예수 그리스도를 믿고 성령 체험한 것이 확실하다면, 우리의 삶을 통해서 그 사실이 증거되어야 한다. 성령 세례를 받은 사람의 언행에서 사랑, 인내, 겸손 등의 증거가 보이지 않는다면, 당신의 성령 세례 경험의 가치와 효력에 대해서 의심받게 될 것이다. 그래서 성령의 인도하심을 따라서 꾸준히 성결의 삶을 살도록 노력해야 한다. 하나님의 성품을 닮은 인격자가 되어 하나님과 교회에 충성하는 자가 되어야 한다. 그러기 위해서는 성화의 과정, 곧 성령의 열매를 맺는 훈련 과정이 필요하다. 세상에 속했던 행위와 습관을 버리고, 술과 담배를 끊으며, 이전과는 전혀 다른 삶을 살아야 한다. 그래서 바울은 "술 취하지 말라 이는 방탕한 것이니 오직 성령의 충만을 받으라"(엡 5:18)고 명한다.

성령 세례를 체험한 이후에도 성령 충만한 삶을 유지하기 위해서 늘 기본에 충실하고 신앙생활의 균형감을 가져야 한다. 다이어트를 하는 과정도 중요하지만, 다이어트가 끝난 후 몸매를 유지하기 위한 지속적인 노력은 더욱 중요하다. 영적 훈련도 마찬가지여서 하나님의 말씀에 대한 신뢰를 가지고 기도 생활하고, 증인의 삶을 살며, 지속적으로 성령 충만 및 은사를 구해야 한다.

개인적으로 C.C.C.가 강조하는 신앙의 네 가지 원리에 적극 찬성하는 바이다. 기도, 말씀, 교제, 증거의 신앙적 균형감을 유지하는 가운데 성령의 충만이 나타나야 한다. 말씀 가운데 거하고, 기도 생활하며, 성령의 인도하심에 순종하면서 전도의 삶을 살고, 방언을 꾸준히 하게 되면, 성령께서 우리의 성품을 변화시키시며 삶의 변화를 가져올 수 있다. 특히 방언 기도를 통한 성령과의 지속적인 교제를 가질 때에 우리 안에서 인격적인 변화와 성령의 열매가 나타난다.

성령 세례 받으면 방언하나요?

성령 세례에 대한 구약과 신약의 차이

성령께서는 시간과 공간의 제약을 받지 않고 인류의 역사에서 사역해 오셨다. 성령의 역사는 신약 교회에만 국한된 것이 아니라 구약 시대에도 다양한 방법으로 역사하셨다. 이스라엘 민족은 하나님의 영이 자신들에게 새로운 생명력을 공급해 주신다는 믿음을 가지고 있었다. 성령은 예수님의 공생애 동안 동행하셨으며, 그 이후에도 동일하게 교회와 믿는 자 안에서 일하고 계신다. 그러나 구약과 신약에서 성령의 사역 양상과 성령 세례는 차이를 보이고 있다.

구약에서의 성령은 주로 사사들, 제사장들, 왕들, 예언자들 위에 강림하여 그들에게 카리스마적 지도력과 능력, 예언의 영을 부어 주셨다. 요셉은 하나님의 신이 충만하여 꿈 해몽을 했으며, 모세는 하나님의 영에 감동되어 이스라엘 민족을 출애굽시켰다. 하나님께서 모세에게 성막을 지으라고 명하셨을 때 브살렐을 지명하여 불렀는데, 그에게 하나님의 신이 충만하여 여러 가지 재주로 금, 은, 놋으로 성막의 물품을 만들 수 있는 예술적 재능을 부여하셨다(출 21:2~5). 여호수아에게는 모세의 뒤를 이어 부름 받은 직무를 수행하기 위해 다른 사람들을 인도할 수 있는 리더십을 부여하셨다. 사사 시대에는 기드온과 삼손이 여호와의 신이 임한 대표적인 인물로 묘사되고 있다. 하나님의 영이 기드온에게 강림하셨을 때 그는 주목할 만한 리더가 되었다(삿 6:34~5). 삼손에게는 엄청난 힘이 부여되었다: "여호와의 신의 권능이 삼손에게 임하매 그 팔 위의 줄이 불탄 삼과 같아서 그 결박되었던 손에서 떨어진지라"(삿 15:14).

하나님의 신은 주로 예언자들에게 임하였고 그들은 예언을 했다. 이스라엘의 선지자들에게는 꿈과 비전과 다양한 기적들이 나타났다: "네게는 여호와의 신이 크게 임하리니 너도 그들과 함께 예언을 하고 변하여 새 사람이 되리라"(삼상 10:6). 대선지자인 이사야는 "주 여호와의 신이 내게 임하셨으니 이는 여호와께서 내게 기름을 부으사 가난한 자에게 아름다운 소식을 전하게 하려 하심이라"(사 61:1)고 고백하였다.

그러나 하나님의 신이 임했다 할지라도 그들이 하나님과 멀어졌을 때나 더 이상의 예언이 필요치 않을 경우 성령께서는 그들을 떠나셨다. 그런 경우, 다시 예언을 하지 못하고 일반인으로 돌아가기도 했다. 특정한 일꾼에게 성령의 은사와 능력이 나타났으며, 필요하지 않은 경우 하나님은 그 은사를 거둬 가실 수 있으셨다. 이는 마치 옷을 입고 벗는 것과 같은 개념으로 설명할 수 있다. 그래서 성령 세례의 표현을 보면, '성령의 충만함을 입어', '권능을 입어', '감동함을 입어' 등의 표현으로 나타난다. 이로 미루어 볼 때, 성령의 사역은 성령의 인치심 혹은 성령의 내주하심보다는 성령의 감화 감동의 수준이었다.

그들 중 누구에게도 성령이 내주하시지 않았다. 아직 예수님의 십자가 대속 사역이 이루어지기 전이므로 인간의 원죄와 자범죄가 사해지지 않았기 때문에 성령이 인간의 영혼 속에 거할 수 없었다. 이처럼 구약 시대의 성령께서는 선택된 소수의 특별한 사람에게 특별한 목적을 가지고 특별한 일을 맡기기 위해서 특정한 시간에 역사하셨다.[127]

그러나 선지자 요엘은 이러한 패러다임이 변해서, 성령의 임재하심이 선택된 소수가 아닌 모든 만민에게 확대될 것이라는 획기적인 전환을 예언했다: "그 후에 내가 내 신을 만민에게 부어 주리니 너희 자녀들이 장래 일을 말할 것이며 너희 늙은이는 꿈을 꾸며 너희 젊은이는 이상을 볼 것이며 그 때에 내가 또 내 신으로 남종과 여종에게 부어 줄 것이며"(욜 2:28~29). 오직 이스라엘 백성에게만 해당되었던 하나님의 성령의 역사가 인종, 성별, 연령, 직분, 계급에 구애받지 않고 모든 백성에게 확산될 것이 예언되어 있다.

이러한 예언의 결과, 신약에 들어와서는 성령의 감화 감동은 모든 믿는 자들에게로 확대되었다. 이러한 경향을 보여 주기 위해 성령 세례의 역사는 열두 제자에게로, 그리고 사마리아인에게로,

---

127) Nicky Gumbel, Alpha, 115~118.

마침내 이방인들에게까지도 임하셨다.

    성령께서는 한 번 임재하시면 영원히 떠나지 않으신다. 성령께서 강림하신 사건을 성령으로 인친 사건이라고 표현하고 있다. 인친다는 것은 서부 개척 시대 때 본인 소유의 말을 다른 사람 소유의 말과 구별하기 위해서 농장 고유의 인장을 만들고 불로 인장을 달궈 말의 엉덩이 부분을 지진 것을 말한다. 이 표시는 영원히 사라지지 않는다. 인간의 영혼 속에 거하시는 성령은 예수를 변호하는 진리의 영으로, 진리를 믿어 하나님의 자녀가 된 사람들 속에 내주하셔서 영원토록 떠나지 않으신다. 신약의 성령은 신자들과 영원히 함께하신다. 구약에 나타나지 않지만 신약에 처음으로 나타나는 성령의 은사로는 방언과 방언 통역의 은사가 있다.

제3부

방언의 은사의 역사적 고증

성령 세례 받으면 방언하나요?

과연 개혁교회의 주장처럼, 사도행전 이후 방언의 은사는 기독교 역사에서 완전히 사라져 버린 것일까? 방언의 은사에 대한 기록은 전무한 것일까? 만약 지속되었다면, 교회 역사 속에서 기록은 남아 있는 것일까?

성경학자들은 시대를 구분할 때 흔히 구약의 창세기부터 예수의 탄생 전까지를 성부 시대, 예수 그리스도의 탄생부터 십자가에서의 죽으심과 부활, 승천까지를 성자 시대, 예수님 승천 이후를 성령 시대로 나눈다. 예수님의 승천 이후로는 예수님을 본 자가 없고 오직 기록된 성경과 성령의 역사를 통해서 하나님을 알 수 있게 되었다. 성령 시대에 살고 있는 우리는 성령의 내재하심을 통해 깊고 지속적인 교제를 나눌 수 있다. 하나님의 성령은 교회의 탄생부터 간여하시면서 교회 역사를 통해 계속 사역하고 계시며 은사를 부어 주고 계신다.

사도행전을 보면 성령 세례 및 방언의 은사는 사도 시대의 교회 내에서 광범위하게 받아들여졌다. 그리고 이 역사는 초대 교회 내에서만 국한되지 않았다. 성경의 어디를 보더라도 성령의 은사들이 오직 초대 교회에만 제한되어 있다는 구절은 없다. 성경이 완성되었기 때문에 더 이상 다른 기적과 기사가 나타날 수 없다는 주장은 억지이다. 하나님의 말씀은 어제나 오늘이나 영원히 동일하시다. "믿는 자들에게는 이런 표적이 따르리니 곧 저희가 내 이름으로 귀신을 쫓아내며 새 방언을 말하며 뱀을 집으며 무슨 독을 마실찌라도 해를 받지 아니하며 병든 사람에게 손을 얹은즉 나으리라 하시더라"(막 16:17~18)는 말씀은 사도 시대에만 국한된 말씀이 아닌, 영원토록 변함없는 하나님의 약속이다. 하나님께서는 교회에 성경을 주셨을 뿐 아니라 믿는 자들에게 분명한 표적을 여전히 주고 계신다. 약 2천 년 전 이방인인 고넬료의 집에 나타나셨던 성령의 역사는 현대에도 나타나고 있으며, 현대의 방언 현상과 동일한 것이다.

혹자는 기독교 역사를 통해 위대한 인물들이었던 어거스틴, 루터, 칼빈, 웨슬리, 무디, 스펄전, 빌리 그레이엄 등 하나님이 쓰신 사람들 중에 방언을 한 사람은 단 한 명도 없었다고 단정하면서 방언의 역사성을 부정한다. 그나마 기독교 역사 속에 나타났던 방언도 정통 교회가 아닌 주로 이단으로 판정된 그룹이나 열광주의적 종파에서만 국한적으로 발생했기 때문에 진짜 방언으로 보기 어렵다고 해석한다. 그렇기 때문에 기독교 역사에 진짜 방언이 있었던 적이 없다고 주장한다.[128] 장로교 신학자들은 교회의 역사에서 초대 교회부터 19세기까지 은사 중지론이 교회의 주류 신학이었다고 주장한다.[129]

과연 대세는 정통이고 소수는 이단일까? 19세기까지 은사 중지론이 신학계의 주류였다고 해서 은사 지속론을 주장하는 교회나 사람들은 이단이 되는 것일까? 방언이 역사 속에서 사라졌다

---

128) W. A. Criswell, The Baptism, Filling&Gifts of the Holy Spirit (Ministry Resources Library, 1966), 122~7.
129) 옥성호, 방언, 정말 하늘의 언어인가?, 9.

는 주장이 대세라고 해서, 기독교 역사에서 방언 등 성령의 은사를 주장한 모든 교회나 신도들을 이단이나 열광적 집단이라고 매도할 수 있을까? 그렇다면 현대에 불 일듯 일어나고 있는 성령의 역사와 은사를 강조하는 오순절 운동도 이단인 것일까?

어떤 의미로 보아 성령 운동에 대한 기록이 많지 않은 이유 중 하나는 기득권을 가진 정통 교회가 은사 지속성을 주장하고 성령의 은사를 강조하는 소그룹들이 대중들의 호응을 얻자 이를 두려워했기 때문으로 보인다. 왜냐하면 성령 운동은 반제도적·반교권적인 형태를 띠면서 기존 정통 교회를 비판하며 성령이 주인 되셔서 인도하시는 시대가 열려야 함을 주장했기 때문이다. 그래서 은사 지속론자들을 용납할 수 없는 이단으로 정죄하고 그들이 남긴 기록을 불에 태워 소각시켜 역사 속에서 매장했을 가능성이 높다. 교회사에서 수많은 성령 운동이 일어났지만, 그들은 대부분 세속적인 권력의 힘에 바탕을 둔 교권주의의 제재를 받고 이단으로 몰렸다.[130]

중세 교회와 종교개혁 시대를 지나면서 성령과 성령의 은사들은 정통 교회에서 잊히며 사라지게 되었다. 특히 인간의 이성에 근거한 철학은 신학에도 큰 영향을 미쳐 기독교에서 초자연적이고 미신적인 기적과 은사를 철저히 제거해 버렸다. 18세기의 계몽주의는 이성과 과학적 사실에 근거해 하나님의 초자연주의적

---

130) 박명수, 한국교회 부흥운동 연구 (서울: 한국기독교역사연구소, 2003), 217.

역사를 부정해 버렸다. 결국 성령의 역사를 전면 부인하기에 이르렀고, 성령 운동에 치명타를 가하게 된다. 안타깝게도 우리는 이처럼 성령의 역사가 무시되고 잊힌 역사 속에 살고 있다. 이러한 경향으로 인해 많은 사람들이 성령과 성령의 은사 및 기적을 무시하고 있다. 현대에도 여전히 신유, 방언, 축사 등의 능력과 은사를 부정적인 눈빛으로 바라보고 있다.

이러한 경향에 대해 오순절 신학자인 데이비드 두 플레시스(David du Plessis)는, "교회 역사를 통해서 성령님과 성령의 은사만큼 철저히 무시되고 외면당한 것은 없다"는 의견을 밝힌다.[131] 그의 표현처럼 교회사를 연구해 보면 성령 운동과 방언에 대한 기록이 충분하지 않음을 발견하게 된다. 이런 의미로 기독교 역사에서 성령의 존재는 망각되어 잊힌 존재였다. 하용조 목사도 장로교에서 성령에 대한 설교 및 성경공부를 거의 하지 않는 현실에 큰 충격을 받았다고 고백할 정도이다.[132]

그러나 성령 운동에 대한 핍박이 있었음에도 불구하고, 기독교 역사를 볼 때 많은 사람들이 성령 세례를 받고 방언의 은사로 기도해 왔음을 알 수 있다. 특히 초대 교회에서는 매우 활발하게 성령의 역사와 은사들이 나타났으며, 기독교 변증가들은 이를 기록으로 남기고 있다. 교회 역사 내내 성령의 바람이 그친 적이 없으며, 방언 현상은 교회의 역사 속에서 지속적으로 나타난 현상

---

131) Larry Christenson, Speaking in Tongues, 94~5.
132) 하용조, 변화받은 사람들, 45.

이다.[133)]

특히 19세기에 들어서 옷장에 갇혀 있던 성령께서 신데렐라처럼 등장하면서 많은 연구와 조명을 받게 되었다. 스코필드 성경의 편집자인 스코필드(C. I. Scofield)에 의하면, 1880년대 이후 20년 동안 연구되고 출판된 성령론이 지난 1,800년 동안 연구된 양보다 더 많았다고 평가한다.[134)] 이 분석은 현대 오순절 운동이 출현하기 이전에 성령에 대한 관심이 거의 전무했다는 것을 의미한다. 결국 성결교회와 오순절 운동이 출현한 1880년대 말부터 성령에 대한 관심이 폭발적으로 늘어났음을 보여 준다.

결국 20세기 초, 오순절 운동이 혜성처럼 나타나면서 성령과 성령의 은사에 대한 활발한 조명이 일어났다. 초기 오순절 운동이 많은 비난과 박해를 받았음에도 불구하고 엄청난 속도로 부흥하고 있으며, 현대에 가장 큰 개신교 교단 중 하나로 부상하게 되었다. 오순절 신학자인 사이넌(Vinson Synan)에 의하면, 기독교 제1의 세력을 가톨릭교회, 제2의 세력을 개신교라 한다면, 오순절 운동은 제3의 전통에 속할 만큼 전 세계적으로 부흥했으며 영향력을 미치고 있다고 평가한다. 그러나 나는 오순절 운동이 비록 현대에 들어서 갑자기 출현했지만, 그 근본정신은 초대 교회의 성령 운동이 오늘날까지 꾸준히 그 생명력을 이어 온 결과로 해석하고 싶다.

---

133) Harris Kasa, "An Historical Evaluation" in "A Symposium on Speaking in Tongues," Dialog II (Spring, 1963), 157.
134) C. I. Scofield, Plain Paperson the Doctrines of the Holy Spirit (New York: Fleming H. Revell, 1899), 9.

성령 세례 받으면 방언하나요?

초대 교회

초대 교회에서 방언은 보편적 현상으로 받아들여졌다. 조지 몬택 교수는 성령 세례 및 방언이 오순절 사건 이후 8세기까지 교회 의식의 한 부분을 차지해 왔음을 밝히고 있다.[135] 2세기 초 안디옥의 감독이었던 이그나티우스(Ignatius)는 교회 내에서 나타나는 성령의 역사에 관해 확실히 인식하고 있었다. 그가 설교하는 동안 성령이 그에게 임하여 그를 사로잡았고, 성령이 말하게 하심을 따라 외쳤다.[136] 저스틴(Justin Martyr, 100~165)은 2세기 헬라 변증가로, 첫 철학적 신학자로 불린다. 그의 저술에는 성령의 은사가 2세기 중반에도 존재했음을 밝히고 있다. 신유의 은사를 비롯하여 예수의 이름으로 귀신들이 쫓겨 갔다. 그리고 성령의 역사하심에 따라 각종 은사들이 나타났다.[137]

영지주의의 창시자로 알려진 몬타누스(Montanus, 126~180)는 영

---

135) Kilian McDonnell and George Montague, The Rites of Initiation and Baptism in the Holy Spirit: Evidence from the First Eight Centuries (Collegeville, Minn: Liturgical Press, 2000).
136) Henry B. Swete, The Holy Spirit in the Ancient Church (London: Macmillan and Co., 1912), 14.
137) Justin, "Apology II," Ante-Nicene Fathers, Vol. 5 (Grand Rapids; MI: Wm. B. Eerdmans Publishing Co., 1978), 6, 240.

적 은사의 현재성을 믿었다. 자신이 성령의 감동과 계시를 받은 성령의 도구요, 대변자로서 성령에 힘입어 설교한다고 고백했다. 성령의 감동에 의해서 계시를 받고 예언을 하였다. 간혹 황홀경(trans)에 빠지기도 하고 방언을 했다.[138] 그의 성령 교리는 당시 세속화 및 조직화된 교회와 교리화로 경직된 신앙에 성령의 역사에 대한 중요성을 제시하였다. 그러나 영적 체험을 절대화하고 육체를 악으로 규정하며 종말론을 지나치게 강조하면서 교회에 큰 혼란을 가져오기도 했다.

리용의 감독이었던 이레니우스(Irenaeus, 140~203)는 당시 교회가 예언을 하고 환상을 보며, 귀신 쫓음과 신유의 역사, 심지어는 죽은 자가 일어나는 기적이 일어났음을 기록하고 있다. 특히 그는 방언에 대해 직접적인 언급을 했다: "우리는 교회 안의 많은 형제들이 성령이 말하게 하심을 따라 예언의 은사를 소유하고 모든 언어로 기도하는 것을 듣는다."[139] 터툴리안(Tertullian)도 당시의 교회 안에 영적 은사가 여전히 나타나고 있음을 주장한다. 오리겐(Origen, 185~254)은 당시 신자들이 방언을 말했다고 했으며, 이 방언을 요엘 2장 28절의 약속의 성취로 해석했다. 시프리안(Cyprian, 200~258)은 성령의 은사 중 환상과 예언의 은사들이 교회에 현저하게 나타났다고 기록하고 있다.

---

138) Robert Mapes Anderson, VisionoftheDisinherited,25.
139) Irenaeus, "Against Heresies," V. 6.1. Michael Harper, The Twentieth Century Pentecostal Revival (Plainfield; NJ: Logos International, 1971), 17.

밀란의 감독 암브로스(Ambrose, 339~397)는 신유와 방언이 하나님에 의해 교회에 부어지고 있음을 기록한다: "성부께서 치료의 은혜를 주신 것과 같이 성자도 이것을 주셨고, 성부께서 방언을 주신 것 같이 성자도 이것을 부어 주셨다." 서방 교회의 구원론과 성령론을 확립한 신학자 어거스틴(Augustine, 354~430)은 초기의 신학에서 "기적은 이전에 존재했으나, 이제는 사라졌다"고 주장하면서 은사 중지론의 기수가 되었다. 그러나 말년에 이러한 태도를 번복하면서 중생시키는 성령의 사역과 믿는 자들을 양육하는 성령의 사역을 구분했다: "성령으로 거듭나는 것과 성령에 의해 양육 받는 것은 별개이다." 그리고 오순절의 성령의 임재는 갑자기 나타난 방언을 통해서 특징지어진다고 결론을 내렸다.[140]

---

140) Augustine, "Homilies on the First Epistle of John," Ante-Nicene Fathers VI, 10. John A. Mourant, Introduction to the Philosophy of Saint Augustine: Selected Readings and Commentaries (University Park: Pennsylvania State University Press, 1964), 64~5.

성령 세례 받으면 방언하나요?

중세 교회

중세 시대는 가톨릭교회의 부패가 심해지면서 영적으로 교회가 죽어 있는 암흑기로 표현한다. 가톨릭교회에 대한 반발로 세속적 생활로부터 구별되어 내세를 동경하는 금욕주의를 기본으로 하는 수도원 운동이 활발히 일어났다. 힐데가르드(St. Hildegard of Bingen, 1098~1179)는 전혀 배우지 않은 라틴어 성경을 해석했다. 발렌시아에서 태어난 도미니칸 수도사 빈센트 페러(Vincent Ferrer, 1350~1419)가 만 명도 넘는 외국 청중 앞에서 라틴어로 설교하는 동안, 프랑스인, 이탈리아인, 독일인, 헝가리인 등 여러 나라에서 온 사람들이 자국어를 듣는 것처럼 페러의 설교를 이해했다고 기록한다. 그리고 신유, 예언, 방언의 은사가 페러의 목회 사역에서 나타났다.[141]

신비주의적 청빈주의를 주장한 왈도파(The Waldenses)는 알 수 없는 방언으로 기도하면서 성령과의 교제를 가졌다고 한다. 데살로니가의 감독 니콜라스 카바실라스(Nicholas Cabasilas)는 14세기에

---

[141] Peter Ranzano, Lifeof St. Vincent Ferrer, Bulter's Lives of the Saints (New York: Kennedy, 1956), 33.

도 방언, 예언, 병 고침, 귀신 쫓음 등의 카리스마적 은사들이 나타나고 있음을 기록하고 있다: "초대 시대에는 성령 세례 받은 사람들이 병 고침과 예언과 방언 및 그와 같은 은사들을 받음으로, 그리스도의 특별한 능력이 모든 사람에게 나타남을 증거했다. 지금도 그러한 은사들이 신도들에게 부여되고 있다." 폴리시안(The Paulicians)은 성결한 생활과 예배하는 교회를 갈망한 그룹으로, 성령의 은사들이 나타났고, 성령의 계시에 근거해 교회 개혁을 주장했다. 그들은 성령 충만을 위해 사람들에게 안수하기도 했다.

근대 교회

종교 개혁을 주도했던 마틴 루터는 다양한 성령의 은사들이 교회에 존속하고 있다고 주장한다. 그는 성령의 은사자들을 예언자, 복음 전도자, 방언을 말하는 자, 방언 통역자로 해석했다.[142] 재세례파의 한 지파인 메노나이트(Mennonite)를 창시한 시몬(Menno Simons, 1496~1556)은 그들 모임에서 방언이 친숙히 받아들여지고 있음을 밝히고 있다.

프랑스에서 17세기에 일어난 위그노(Huguenots) 운동은 방언과 방언 통역을 했고, 예언과 신유와 영분별의 은사가 나타났다.[143] 위그노파에 성령의 은사들이 나타난 지 40년이 지난 후, 프랑스에서 젠센파(Jansenists)로 알려진 가톨릭 모임에서 성령의 은사들이 많이 나타났다. 그들은 방언의 은사, 영분별의 은사, 예언의 은사를 강조했다. 경건주의 운동의 하나인 모라비안(Moravian) 교회는 방언의 은사를 선교지의 언어를 말하는 은사로 해석했고, 이는

---

142) Eric Souer, "History of the Christian Church," Ante-Nicene Fathers Vol. 3, 406. 루터에게 있어서 방언이란 주로 라틴어로 진행되는 미사를 의미한다.
143) Horace Bushnell, Nature and the Supernatural (New York: Chorales Scribner and Co., 1871), 462.

복음의 세계 선교화를 위해 주어졌다고 믿었다.

성령의 신학자로 알려진 요한 웨슬리는 중생과 제2의 축복인 성화를 구분한다. 그는 성령께서 불신자의 중생과 신자의 성화에 모두 간여한다고 보았다. 성령께서 중생의 과정 가운에 죄를 깨닫게 하시며, 중생 이후에는 죄의 잔재를 극복할 수 있는 성결한 삶을 살 수 있도록 도와주신다고 해석하였다.[144] 감리교 운동이 중생 이후 성결이라는 두 번째 사역을 강조하는 구조는 후에 오순절 운동에 영향을 미치게 된다. 오순절교회는 중생 이후 성령 세례를 강조하여 감리교회의 이중 구조와 그 맥락을 같이한다. 웨슬리의 제2의 축복인 성화론은 성결교와 케직(Keswick) 운동 및 오순절교회가 탄생하는 데 큰 기여를 하였다. 1870년대 영국에서 일어난 케직 운동은 제2의 축복으로 성령 세례를 강조한다. 그들은 성령의 능력을 성결한 삶의 회복과 복음 증거와 교회 사역을 위한 능력을 부여받는 것으로 해석하였다. 이 신앙 운동들은 구원과는 구별되는 제2의 축복으로서의 성령 세례를 강조한다.[145]

피비 팔머(Phoebe Palmer)는 제2의 축복인 성령 세례를 통해 순간적 성화를 경험할 수 있다고 주장했다. 성령 세례는 성결과 교회를 위한 봉사의 능력이라고 해석한다. 전통적 성결교회에서는 제1의 축복을 중생으로, 제2의 축복을 성화로 강조하며 중생 이

---

144) Vinson Synan, The Holiness-Pentecostal Tradition (Grand Rapids, MI: William B. Erdmann's Publishing Co., 1997), 6~8.
145) John Charles Pollock, The Keswick Story: The Authorized History of the Keswick Convention (London: Hodder and Stoughton, 1964).

후 명확한 다른 체험이 있다고 믿는다. 성결교 운동은 사중 복음, 즉 중생, 성결, 신유, 재림을 기본 교리로 삼았고 나중 오순절 운동이 탄생하는 데 큰 역할을 담당하였다.[146]

근대 교회에서 가장 뚜렷한 방언 및 은사 운동을 일으킨 인물은 영국의 에드워드 어빙(Edward Irving, 1792~1834)이다. 그는 초대교회 사도들이 행했던 은사들, 특히 신유와 방언의 은사가 재발견되고 갱신될 필요가 있음을 강조했다. 1830년부터 어빙의 집회에서 방언이 터져 나오기 시작했다. 그는 방언을 오순절 성령 충만 사건을 확증하는 가장 강력한 증거로 해석하며, 방언이란 전혀 배우지 않은 외국어를 습득하여 선교하라는 하나님의 뜻으로 해석하였다. 그는 방언 자체를 인정하지 않던 소속 장로교회에서 축출되어 그를 따르던 사람들과 함께 가톨릭 사도 교회(Catholic Apostolic Church)를 세워 성령 운동을 펼쳐 나갔다.[147]

미국 교회의 경우, 19세기 동안 웨슬리안 형태의 부흥 운동과 캠프 모임이 활발했다. 이들 모임은 교회가 아닌 주로 넓은 평지에서 펼쳐졌다. 이들 모임에서 수많은 은사들과 방언이 터져 나왔다. 1801년 케인 리지 캠프 모임에서 여러 가지 영적 현상들과 함께 방언이 터져 나왔다.[148] 1820년경, 뉴욕에서는 셰이커(Shakers) 교도들 사이에서 방언이 터져 나왔다.[149] 무디는 중생을 강조하면

---

146) Donald Dayton, Theological Roots of Pentecostalism, 22, 87~88.
147) G. B. McGee, "Initial Evidence," 785. Vinson Synan, The Holiness-Pentecostal Tradition, 87~8.
148) E. Merton Coulter, College Life in the Old South (New York, 1928), 194~5.

서, 동시에 전도와 선교를 위해 성령의 능력을 받아야 한다고 강조했다. 1875년 런던에서 무디가 YMCA 모임에서 말씀을 전할 때 방언이 터져 나왔다.[150]

미국의 유명한 신유 부흥사였던 에터(Mrs. M. B. Woodworth Etter)의 1890년의 세인트루이스 신유 집회에서 많은 병자들이 고침을 받고 방언들이 터져 나왔다. 1904~1905년의 웰쉬 부흥회(Welsh Revival)에서도 방언이 보고되었다. 수많은 미국 그리스도인들은 오순절 운동이 본격적으로 시작된 1906년의 아주사 운동이 일어나기 이전부터 광범위하게 방언을 경험하고 있었다.[151]

---

149) 미국 개신교의 경우, 몰몬교를 개신교로 인정하고 있는 추세이다.
150) Richard M. Riss, A Survey of 20 the Century Revival Movements in North America (Peabody, MA: Hendrickson Publishers, 1988), 17.
151) Vinson Synan, The Holiness-Pentecostal Tradition, 110~2.

오순절 운동

성령 세례와 은사 회복을 강조하는 급진적 성결 운동이 방언의 현재성을 교리로 받아들이면서 오순절교회가 탄생하게 된다. 성결교회는 중생, 성결(성령 세례), 신유, 재림의 사중복음을 기초로 한다. 여기에 성령 세례의 가장 중요한 물리적·육체적 증거가 방언이라고 주장하면서 오순절 운동이 나오게 된 것이다. 기존 전통적 교회에서 방언의 은사를 받아들이면서 태동한 운동을 신오순절 운동이라 칭한다.

전통적 현대 오순절 운동은 미국의 방언 운동과 함께 시작되었다. 미국 감리교 목사였던 찰스 파함(Charles Parham)은 캔사스 주 토피카(Topeka)에 벧엘성서학교(Bethel Bible College)를 세웠고, 약 40여 명의 신학생들이 등록하였다. 그는 학생들에게 "성령 세례의 첫 번째 증거가 무엇인가?" "어떻게 성령 세례를 받은 사실을 알 수 있는가?"라는 질문의 숙제를 내 주었다. 학생들 대부분은 성경을 연구한 결과, '성령 세례의 첫 육체적 증거는 성령이 말하게 하심을 따라 방언으로 말하는 것'이라는 결론을 내리게 되었다. 이 성경적 결과에 자극을 받은 파함은 성령 세례를 위한 기도 모임을 선포하고 그 자리에 모인 학생들과 함께 성령 세례를 받기 위해 기도하기 시작했다. 오즈만(Agnes N. Ozman)이란 여학생이 파함에게 머리에 안수해 줄 것을 요청했고, 파함이 안수하고 기도하자 오즈만은 중국어 방언으로 기도하기 시작했다. 이에 자극을 받은 학생들은 계속해서 기도했고, 그들 중 많은 학생들이 방언을 경험했다. 이 사건은 1901년 1월 1일에 발생한 것으로 현대 오순절 운동이 일어나게 된 계기가 되었다.[152]

파함은 오순절 날에 임했던 방언이 현대에 다시 부어진 사건을 예수님의 재림이 가까이 왔다는 것으로 해석했다. 하나님께서 말세에 성령을 다시 부어 주심은 이 세상이 마지막에 이르렀고, 하루 빨리 세계에 복음을 전파하라는 하나님의 뜻으로 알았다. 성령 세례의 증거는 방언으로, 방언은 선교를 위한 목적으로 주어졌기에 외국어로 소통할 수 있는 언어라고 믿었다. 오즈만이 전혀 배우지 않은 중국어로 방언을 한다고 믿은 파함은 그녀를 중국 선교사로 보낸다. 성령 세례를 받고 방언을 한다는 것은 곧 전도 및 세계 선교로 이어졌다. 파함의 성령 세례 사건이 중요한 것은 어거스틴 이후로 서방 교회의 기본적 교리로 굳어졌던 은사 중지론을 정면으로 거부하면서 은사의 회복을 선포했다는 점이다.

'중생 이후에 주어지는 성령 세례'가 있고 '성령 세례의 첫 증거가 방언'이라는 파함의 주장은 곧 사방으로 퍼져 나갔다. 노예

---

152) H. V. Synan, "Classical Pentecostalism," in The New International Dictionary of Pentecostal and Charismatic Movements, 553.

로 태어났다가 자유인이 된 흑인 감리교 목사였던 세이모어(William J. Seymour)가 이 사건을 듣고, 파함의 벧엘성서학교에 가 그의 밑에서 수업을 듣게 된다. 파함으로부터 오순절 성령 세례에 대해 배웠던 그는 1906년 LA로 돌아와 아주사 거리에 있던 오래된 교회를 임대해 이곳에서 성령 세례의 첫 표적이 방언이라고 가르치기 시작했다. 그의 집회에 참석했던 사람들은 성령 세례의 증거로 방언을 경험하고 신유, 환상 등의 신비 체험도 동시에 경험하였다. 방언으로 기도하고, 울고, 춤추고, 황홀경에 빠져서 기절하고, 노래하고, 방언 통역하고, 간증하는 일들이 매일매일 쉬지 않고 3년 동안 벌어졌다. 이 현상에 놀란 지역 신문인 〈LA 타임즈〉는 이 광신적 현상에 대한 기사를 싣게 되었고, 오히려 이 신문 기사를 통해 미국 각지에서 더 많은 사람들이 세이모어가 이끌던 Azusa Street Mission에 모여들기 시작하였다. 참석한 대부분의 사람들은 하나님의 현존을 체험하고 성령 세례를 갈망했으며, 그 증거로 방언을 말하기 시작했다.[153]

토피카(Topeka, Kansas)와 아주사 부흥 운동(LA)은 성령 세례의 증거로 방언을 내세웠고, 이 사건이 현재 미국이나 전 세계적으로 가장 큰 개신교 교단 중 하나로 성장하게 된 오순절교회의 시작이 된다. 성결교회의 중생, 성결, 신유, 재림의 사중복음을 받아들인 오순절 교단은 여기에 성령 세례를 추가 교리로 넣게 된다. 오순

---

153) H. V. Synan, "Classical Pentecostalism," 553.

절 운동은 초대 교회 때, 특히 사도행전에 나오는 성령의 이적들이 현재에도 일어날 수 있다는 믿음을 가지고 있다. 예수님께서 행하셨던 병 고침, 귀신을 쫓아내심 그리고 제자들이 방언을 말했던 일들이 현재에도 일어날 수 있다고 믿는다. 성령 세례를 경험한 사람들은 방언을 말하고, 예언을 하며, 치유를 위한 안수 기도 등 다양한 영적 은사들을 받아들였다.

오순절 신학자인 멘지즈(William Menzies)에 의하면, "오순절 운동은 사도행전 2장에 언급된 오순절의 사건이 교회의 탄생을 알릴 뿐만 아니라 모든 시대의 신자들에게 열려 있는 성령 체험을 믿는 운동이다"라고 규정짓는다. 그도 성령 세례의 가장 뚜렷한 증거가 방언이라고 주장한다. 오순절 교단인 미국 하나님의성회 신조 제8조는 "믿는 자들에게 임하는 성령 세례란 하나님의 성령이 부어 주심에 의해 다른 방언으로 말하는 최초의 외적 표적에 의하여 증거된다"고 기록하고 있다.[154] 이처럼 현대 오순절 운동은 방언과 매우 깊은 연관을 가지고 있다. 처음 오순절 운동이 들어간 나라에서는 오순절 운동을 '방언파'라 불렀다.

그러나 오순절 운동은 초기부터 기존 전통 교회들로부터 엄청난 비난과 핍박에 시달려야 했다. 복음주의 교회는 공식적으로 오순절 운동을 반대했고, 전통 교회도 크게 반발했다. 전통 교회에서는 교인들이 성령 세례 및 방언 등의 은사를 체험하면, 스스로

---

154) 국제신학연구원, 하나님의 성회 교회사 (서울: 서울말씀사, 1998), 152.

교회를 떠나든지 아니면 교회가 그들을 내보내는 경우도 있었다. 오순절 운동 초기에는 교육을 제대로 받지 못한 사람들, 시골 사람들, 막노동하는 사람들, 사회적으로 소외받던 흑인들, 여자들 등의 소외 계층들이 모이는 교회로 알려졌다.

그러나 오순절 가르침을 받아들여 전통 교회에서 나온 사람들을 중심으로 이 오순절 가르침에 근거해서 새로운 교회들이 탄생하게 되었다. 하나님을 체험하기 원했던 사람들이 오순절교회로 몰려들기 시작했고, 곧 성령의 강력한 역사에 의해 오순절 운동은 순식간에 미국과 전 세계로 퍼져 나갔다. 이렇게 해서 생겨난 대표적 오순절 교단으로는 여의도순복음교회가 소속되어 있는 하나님의성회(The Assemblies of God), 하나님의교회(The Church of God, Cleveland), 그리스도하나님의교회(Churches of God in Christ), 오순절성결교협회(Pentecostal Holiness Church, Inc.), 미국오순절하나님의연합교회(Pentecostal Church of God of America, Inc.), 연합오순절교회(United Pentecostal Church, Inc.), 국제사중복음교회(International Church of the Foursquare Gospel) 등이 있다. 현재 미국에만 약 150여 개의 오순절 교단이 있다.

사이넌은 오순절 운동이 이제는 운동이 아니라 기독교의 전통 중 하나가 되었다고 주장한다. 제1의 전통을 가톨릭교회, 제2의 전통을 개신교회라 한다면, 오순절교회를 제3의 전통으로 평가한다. 현재 교인 수를 기준으로 볼 때 전 세계적으로 가톨릭교회가 가장 크며, 그 다음이 오순절 교단으로, 약 4억 명의 교인들이 등록되어 있다고 한다. 이는 개신교회들 중에서 가장 큰 규모이다.[155] 여의도순복음교회는 오순절교회뿐 아니라 세계에서 가장 큰 교회이다. 라틴아메리카의 경우, 기독교 인구 중 약 70퍼센트가 오순절 교인이라고 한다. 라틴아메리카에는 세계 10대 교회들 중 두 번째, 세 번째, 여덟 번째로 큰 교회가 있는데, 이 교회들은 모두 오순절교회들이다.

---

155) Harvey Cox, Fire from Heaven (Reading: Addison-Wesley Publishing Company, 1994), 14. Vinson Synan, The Holiness-Pentecostal Tradition, xi-x. 그 다음으로 큰 개신교회는 루터교, 침례교, 성공회, 장로교, 감리교, 성결교 순이다.

신오순절 운동
(Neo-Pentecostal Movement)

이처럼 20세기 초반에 성령 세례 및 방언 운동이 폭발적으로 터져 나오면서 전통 교회들에게 영향을 미치기 시작했다. 감리교, 장로교, 침례교, 성결교 등에 소속된 교회나 교인들이 오순절교회의 성령 세례와 성령 세례의 증거인 방언에 대해 관심을 가지게 되었다. 방언의 은사는 오순절교회에만 한정되지 않고 기존 전통 교회로 퍼져 나갔으며, 소속 교단이나 교회에 관계없이 많은 그리스도인들이 신약성경에 나오는 성령 세례와 방언을 체험하게 되었다.

특히 1960년대에 이르러 오순절 운동이 각 교파로 파고들면서 신오순절주의 혹은 은사주의 운동이 탄생하게 된다. 신오순절 운동이란 전통 교회에서 오순절적 신앙 요소를 받아들였으나 오순절 교단으로 옮기거나 기존 교단을 떠나지 않고 남아 있는 교회들을 지칭한다. 즉 성공회, 장로교회, 로마가톨릭, 루터란교회, 침례교회, 감리교회 등의 교단에 소속되어 있으면서도 방언을 인정하는 그룹으로, 이들을 전통 오순절교회와 전통 교회로부터 구별하기 위해 신오순절 운동(Neo-Pentecostal Movement) 혹은 은사주의 운동(Charismatic Movement)이라 부른다.

신오순절 운동의 기원은 1960년 4월 3일 미국 캘리포니아에 있는 성공회교회(St. Mark's Episcopal Church in Van Nuys)의 데니스 베넷(Dennis J. Bennett) 목사가 회중들 앞에 자신이 방언을 말하게 되었다고 고백한 사건에서 시작했다. 그는 성공회교회에서 목회를 시작한 지 16년 정도가 지난 시점에 그의 심령이 점점 메말라 감을 느꼈다. 하나님에 대한 존재와 역사하심에 대해 가르치고 설교했지만, 정작 본인 자신은 실생활에 현존하시는 하나님을 경험하지 못했다. 성령에 대한 강의를 하면서도 막연하게 추상적이고 이론적인 존재로 다가왔다. 성경이 말하는 성령의 위로, 기쁨, 권능 등에 대한 확신을 갖지 못했다.

그는 영적 기갈을 해소해 줄 무엇인가를 간절히 갈망하게 되었다. 성경공부를 하던 중, 문득 "사도행전에 나오는 사람들은 성령을 받아 신비로운 방언으로 말했는데, 왜 지금은 방언의 은사가 없을까?" 하는 질문을 하게 되었다. 그는 신학교에서 '방언은 사도 시대에 끝났으며, 현대 방언은 무지한 사람들이 감정적 흥분 상태에 빠졌을 때 개 짖듯 내는 소리'라고 배웠다. 그는 조심스럽게 성경을 읽기 시작했고, 곧 성경이 방언을 적극 지지하고 있다는 사실을 발견하였다. 베넷 목사는 성령 세례를 위해서 기도하기 시작했고, 곧 혀가 경쾌하게 움직이기 시작하더니 새로운 언어로 말하기 시작했다. 그의 정신은 말짱했으며 자의식도 유지하고 있었기 때문에 자신이 하고 있는 방언이 심리적 속임수나 감정적 충동이 아니라는 사실을 잘 알고 있었다. 그 이후 그는 방언으로 계속 기도하면서 성령님의 음성을 듣게 되었다. 신앙생활의 메마름이 사라지고 심령 가득히 차오르는 행복을 경험하게 되었다.

어느 날 그의 교인 중 도로시라는 여성이 교통사고로 엉덩이뼈가 부러지는 사건이 있었다. 의사는 그녀가 걷지 못하게 될 것이라고 진단했다. 베넷 목사와 교인들이 그녀를 위해서 안수 기도를 한 후, 그녀는 치유함을 받고 고통 없이 걸어 다니게 되었다. 그는 방언 받은 사실을 고백하라는 성령의 음성을 듣고, 4월 3일 주일 예배 때 계획된 설교 대신에 자신에게 일어난 방언 사건에 관하여 교인들에게 간증했다. 그 설교 이후, 베넷 목사는 교인들의 심한 반대에 부딪히게 되었고, 몇몇 놀라고 당황한 회중들은 그에게 사임할 것을 종용했다. 그는 성공회교회를 완전히 떠나는 대신 교인 수의 격감으로 인해 폐쇄의 운명을 앞두고 있던 시애틀에 있는 성 누가 성공회교회(St. Luke Episcopal Church)로 다시 부임했다. 그는 교인들에게 성령 받기를 강조했고, 곧 교회 내에서 치유의 역사가 크게 나타났다. 예수 그리스도의 이름으로 귀신이 쫓겨나고, 방언, 방언 통역, 치유, 예언, 기적 등 여러 가지 성령의 은사가 나타났다. 성 누가 교회는 교인 수 2천 명에 주일 5부 예배까지 드리는 교회로 성장했다. 베넷 목사는 감리교, 침례교, 루터교, 장로교 등 정통 교회로부터 집회 초청을 받기 시작했고, 그의 집회에서는 성령 안에서 자유함을 누리는 것과 은사가 나타났다.

베넷 목사는 일어난 모든 것을 「오전 9시, 성령이 임하는 시간」(Nine O' clock in the Morning)이란 책에 상세히 기록하고 있다.[156] 주간 잡지인 〈타임즈〉는 이 사건을 "이제 방언은 미국 교회에서 다시 회복되고 있는 것처럼 보인다. 방언은 자유분방한 오순절교회에서만 나타나는 현상이 아니라 하나님의 얼어붙은 백성이라 불리는 성공회에서도 나타났다"고 보도했다. 베넷 목사를 통해 방언을 포함한 은사 운동이 기성 전통 교회로 확산되는 기폭제가 되었다.

이후 신오순절 운동은 1960년대와 70년대에 급속히 미국 전역으로 확산되었다. 특히 주목할 만한 사건으로 지목되는 것은 지성의 상징으로 여겨지는 예일대학에서 대학원생을 포함한 19명의 대학생들이 기도하던 중 방언을 받게 되면서부터이다. 곧 프린스턴신학교에서도 20여 명의 학생들이 방언을 체험했다고 고백하고, 다른 35명의 학생들이 합류하면서 큰 화제를 불러일으켰다. 왜냐하면 그 이전의 방언 체험은 주로 가난하고 교육 받지 못한 오순절 교단에 소속된 교인들에게서만 한정해서 일어났던 영적 현상으로 해석했기 때문이다. 지성의 상징인 아이비리그 대학에까지 방언 운동이 퍼지면서 대학 내에서도 영적 쇄신 운동이 일어났다.

방언 체험은 성공회에만 국한된 현상이 아니라 미국의 기존 교회들과 세계 교회의 전반적인 추세가 되었다. 1962년 미국 루터

---

156) Dennis Bennett, Nine O' clock in the Morning (Plainfield, NJ, 1970). Robert Mapes Anderson, Vision of the Disinherited, 3.

란교회는 방언에 대한 조사를 교단 연구위원회에 정식 통보했다. 연구 결과 방언 체험이 개인적 신앙의 덕을 세우는 데 긍정적인 역할을 한다고 인정해서 성령 세례와 방언 기도를 허용하기로 결정했다.[157]

독일 루터란교회의 아놀드 비틀링거(Arnold Bittlinger) 목사에 의하면, 그도 처음에는 방언을 강력히 부인했으나 부흥하고 있는 미국의 루터란교회들을 방문하면서 그의 생각이 바뀌었다고 한다. 미국 루터란교회에서 신약에 나오는 방언을 비롯한 각종 영적 현상들이 큰 혼란 없이 행해지는 것을 보면서 큰 충격을 받았다고 고백한다. 많은 루터교 신자들이 방언을 말했고, 병자들을 위해서 기도하며, 교회의 전도 사역에 많은 물질과 시간을 쏟고 있었다. 은사 운동을 하는 사람들은 성경을 복음주의적으로 해석하고 회심과 중생의 경험을 성경적으로 잘 이해하고 있었다. 방언을 체험한 신자들은 자신의 교단에 대한 자부심이 강했고 교회에 충성하였다.[158]

가톨릭교회에서도 성령의 바람이 강하게 나타나 많은 가톨릭 신자들이 성령 안에서 방언으로 기도하기 시작했다. 교황 요한 23세(John XXIII)는 제2바티칸공의회(1962~1965)를 통해 성령의 인도하심과 성령의 은사 및 능력에 초점을 맞추면서 '새 오순절'의 도래를 환영했다. 1966년 가톨릭교회가 운영하는 듀케인대학

---

157) Larry Christenson, Speaking in Tongues, 88~89.
158) Larry Christenson, Speaking in Tongues, 16~7.

(Duquesne University)에서 교수 두 명이 성령 세례와 함께 방언을 경험하는 사건이 발생했다. 노트르담대학(Notre Dame University)에서는 100여 명의 교수들과 학생들이 함께 기도하는 가운데, 많은 사람들이 방언을 경험하게 되었다. 이 사건을 계기로 가톨릭교회에서는 '성령쇄신' 운동이 일어났다. 1970년대에 이르러 방언 운동은 가톨릭교회 내에서 큰 호응을 받기에 이른다.[159]

현재 미국 전역을 통해 약 40여 개에 이르는 전통 교단이 방언을 인정하고 받아들이고 있다. 미국의 Life Way Research에 의하면, 미국 개신교 목사들 중 63퍼센트, 일반 신자들의 51퍼센트가 현대의 방언 은사를 인정하고 있다고 한다. 미국 내에서 1,600만 명의 교인을 가진 남침례 교단은 보수적 교단으로 방언을 부정한다. 그러나 자체 조사를 해 보니, 목회자들의 50퍼센트가 방언을 하나님께서 주신 특별한 은사로 인정하고 있다고 한다. 교단에서는 공식적으로 방언 사용에 대해 반대하고 있지만 내부적으로는 수용하고 있는 상태라 한다. 이처럼 방언에 대해 공식적으로 반대하고 공격했던 교회들이 이제는 방언에 대해 수용하는 쪽으로 그 입장을 선회하고 있다. 오랄 로버츠(Oral Roberts)의 경우, 신유와 방언을 강조하는 대표적인 오순절주의자임에도 불구하고 미국 감리교단에서 그를 멤버로 받아 주었다.

---

159) Kevin and Dorothy Ranaghan, Catholic Pentecostals (New York, 1969), 6~57. T. P. Thigpen, "Catholic Charismatic Renewal," in The New International Dictionary of Pentecostal and Charismatic Movements, 460~467.

은사주의 운동은 오순절 운동의 방언의 은사는 물론이고 다른 성령의 은사들도 현재에 일어난다고 믿는다. 그러나 이들은 전통 오순절과는 달리, 중생과 성령 세례를 같은 사건으로 해석하고, 성령 세례의 첫 번째 증거가 반드시 방언이라는 것에는 동의하지 않는다. 신오순절 운동을 통해 비록 교단은 서로 다르지만 하나님의 한 성령을 체험한 하나님의 형제자매라는 의미에서 교회 연합 운동도 활발히 전개되고 있다.

성령 세례 받으면 방언하나요?

제3의 물결

제3의 물결은 1980년대 풀러신학교의 피터 와그너(C. Peter Wagner) 교수와 빈야드교회의 존 윔버(John Wimber) 목사가 중심이 된 성령 운동이다. 오순절 운동을 제1의 물결, 신오순절 운동을 제2의 물결, 자신들의 표적과 기사를 중심으로 하는 성령 운동을 제3의 물결이라 칭한다. 기존 복음주의자들 중 굳이 오순절에 가입하거나 신오순절이 주장하는 이론을 받아들이지 않지만, 성령의 사역과 은사를 인정하고 받아들이는 그룹이다. 이 운동은 은사 지속주의의 입장을 취하며, 성령의 초자연적 능력에 의지한 복음 전도를 강조한다. 방언뿐 아니라 신유의 은사, 귀신을 쫓아내는 능력, 예언의 은사 및 기적 등의 성령의 능력을 강조해서 능력 운동이라 불린다.

그러나 성령 세례가 회심 이후의 다른 경험적 사건이라는 점은 동의하지 않으며, 회심과 성령 세례를 같은 사건으로 동시에 일어난다고 해석한다. 방언을 성령 세례의 첫 번째 육체적 증거로 해석하지 않고 성령의 은사들 중 하나로 인정한다. 방언은 영적 현상으로, 효과적인 기도를 위해 신자들에게 주어지는 성령의 은사

로 해석한다.[160]

 이처럼 성령 세례 및 방언 운동은 꾸준히 기독교 전통 속에서 많은 신자들에 의해서 경험되어졌고 오늘날까지 이르고 있다. 방언이란 현상은 약 2천 년 전 사도행전에 나오는 것이나, 오늘날 현대의 방언 사건과는 본질적으로 아무런 차이가 없다.

---

160) C. P. Wagner, "Power of the Spirit: The Third Wave," AD 2000 Together (1988): 6~7. C. P. Wagner, "Third Wave," in The New International Dictionary of Pentecostal and Charismatic Movements, 1141.

한국 교회의 성령 세례사

한국 교회는 초창기부터 개혁주의 성향의 장로교회가 주도해 왔다. 장로교회에 속한 대부분의 선교사, 목회자 및 신학자들은 예언, 방언, 신유와 같은 특별 은사는 사도 시대에 중지되었기 때문에 현대 교회에서는 나타날 수 없다고 보았다. 방언은 초대 교회 때에만 있었다는 세대주의적 입장을 가진 근본주의자들은 오순절 운동을 신비 체험만을 추구하는 감정주의로 몰아세웠고, 방언과 신유를 비성경적인 것으로 보았다. 이러한 분위기 속에 오랜 기간 동안 한국 교회는 방언이란 의미를 알 수 없는 미친 소리요, 사탄의 역사로 해석했다.

성령 세례를 통한 성결의 은혜를 강조했던 성결교회는 오순절 운동을 방언 운동이라고 부르며 사탄의 도구라고 부정적 비판을 가했다. 방언은 사도행전 2장의 오순절 사건에는 있었으나 그 이후로는 중단된 체험으로 해석해서 성령 세례 받은 표적으로서의 현대 방언을 부정한다. 오순절의 방언은 선교를 위한 외국어 방언이었으나, 현재 나타나는 방언은 그 의미를 전혀 알 수 없는, 초대 교회와는 아무런 상관이 없는 잘못된 방언이라고 비판하였다.

한국 교회 역사를 통해 방언이 최초로 터진 기원을 찾는 것은 매우 힘들다. 1907년 평양 대 부흥 운동이 일어날 때, 하디 선교사(Robert Hardie)는 죄를 자각하고 회개하고 성결의 열매를 맺는 의미의 성령 세례를 강조했다. 그러나 방언에 관한 기록은 없다. 하지만 이용도 목사가 인도했던 1931년 평양 명촌교회와 1933년 해주 집회에서 성령 충만한 가운데 통성 기도를 하던 중 방언이 터져 나왔다는 기록이 있다. 그의 집회에서는 지속적으로 그런 현상들이 나타났다.[161] 나는 이용도 목사의 인도 하에 일어났던 방언 사건이 한국 교회 최초의 방언 사건이 아닌가 생각한다.

성결교 부흥사였던 이성봉 목사의 부흥회에서도 방언이 터져 나온 기록이 있다. 「나는 할렐루야 아줌마였다」의 저자인 최자실 목사는 자신의 어머니가 교회 새벽 기도를 나갔다가 방언의 은사를 받는 장면을 기록하고 있다.[162] 정확한 연도가 기록되어 있지 않지만 약 1930년대 초쯤인 것으로 추정된다. 당시에도 방언이 터져 나왔음을 알 수 있다. 최자실 목사 자신도 1950년대 초에 이성봉 목사의 산상 부흥회를 통해서 은혜를 받고 방언의 은사를 받았음을 기록하고 있다.[163]

한국에 미국 오순절 신앙이 공식적으로 처음 소개된 것은 1928년 럼시(Mary C. Rumsey) 선교사가 한국에 오면서부터이다. 그

---

161) 변종호, 한국의 오순절 신앙운동사 (서울: 신생관, 1972), 79~80.
162) 최자실, 나는 할렐루야 아줌마였다 (서울: 서울말씀사, 1999), 27~28.
163) 최자실, 나는 할렐루야 아줌마였다, 82~83.

녀는 1906년 LA의 아주사에 가서 성령 세례를 받고 방언의 은사를 체험했다. 그녀는 오순절 신앙의 특성인 성령 세례와 방언, 신적 치유를 강조했고, 이를 한국인 신자들에게 가르쳤다.[164] 그녀를 통해서 신학적으로 정립된 오순절 신학이 한국 교회에 소개되었고, 방언이 성령 세례의 첫 번째 증거라는 가르침이 시작되었다. 그 뒤 일본에서 오순절 교리를 받아들인 한국인들이 오순절 신앙을 한국으로 전수하였다. 그러나 한국 전통 교회들은 방언을 의미를 전혀 알 수 없는 광언이며 망언이라고 규정지으면서 오순절교회를 이단으로 정죄했다. 방언을 성령 세례의 유일한 표징으로 보는 전형적 오순절교회의 입장을 한국 교회는 전혀 받아들일 수 없었다.

    1940년경 나운몽 목사에 의해서 용문산 기도원이 세워졌다. 그는 하나님의 초자연적 임재를 경험하고 방언을 말했다. 그가 인도하는 용문산 기도회에는 만 명 이상의 사람들이 모이곤 했는데, 신비적 현상들이 많이 나타났다. 참석자들은 자신들의 죄를 회개하고 입신, 예언, 환상, 신유 및 다른 방언으로 말하는 현상들을 체험했다.[165] 그의 영향으로 한국에 많은 기도원들이 세워지게 되었는데, 대부분이 용문산 기도원을 따라 오순절적 형태의 성령 세례 및 방언, 신유를 강조하게 된다.

---

164) 변종호, 한국의 오순절 신앙 운동사, 90. 국제신학연구원, 하나님의 성회 교회사, 198.
165) 박만용, 기도원 운동과 신앙성장 (서울: 큐란출판사, 1998), 92~3.

한국에 본격적으로 오순절 운동이 시작된 것은 1952년 미국 하나님의성회가 체스넛(A. B. Chesnut) 선교사를 한국에 파송하면서부터이다. 미국 하나님의성회가 세운 신학교를 졸업한 조용기 목사는 1958년 여의도순복음교회를 세우게 되고, 이 교회를 중심으로 성령 운동이 전 한국 교회에 퍼져 나가는 계기가 되었다. 순복음교회는 성령 세례와 방언 기도의 영성을 보급하는 데 크게 기여했다. 여의도순복음교회를 중심으로 한 기독교대한하나님의성회 헌법에는, "신자들이 받은바 성령 세례의 증거는 성령이 말하게 하심을 따라 다른 방언으로 말하는 방언이 그 최초의 외적 표적으로 나타난다"고 명시하고 있다.

순복음교회에 의해 1973년에 오산리금식기도원이 설립되었다. 이 기도원에는 하루 평균 3,500명, 매년 약 20만 명의 신자들이 방문하고 있는데, 이들 중 장로교인이 46퍼센트, 감리교인이 10퍼센트, 성결교인 5퍼센트, 침례교인 2.4퍼센트 등이 방문하고 있다.[166] 주로 성령 운동에 대해서 닫혀 있거나 부정적인 교회의 성도들이 이곳을 방문하여 방언 및 신유를 체험하고 돌아간다. 한국의 그리스도인들은 기도원을 자주 방문하며, 성령 세례와 방언 받기를 위해서 기도하고 대부분이 이를 체험한다고 한다. 기도원에서는 성령 체험이 방언이란 객관적 증거로 나온다고 강조할 만큼 방언이 중요한 역할을 하고 있다. 기도원에 간 사람들 중 절반

---

166) 국제신학연구원, 여의도순복음 교회의 신앙과 신학 I, 190.

이상이 방언의 은사를 체험한다.[167] 이처럼 기도원 운동은 성령 운동의 젖줄과 같은 역할을 하고 있으며, 기도원을 통해 방언 운동이 퍼져 나가고 있다. 1980년대 말부터 빈야드 운동을 중심으로 한 '제3의 물결'의 영성이 한국 교계와 신학계의 큰 논제로 떠오른 적이 있다.

1960년대 이후 한국 교계에 방언으로 인해 신학 논쟁이 벌어졌다. 보수적인 교회에 의해서 방언을 인정하는 목회자와 교회가 사탄의 운동 내지는 이단으로 몰리기도 했다. 여의도순복음교회의 경우, 1983년부터 장로교 통합 측으로부터 이단 정죄에 걸려 10년 동안 고통을 받았다. 1980년대 말까지 방언 운동은 장로교, 감리교, 성결교 등 기존 교단들로부터 높은 비판을 받았다. 그러나 그 이후 한국 교회는 방언에 대한 극단적인 비판을 자제하면서 방언을 점차 수용하는 추세이다.

약 12년 전, 나는 장로교 소속인 ○○교회를 1년 반 정도 다닌 적이 있었다. 그때 확인한 사실은, 성도들 중 많은 사람들이 방언의 은사를 받고 방언으로 기도하고 있다는 것이다. 이처럼 오순절 교단에 속해 있지는 않지만 오순절 특성을 받아들이는 교회들이 늘고 있다. 비록 오순절 계통의 교회가 아니라 할지라도, 주위에서 방언을 인정하고 이 은사를 받은 많은 장로교회 교인들이나 감리교인, 성결교인, 침례교인들을 만날 수 있다. 같이 신학을 공부

---

167) 박만용, 기도원 운동과 신앙 성장, 140~1.

했던 모 신학대학원을 나온 목사님의 말에 의하면, 비록 교단에서는 아직까지도 방언을 금하고 있지만, 신학대학 안에서는 많은 학생들이 방언을 경험하고 기도하고 있다고 말했다. 이처럼 많은 한국 교회에서 성령의 은사와 열매를 사모하고 경험하고 있다. 대천덕 신부가 세운 예수원 공동체에서도 방언을 인정하고 있으며, 대천덕 신부 자신도 누구 못지않게 방언으로 많이 기도하셨다.

이처럼 이전에 방언에 대해서 부정적인 입장을 취해 온 교회들이 이제는 암묵적으로 방언을 수용하고 있는 것이 목회적 현실이다. 방언 운동은 교파를 초월하여 매우 광범위하게 나타나고 있다. 부흥회나 특별 새벽 기도회를 가 보면 전통적인 교회에서도 방언으로 통성 기도하는 소리를 들을 수 있게 되었다.

결론

성령 세례 받으면 방언하나요?

교회의 쇠락 그리고 성령 운동

안타깝게도 세계 곳곳에서 기존 전통 교회들이 무너져 가고 있다. 계몽주의와 합리주의가 휩쓸고 간 유럽 교회의 경우, 하나님의 말씀보다 인간의 이성과 비판이 중시되는 자유주의 신학이 주류를 이루고 있다. 성경을 인간 편집의 결과로 해석하고 성경의 비신화화를 주장하면서 성경에서 성령의 임재와 역사를 완전히 부인하고 있다. 교회가 박물관이 되어 관광 명소로 전락한 것은 오래전의 일이다. 기독교 국가라고 불리던 호주나 미국 등에서도 교회 수가 줄고 교인들이 급감하는 것을 목격할 수 있다. 하버드 신학교 교수인 하비 콕스(Harvey Cox)는 그의 저서 「세속 도시」(Secular City)를 통해, 현대 사회에서 기독교 및 종교의 몰락을 예견했다.

한국 교회의 사정도 마찬가지여서, 1990년대 초 약 1,200만 명 정도였던 교인 수가 최근에는 800만 명 정도로 줄었다고 들린다. 많은 교회들이 교인 수의 감소를 막기 위해 교회 성장 프로그램을 도입하고 최첨단 기술을 동원한 예배를 드리고 있지만, 여전히 침체의 그늘에서 헤어나지 못하고 있다.

하비 콕스는 그의 책「영성·음악·여성」(Fire from Heaven)을 통해서 그의 이전 진단이 틀렸음을 고백한다. 1970년대 이후, 미국에서 장로교, 감리교, 성공회 등이 20퍼센트 이상의 감소를 경험하고 있을 즈음, 오순절교회는 두 배 이상의 성장을 경험하고 있었다. 그리고 현재 남미, 아프리카, 아시아 등 전 세계적으로 오순절교회 내지는 신오순절교회들, 성령 운동을 하고 있는 교회들이 엄청난 속도로 부흥하고 있다. 이러한 현상을 목격한 콕스 교수는 자신의 이전 시각이 옳지 못했음을 깨닫고「영성·음악·여성」이라는 책을 쓰게 되었다.[168]

20세기 초반에 들어서면서 성령과 성령의 은사에 대한 관심과 열망이 크게 고조되었고, 신유와 방언이 터져 나오면서 초대 교회로 돌아간 듯한 모습을 보여 주고 있다. 성령의 새 바람을 통해 세계의 많은 그리스도인들이 하나님의 말씀을 읽고, 체험하고 있다. 성령 세례와 방언의 은사는 특정 교단이나 신학 노선과는 상관없이 하나님의 은사를 사모하는 모든 교회와 그리스도인들에게 퍼져 나가고 있다. 냉랭한 교리에 염증을 느껴서 교회를 떠났던 사람들이 다시 돌아와 성령 세례를 통해 방언을 체험하고 초대 교회에서 일어났던 기적과 은사들을 경험하고 있다.

사도행전을 읽으면, 당시에 성령의 역사가 구체적이고 체험적으로 초대 교인들을 사로잡았음을 알 수 있다. 그들은 매일의 신

---

168) Harvey Cox, Fire from Heaven, xv.

앙생활에서 이를 체험했고 교회는 생생한 간증으로 넘쳐났다. 제자들에게 성령이 임하자 그들의 삶이 달라졌고, 그들은 복음을 전하기 위해 세계로 나갔다. 예수를 핍박하던 사울은 성령의 불로 변화되어 바울이 되었고, 로마까지 가서 복음을 전했다. 이 성령의 역사는 중단되지 않고 오늘날까지 계속되고 있다.

우리는 성령의 시대에 살고 있으며, 하나님께서는 여전히 교회에 성령 세례를 통해서 성령의 은사와 열매를 부어 주고 계신다. 그의 자녀들을 사랑하시는 하나님께서 방언의 은사 및 다른 은사들을 주셔서 우리에 대한 하나님의 사랑을 표현하시며 우리로 하여금 이를 누리게 하신다. 성령 세례를 통해 이제 성령은 우리 영혼 속에 내주하셔서 예수 그리스도와 깊은 교제에 이르게 하신다. 그리고 예수님과 주님의 몸 된 교회를 섬기기 위한 권능을 주시며, 더 효과적인 증인이 될 수 있도록 이끄신다. 우리의 할 일은 성령을 사모하고, 그의 은사들이 하나님의 몸인 교회 내에서 풍성히 나타나도록 기도하고 이 은사들을 사용하는 것이다.

한번은 기도원에 가서 방언의 은사를 받은 한 교인이 너무도 기쁜 나머지 교회로 오자마자 담임목사님께 말씀을 드렸다. 그녀는 이 은혜를 간증하면 담임목사님이 기뻐할 것이라고 예상하였다. 그런데 이야기를 다 들은 담임목사님은 "우리 교회에서는 방언을 인정하지 않습니다" 하면서 아주 차갑게 그 교인을 대했다. 담임목사님의 부정적인 반응은 그 교인에게 큰 상처를 주었고, 그 이후로 성경에 나오는 방언을 비롯한 성령의 은사들에 대해서 부정적으로 생각하게 되었다. 결국엔 방황하다가 그 교회를 떠나게 되었다. 이처럼 목회자들은 하나님의 일을 한다고 하면서도 자신이 가지고 있는 교리로 상담을 하다 보니 오히려 교인들이 큰 은혜 받는 것을 훼방할 수도 있다.

교회를 담당하고 있는 담임목사와 교회 지도자들은 교회 내에 영적인 갈급함을 느끼고 있는 교인들이 많이 있음을 숙지해야 한다. 담임목사의 잘못된 성령론과 방언에 대한 부정적 태도는 교회 성장에 중대한 장애 요인이 된다. 목회자는 교단의 교리 및 전통과 성경을 나란히 놓고 어느 쪽을 택할 것인지 고민해야 한다. 분명 성경은 성령 세례와 방언에 대해서 언급하고 있으므로 목회자는 이를 간과해서는 안 된다. 비록 내색은 하지 않고 있지만, 영적 결핍을 느낀 성도들이 다른 교회의 부흥회나 기도원 등에 가서 채움을 받고 오는 경우가 많이 있음을 알아야 한다.

현재 쇠락해 가는 한국 교회를 바라보면서 슬픈 마음을 가눌 길이 없다. 많은 사람들이 교회에 실망하면서 교회를 나가고 있다. 특히 청소년과 젊은이들이 교회를 외면하고 있다. 그러나 우리에게는 여전히 방법이 있다고 생각한다. 내적인 변화를 원한다면, 진정한 그리스도인으로 살려면, 이웃을 사랑하려면, 증인이 되어 그리스도를 전하려면, 성령 세례를 받아야 한다. 나도 성령 세례와 방언의 은사 자체가 기독교의 핵심 교리라고 생각하지는 않는다. 그러나 성령 세례와 방언 등의 은사는 하나님의 사람으로서 하나님의 말씀을 체험할 수 있는 기회를 부여하며 능력 있는 삶을 살아가는 데 필요한 것이다. 성령 체험을 하고 방언의 은사를 받은 적이 있는 사람은 최소한 예수님을 부인하지도, 교회를 떠나지도 않는다고 한다. 내 경우에도, 그동안 숱한 시험 들 일이 있었지만 끝까지 믿음을 붙든 이유 중 하나는, 바로 부인하지 못할 성령 체험과 방언 체험이 있었기 때문이다.

한국 교회가 다시 일어서려면 인간의 힘과 노력만으로는 안 된다. 예수의 소문이 나야 한다. 예수님은 우리에게 모델을 보여 주신다. 병자를 고치시고 귀신을 쫓아내시며 말씀을 가르치셨다. 능력과 말씀, 체험과 말씀이 함께 병행되어야 한다. 우리에게는 성령의 도우심이 필요하다. 교회 내에서 성령을 환영하여 모시고, 성도들이 성령 체험을 하고 방언을 선물로 받는다면, 사람들이 하나님과 성경으로 돌아올 것이다. 이 책을 읽는 모든 사람들이 방언의 은사를 인정하고 성령 세례를 위해서 기도하는 그리스도인이 되기를 기도한다.

참고 도서

국외 도서

- Abraham Juyper, The Work of the Holy Spirit (New York and London: Funk & Wagnalls Company, 1900)
- Adam Wallace, ed., A Modern Pentecost (Salem, Ohio: Convention Book Store, 1970)
- Benjamin B. Warfield, Counterfeit Miracles (New York: Charles Scribner's Sons, 1918; reprint, London: Banner of Truth, 1972)
- Benjamin B. Warfield, Miracles Yesterday and Today (Unicoi, Tennessee: The Trinity Foundation, 2007)
- Boo-Woong Yoo, Korean Pentecostalism: Its History and Theology (Frankfurt am Main: Verlang Peter Lang, 1987)
- C. I. Scofield, Plain Papers on the Doctrines of the Holy Spirit (New York: Fleming H. Revell, 1899)
- Dennis J. Bennett, Nine O'clock in the Morning (Plainfield, NJ: 1970)
- Donald W. Burdick, Tongues: To Speak or Not To Speak (Chicago: Moody Press, 1969)
- Donald W. Dayton, Theological Roots of Pentecostalism (Metuchen, NJ: The Scarecrow Press, 1987)
- E. Merton Coulter, College Life in the Old South (New York, 1928)
- Felicitas D. Goodman, Speaking in Tongues, A Cross-Cultural Study of Glossolalia (Chicago: University of Chicago Press, 1972)
- Grant Wacker, Heaven Below (Cambridge, MA: Harvard University Press, 2001)
- Harvey Cox, Fire from Heaven (Reading, MA: Addison-Wesley Publishing Company, 1995)

- H. C. Morrison, The Baptism with the Holy Ghost (Louisville: Pentecostal Herald Press, 1900)
- Henry B. Swete, The Holy Spirit in the Ancient Church (London: Macmillan and Co., 1912)
- Horace Bushnell, Nature and the Supernatural (New York: Chorales Scribner and Co., 1871)
- John A. Mourant, Introduction to the Philosophy of Saint Augustine: Selected Readings and Commentaries (University Park: Pennsylvania State University Press, 1964)
- John Calvin, Institutes of the Christian Religion, Library of Christian Classics edition, ed. John T. McNeill (Philadelphia: Westminster Press, 1960)
- John Charles Pollock, The Keswick Story: The Authorized History of the Keswick Convention (London: Hodder and Stoughton, 1964)
- John P. Kildahl, The Psychology of Speaking in Tongues (New York: Harper & Row, 1972)
- Kevin and Dorothy Ranaghan, Catholic Pentecostals (New York, 1969)
- Kilian McDonnell, Charismatic Renewal and Ecumenism (New York: Paulist Press, 1978)
- Kilian McDonnell and George Montague, The Rites of Initiation and Baptism in the Holy Spirit: Evidence from the First Eight Centuries (Collegeville, Minn: Liturgical Press, 2000)
- Larry Christenson, Speaking in Tongues (Minneapolis: Dimension Book, 1968)
- Luke Timothy Johnson, Religious Experience in Earliest Christianity (Minneapolis: Fortress, 1998)
- Michael Harper, The Twentieth Century Pentecostal Revival (Plainfield; NJ: Logos International, 1971)
- Morton T. Kelsey, Tongue Speaking (New York: Crossroad, 1981)
- Nicky Gumble, Alpha Questions of Life (Colorado Springs, Co.: Cook

Communications Ministries, 1993)
- Norma Dearing, The Healing Touch: A Guide to Healing Prayer for Yourself and Those You Love (Grand Rapids, Michigan: Chosen, 2002)
- Paul Conkin, Cane Ridge: America's Pentecost (Madison, WI, 1989)
- Peter Ranzano, Life of St. Vincent Ferrer, Bulter's Lives of the Saints (New York: Kennedy, 1956)
- R. A. Torrey, The Baptism With the Holy Spirit, (New York and Toronto: Fleming H. Revell Company, 1897)
- Richard M. Riss, A Survey of 20 the Century Revival Movements in North America (Peabody, MA: Hendrickson Publishers, 1988)
- Robert Mapes Anderson, Vision of the Disinherited (New York/Oxford: Oxford University Press, 1979)
- Vinson Synan, ed., Aspects of Pentecostal Charismatic Origins (Plainfield, NJ: Logos International, 1975)
- Vinson Synan, The Holiness-Pentecostal Tradition: Charismatic Movements in the Twentieth Century (Grand Rapids, Michigan: William B. Eerdmans Publishing Company, 1997)
- W. A. Criswell, The Baptism, Filling & Gifts of the Holy Spirit (Ministry Resources Library, 1966)
- W. H. Daniels, ed., Moody: His Words, Work, and Workers (New York: Nelson and Philips, 1877)
- William Blair & Bruce Hunt, The Korean Pentecost & Sufferings Which Followed (Carlisle, PA: The Banner of Truth Trust, 1977)
- William Faupel, The Everlasting Gospel: The Significance of Eschatology in the Development of Pentecostal Thought (Sheffield: Sheffield Academic Press, 1996)

국내 도서

- 국제신학연구원, 여의도순복음교회의 신앙과 신학 I, II (서울: 서울서적, 1993)
- 국제신학연구원, 하나님의 성회 교회사 (서울: 서울말씀사, 1998)
- 김동수, 방언은 고귀한 하늘의 언어 (서울: 이레서원, 2008)
- 김우현, 하늘의 언어 (서울: 규장, 2007)
- 류장현, 한국의 성령운동과 영성 (서울: 프리칭 아카데미, 2004)
- 문봉주, 새벽형 크리스천 (서울: 두란노, 2004)
- 문봉주, 성경의 맥을 잡아라 (서울: 두란노, 2007)
- 박만용, 기도원 운동과 신앙 성장 (서울: 쿰란출판사, 1998)
- 박명수, 근대 복음주의의 주요 흐름 (서울: 대한기독교서회, 1998)
- 박명수, 한국교회 부흥운동 연구 (서울: 한국기독교역사연구소, 2003)
- 박용규, 한국교회를 깨운 복음주의운동 (서울: 두란노, 1998)
- 박형룡, 교회와 성령 (서울: 합동신학교, 1993)
- 변종호, 한국의 오순절 신앙운동사 (서울: 신생관, 1978)
- 손기철, 고맙습니다 성령님 (서울: 규장, 2007)
- 손기철, 기름 부으심 (서울: 규장, 2008)
- 서광선 외, 한국 교회 성령운동의 현상과 구조 (서울: 대화출판사, 1987)
- 옥성호, 방언, 정말 하늘의 언어인가? (서울: 부흥과 개혁사, 2008)
- 조용기, 나의 교회성장 이야기 (서울: 서울말씀사, 2005)
- 조용기, 오중복음과 삼중축복 (서울: 서울말씀사, 1998)
- 최자실, 나는 할렐루야 아줌마였다 (서울: 서울말씀사, 1999)
- 하용조, 바람처럼 불처럼 (서울: 두란노, 2003)
- 하용조, 변화받은 사람들 (서울: 두란노, 1999)
- 하용조, 성령을 받은 사람들 (서울: 두란노, 1999)
- 홍영기, 조용기 목사의 영성과 리더십 (서울: 교회성장연구소, 2003)

논문

- Edmund J. Rybarczyk, "Reframing Tongues: Apophaticism and Postmodernism," in Pneuma: The Journal of the Society for Pentecostal Studies (Vol. 27, No. 1, Spring 2005): 83~104.
- Gary B. McGee, "The New World of Realities in Which We Live": How Speaking in Tongues Empowered Early Pentecostals," in Pneuma (Vol. 30, 2008): 108~135.
- John Bertone, "The Experience of Glossolalia and the Spirit's Empathy: Romans 8:26 Revisited," in Pneuma (Vol. 25, No. 1, Spring 2003): 54~65.
- Mark Lee, "An Evangelical Dialogue on Luke, Salvation, and Spirit Baptism," in Pneuma (Vol. 26, No. 1, Spring 2004): 81~98.

사전

- Stanley M. Burgess, eds, The New International Dictionary of Pentecostal and Charismatic Movements (Grand Rapids, MI: Zondervan, 2003)